Manual de linguística

Coleção de Linguística

Coordenadores
Gabriel de Ávila Othero – Universidade Federal do Rio Grande do Sul (UFRGS)
Sérgio de Moura Menuzzi – Universidade Federal do Rio Grande do Sul (UFRGS)

Conselho consultivo
Alina Villalva – Universidade de Lisboa
Carlos Alberto Faraco – Universidade Federal do Paraná (UFPR)
Dante Lucchesi – Universidade Federal Fluminense (UFF)
Leonel Figueiredo Alencar – Universidade Federal do Ceará (UFC)
Letícia M. Sicuro Correa – Pontifícia Universidade Católica do Rio de Janeiro (PUC-Rio)
Luciani Ester Tenani – Universidade Estadual de São Paulo (Unesp)
Maria Cristina Figueiredo Silva – Universidade Federal do Paraná (UFPR)
Roberta Pires de Oliveira – Universidade Federal de Santa Catarina (UFSC)
Roberto Gomes Camacho – Universidade Estadual de São Paulo (Unesp)
Valdir Flores – Universidade Federal do Rio Grande do Sul (UFRGS)

Dados Internacionais de Catalogação na Publicação (CIP)
(Câmara Brasileira do Livro, SP, Brasil)

Manual de linguística : Semântica, Pragmática e Enunciação / Márcia Romero... [et al.]. – Petrópolis, RJ : Vozes, 2019. – (Coleção de Linguística)

Outros autores: Marcos Goldnadel, Pablo Nunes Ribeiro, Valdir do Nascimento Flores.
Bibliografia.
ISBN 978-85-326-6007-7

1. Enunciação 2. Linguística 3. Português 4. Pragmática 5. Semântica.
I. Romero, Márcia; II. Goldnadel, Marcos. III. Ribeiro, Pablo Nunes. IV. Flores, Valdir do Nascimento. V. Série.

18-22301 CDD-410

Índices para catálogo sistemático:
1. Linguística 410

Maria Alice Ferreira – Bibliotecária – CRB-8/7964

MÁRCIA ROMERO
MARCOS GOLDNADEL
PABLO NUNES RIBEIRO
VALDIR DO NASCIMENTO FLORES

Manual de linguística

Semântica, Pragmática e Enunciação

Petrópolis

© 2019, Editora Vozes Ltda.
Rua Frei Luís, 100
25689-900 Petrópolis, RJ
www.vozes.com.br
Brasil

Todos os direitos reservados. Nenhuma parte desta obra poderá ser reproduzida ou transmitida por qualquer forma e/ou quaisquer meios (eletrônico ou mecânico, incluindo fotocópia e gravação) ou arquivada em qualquer sistema ou banco de dados sem permissão escrita da editora.

CONSELHO EDITORIAL

Diretor
Gilberto Gonçalves Garcia

Editores
Aline dos Santos Carneiro
Edrian Josué Pasini
Marilac Loraine Oleniki
Welder Lancieri Marchini

Conselheiros
Francisco Morás
Ludovico Garmus
Teobaldo Heidemann
Volney J. Berkenbrock

Secretário executivo
João Batista Kreuch

Editoração: Maria da Conceição B. de Sousa
Diagramação: Sheilandre Desenv. Gráfico
Revisão gráfica: Nilton Braz da Rocha / Nivaldo S. Menezes
Capa: WM design e Editora Vozes
Revisão técnica: Gabriel de Ávila Othero e Renato Basso.

ISBN 978-85-326-6007-7

Editado conforme o novo acordo ortográfico.

Este livro foi composto e impresso pela Editora Vozes Ltda.

Apresentação da coleção

Esta publicação é parte da **Coleção de Linguística** da Vozes, retomada pela editora em 2014, num esforço de dar continuidade à coleção coordenada, até a década de 1980, pelas professoras Yonne Leite, Miriam Lemle e Marta Coelho. Naquele período, a coleção teve um papel importante no estabelecimento definitivo da Linguística como área de pesquisa regular no Brasil e como disciplina fundamental da formação universitária em áreas como as Letras, a Filosofia, a Psicologia e a Antropologia. Para isso, a coleção não se limitou à publicação de autores fundamentais para o desenvolvimento da Linguística, como Chomsky, Langacker e Halliday, ou de linguistas brasileiros já então reconhecidos, como Mattoso Câmara; buscou também veicular obras de estudiosos brasileiros que então surgiam como lideranças intelectuais e que, depois, se tornaram referências para disciplina no Brasil – como Anthony Naro, Eunice Pontes e Mário Perini. Dessa forma, a **Coleção de Linguística** da Vozes participou ativamente da história da Linguística brasileira, tendo ajudado a formar as gerações de linguistas que ampliaram a disciplina nos anos de 1980 e de 1990 – alguns dos quais ainda hoje atuam intensamente na vida acadêmica nacional.

Com a retomada da **Coleção de Linguística** pela Vozes, a editora quer voltar a participar decisivamente das novas etapas de desenvolvimento da disciplina no Brasil. Agora, trata-se de oferecer um veículo de disseminação da informação e do debate em um novo ambiente: a Linguística é hoje uma disciplina estabelecida nas universidades brasileiras; é também um dos setores de pós-graduação que mais crescem no Brasil; finalmente, o próprio quadro geral das universidades e da pesquisa brasileira atingiu uma dimensão muito superior à que se testemunhava nos anos de 1970 a 1990. Dentro desse quadro, a **Coleção de Linguística** da Vozes tem novas missões a cumprir:

- em primeiro lugar, é preciso oferecer aos cursos de graduação em Letras, Filosofia, Psicologia e áreas afins material renovador, que permita aos alunos integrarem-se ao atual patamar de conhecimento da área de Linguística;
- em segundo lugar, é preciso continuar com a tarefa de colocar à disposição do público de língua portuguesa obras decisivas do desenvolvimento, passado e recente, da Linguística;
- finalmente, é preciso oferecer ao setor de pós-graduação em Linguística e ao novo e amplo conjunto de pesquisadores que nele atua um veículo adequado à disseminação de suas contribuições: um veículo sintonizado, de um lado, com o que se produz na área de Linguística no Brasil; e, de outro, que identifique, nessa produção, aquelas contribuições cuja relevância exija uma disseminação e atinja uma público mais amplo, para além da comunidade dos especialistas e dos pesquisadores de pós-graduação.

Em suma, com esta **Coleção de Linguística**, esperamos publicar títulos relevantes, cuja qualidade venha a contribuir de modo decisivo não apenas para a formação de novas gerações de linguistas brasileiros, mas também para o progresso geral dos estudos das Humanidades neste início do século XXI.

Gabriel de Ávila Othero
Sérgio de Moura Menuzzi
Organizadores

Sumário

Apresentação, 9

Parte I – Semântica, 13
Capítulo 1 Semântica Conceitual, 15
   Pablo Nunes Ribeiro

Parte II – Pragmática, 65
Capítulo 2 Pragmática, 67
   Marcos Goldnadel

Parte III – Enunciação, 143
Capítulo 3 Teoria da Enunciação, 145
   Valdir do Nascimento Flores

Capítulo 4 Teoria das Operações Enunciativas, 175
   Márcia Romero

Referências, 229

Os autores, 239

Índice, 241

Apresentação

Embora a finalidade última da linguagem verbal seja permitir a interação produtiva através do intercâmbio de ideias, tem sido reduzido o esforço de divulgação dos avanços no campo dos estudos linguísticos voltados à compreensão dos mecanismos de produção de sentido. No campo dos Estudos da Significação, uma série de temas de especial interesse para o ensino e a pesquisa permanecem confinados ao debate acadêmico mais restrito, privando alunos e, não raras vezes, professores do contato com questões que têm implicações diretas para a produção e a interpretação de textos e para a compreensão da gramática.

É com o intuito de suprir essa lacuna que apresentamos ao público este *Manual de linguística: Semântica, Pragmática e Enunciação*. Trata-se de um material didático que busca introduzir o leitor às grandes linhas das áreas em foco, com especial atenção à aplicação desses estudos à análise da Língua Portuguesa.

O livro está organizado em três partes, cada uma dedicada a uma perspectiva de abordagem do grande problema da significação.

A primeira parte, *Semântica Conceitual*, busca colaborar para a compreensão de casos sistemáticos de polissemia entre diferentes campos semânticos, revelando a natureza dinâmica do léxico e chamando a atenção para um amplo campo de possibilidades exploratórias na pesquisa e no ensino de Língua Portuguesa. Nessa parte, encontra-se uma exposição detalhada dos conceitos básicos da Semântica Conceitual, uma teoria do significado desenvolvida por Ray Jackendoff. Com base nessa teoria, são discutidos aspectos fundamentais da semântica dos verbos, da natureza decomposicional do significado de diferentes classes verbais e da influência de propriedades semânticas dos predicados na realização sintática dos argumentos, o que permite a compreensão de uma série de questões gramaticais, como a participação de verbos em processos de alternância de valência e a escolha de preposições em diferentes complementos e adjuntos adverbiais.

Em seguida, na parte dedicada à *Pragmática*, são abordados fenômenos classicamente estudados no âmbito da Linguística e da Filosofia da Linguagem que permitem evidenciar o modo como as habilidades inferenciais, que se colocam a serviço do discurso verbal, ampliam os recursos expressivos da linguagem humana. O capítulo inicia com uma crítica ao modelo de códigos, revelando seus limites quando defrontado com um amplo espectro de fenômenos de sentido linguísticos. A partir daí, passa a explorar vários desses fenômenos sob uma nova perspectiva, que procura explicitar os processos subjacentes à produção de inferências pragmáticas. Nesse percurso, o leitor é apresentado a conceitos-chave da Pragmática e, a partir deles, é estimulado a refletir sobre os mecanismos subjacentes à produção de sentido em linguagem verbal. Essa reflexão desemboca, nas duas seções finais, em uma apresentação do pensamento de Herber Paul Grice, filósofo responsável pela elaboração de um modelo de análise da comunicação linguística que, por sua profundidade e alcance, constituiu fundamento sólido para parte significativa dos avanços teóricos experimentados no campo da Pragmática.

Na terceira parte, aborda-se a *Enunciação*. Trata-se, nesse caso, de uma reflexão que entende o discurso como o *locus* do conjunto das relações de diálogo. A partir da consideração de aspectos enunciativos, mecanismos que envolvem tanto a materialidade linguística quanto o espaço dinâmico por ela ocupado no processo de interlocução, busca-se abordar – em suas propriedades operatórias e/ou indiciais – o sentido que se constrói com referência ao uso que o falante faz da língua. Trata-se, portanto, de uma discussão que, somando-se ao debate estabelecido no âmbito das abordagens imanentes, acrescenta uma perspectiva importante, por explorar a dimensão da interlocução, tão necessária à compreensão da linguagem verbal como recurso expressivo de interação.

Finalmente, cabe destacar que o livro, em função do caráter didático que tem, sugere, no final de cada capítulo, exercícios gerais e leituras para o aprofundamento das temáticas abordadas. Sobre os exercícios, é importante dizer que sua função é apenas sugerir maneiras de tratar os temas estudados. As leituras, por sua vez, cumprem o papel de conduzir o leitor – de maneira introdutória – no vasto campo bibliográfico dos Estudos da Significação.

Se este livro servir para qualificar o debate em torno da linguagem junto aos que fazem dela matéria de reflexão, ele atingiu plenamente seu objetivo. Boa leitura!

Os autores

Parte I
SEMÂNTICA

Capítulo 1

Semântica Conceitual

PABLO NUNES RIBEIRO

1 INTRODUÇÃO

Este capítulo apresenta algumas das principais noções referentes à Semântica Conceitual, uma abordagem formal para o estudo do significado nas línguas naturais proposta e desenvolvida por Ray Jackendoff em seus livros *Semantics and Cognition* (1983), *Semantic Structures* (1990) e *Foundations of Language* (2002). A Semântica Conceitual é fundamentada na ideia de que a descrição do significado envolve a descrição de representações mentais, o que a define como uma teoria mentalista. Dessa maneira, o objetivo fundamental desta teoria semântica é descrever e explicar a maneira como os falantes expressam suas ideias e seu conhecimento de mundo por meio de enunciados linguísticos, a partir de conceitos mentalmente codificados.

2 NOÇÕES GERAIS

2.1 O *framework* da Semântica Conceitual

A Semântica Conceitual parte da premissa de que o **significado** de palavras, sintagmas, sentenças e outros elementos linguísticos é codificado em um nível de representação mental independente da fonologia e da sintaxe, chamado de **estrutura conceitual**. Segundo Jackendoff, a estrutura conceitual codifica o mundo da forma como os humanos o conceitualizam, e é concebida como um **módulo gerativo**, uma vez que as estruturas conceituais são compostas de forma combinatorial por elementos organizados em categorias conceituais. Esse módulo está ligado às estruturas linguísticas por meio de regras de interface, que conectam os níveis sintático, conceitual e fonológico[1]. A Figura 1 apresenta o modelo da arquitetura da gramática proposto por Jackendoff, o qual ficou conhecido como Arquitetura Paralela:

Figura 1 A Arquitetura Paralela

Regras Fonológicas de Formação	Regras Sintáticas de Formação	Regras Conceituais de Formação
↓	↓	↓
Estruturas Fonológicas	Estruturas Sintáticas	Estruturas Conceituais

Interface   Interface

Interface

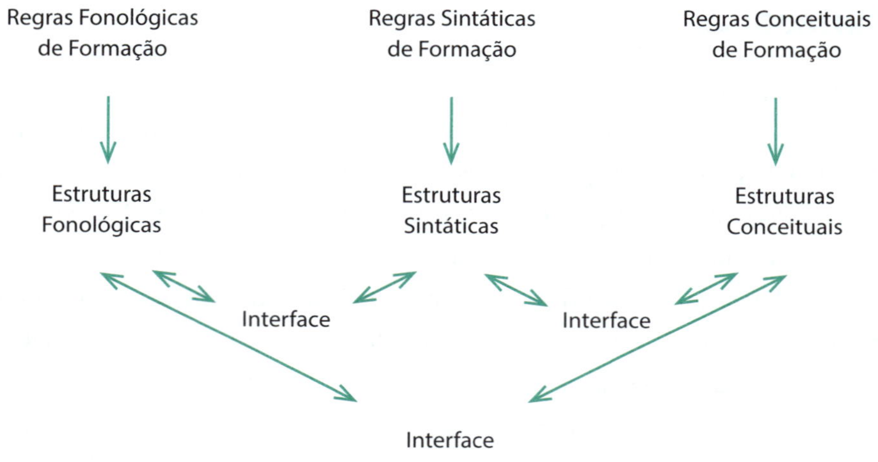

Ao assumir que a fonologia e a semântica também constituem módulos gerativos da gramática, a Arquitetura Paralela se opõe radicalmente à visão *mainstream* da Gramática Gerativa, na qual se propõe tradicionalmente que a fonologia e a semântica não criam estruturas novas, apenas operam

---

1. Para uma introdução aos conceitos relacionados à teoria e à análise sintática, fonológica e morfológica, indicamos a leitura do *Manual de Linguística: fonologia, morfologia e sintaxe* (SCHWINDT, 2014), também da Coleção de Linguística da Editora Vozes.

sobre estruturas criadas na sintaxe[2]. De acordo com Culicover e Jackendoff (2005), a pressão por maior complexidade e articulação em teorias sintáticas como a desenvolvida no Programa Minimalista decorre precisamente do fato de não se assumir a semântica como um módulo gerativo; na Arquitetura Paralela, a sintaxe só precisa ser complexa o suficiente para modular o mapeamento entre a semântica e a fonologia.

2.2 A natureza do significado na Semântica Conceitual

A Semântica Conceitual estabelece que o significado é codificado mentalmente, o que a caracteriza como uma teoria semântica representacional, ou **mentalista**. Em contraste com teorias referenciais, como a Semântica Verifuncional, que busca investigar a relação entre expressões linguísticas e o mundo (ou mundos possíveis), a Semântica Conceitual preocupa-se com o significado tal como codificado na mente do usuário da língua. Nesta teoria, a relação entre as expressões linguísticas e o mundo externo é mediada pela maneira como a mente humana compreende o mundo: ou seja, a referência das expressões linguísticas é um construto mental. Dessa maneira, a relação que atua como referenciação na Semântica Conceitual é entre a estrutura mental codificada nas expressões linguísticas e a conceitualização do mundo por parte do falante[3].

---

2. Uma característica fundamental da gramática gerativa é assumir que o conhecimento linguístico é modular – i. é, constituído por componentes distintos, regidos por regras próprias. Na tradição chamada por Culicover e Jackendoff (2005) de *Mainstream Generative Grammar* (MGG) – linha de pesquisa intimamente associada a Noam Chomsky (p. ex., Teoria de Princípios e Parâmetros e Programa Minimalista) –, o módulo sintático é considerado o único módulo gerativo, responsável por toda a complexidade combinatorial da gramática. Para Chomsky, a fonologia e a semântica são módulos apenas interpretativos. A Semântica Conceitual de Jackendoff questiona esta hipótese sobre a arquitetura da gramática, postulando que a complexidade combinatorial da gramática emerge de maneira independente na fonologia, na sintaxe e na semântica.

3. Note que a noção de referência assumida aqui é fundamentalmente diferente da noção de referência proposta por Frege (1978) e amplamente assumida na Semântica Verifuncional, segundo a qual a referência é vista como a relação entre expressões linguísticas e o mundo (que normalmente é definido por meio de um modelo lógico-matemático).

Jackendoff (2011) utiliza como exemplo a sentença "O gato está sobre o tapete" para discutir o conceito de referência em sua teoria. Para ele, quando o falante enuncia essa sentença, compromete-se com uma situação no mundo em que uma entidade identificável como um gato está posicionada sobre uma entidade identificável como um tapete, ainda que o falante não tenha tido necessariamente algum contato direto com a realidade ou com as entidades referidas no mundo real.

Outra noção crucial para a Semântica Conceitual é a de que os significados codificados na estrutura conceitual das expressões linguísticas são **decomposicionais**, isto é, sua estrutura interna é composta a partir de um conjunto finito de primitivos e princípios de combinação. Por exemplo, eventos que envolvem o **deslocamento espacial** de uma entidade em uma trajetória, como o denotado pela sentença (1a) abaixo, são representados na estrutura conceitual pelo predicado primitivo **GO**, que codifica a noção de deslocamento e consiste em uma função biargumental, que toma como argumentos uma coisa e uma trajetória:

(1) a. O estudante foi para a universidade.
 b. [$_{Event}$ GO ([$_{Thing}$ ESTUDANTE], [$_{Path}$ TO ([$_{Thing}$ UNIVERSIDADE])])]

Portanto, predicados primitivos são amplamente utilizados nessa teoria para a formalização da representação léxico-conceitual de palavras e sentenças. Antes de iniciarmos a discussão sobre a natureza desses predicados primitivos e como eles atuam nas representações lexicais, vejamos como Jackendoff define o léxico e a noção de item lexical em sua teoria.

2.3 O léxico na Arquitetura Paralela

Na Arquitetura Paralela proposta por Jackendoff (cf. Figura 1), um **item lexical** é concebido como uma associação de fragmentos das estruturas fonológica, sintática e conceitual; mais especificamente, um item lexical licencia a conexão entre fragmentos dessas três estruturas. Consideremos o exemplo (2) abaixo, que consiste na entrada lexical da palavra *casa*:

(2) *Semântica*: [$_{\text{Thing}}$ CASA$_1$]
    Sintaxe: N$_1$
    Fonologia: /kaza$_1$/

Em (2), temos a representação léxico-conceitual da palavra *casa*, a qual indica que o conceito de casa faz parte da categoria ontológica *Thing* (na seção seguinte discutiremos em maior detalhe as categorias ontológicas). Além disso, faz parte da informação desse item lexical que ele pertence à classe dos nomes (N) e que sua representação fonológica é /kaza/. As três representações encontram-se associadas por componentes de interface, representados em (2) pelo índice subscrito "$_1$" – ou seja, o fato de o índice ser idêntico nas três representações significa que elas estão associadas uma a outra. Com isso, podemos assumir que os itens lexicais são inseridos simultaneamente nas três estruturas da gramática, licenciando sua conexão.

2.4 As regras de formação da estrutura conceitual

As regras de formação que caracterizam a estrutura conceitual dizem respeito à constituição de diversas categorias conceituais (ontologia), entre elas as categorias de *Event* (Evento), *State* (Estado), *Place* (Lugar), *Path* (Trajetória), *Thing* (Coisa), *Property* (Propriedade) etc. Essas categorias são elaboradas por meio de **regras básicas de formação**, do tipo função-argumento, conforme mostra o esquema em (3):

(3) [Entity] → $\begin{bmatrix} \text{Event/Thing/Place/...} \\ \text{Token/Type} \\ F(\langle \text{Entity}_1, \langle \text{Entity}_2, \langle \text{Entity}_3 \rangle \rangle \rangle) \end{bmatrix}$

O esquema em (3) decompõe cada constituinte conceitual em três complexos básicos de traços: (i) a categoria ontológica da entidade (Evento, Coisa, Lugar etc.), (ii) a instanciação dessa entidade, que pode ser representada por um Type (Tipo) ou por um Token (Instância) e (iii) a estrutura de argumentos, que codifica a recursividade na estrutura conceitual, prevendo que uma entidade pode conter uma função (F) que toma como argumento, potencialmente, outras entidades.

Cada categoria ontológica, de acordo com essas restrições, permite várias outras especificações, consideradas por Jackendoff como regras especializadas de formação, sendo que as mais importantes em sua análise do domínio espacial são as seguintes:

(4) a. [PLACE] → [$_{Place}$ PLACE-FUNCTION ([THING])]
b. [PATH] → [$_{Path}$ TO/FROM/TOWARD/VIA ([THING/PLACE])]
c. [EVENT] → [$_{Event}$ GO ([THING], [PATH])]
   [$_{Event}$ STAY ([THING], [PLACE])]
d. [STATE] → [$_{State}$ BE ([THING], [PLACE])]
   [$_{State}$ ORIENT ([THING], [PATH])]
   [$_{State}$ GO$_{Ext}$ ([THING], [PATH])]
e. [EVENT] → [$_{Event}$ CAUSE ([THING/EVENT], [EVENT])][4]

Vejamos em detalhe como funciona cada uma dessas regras. A regra em (4a) determina que um constituinte que expressa, na estrutura conceitual, a noção de *Lugar* seja representado por um conjunto de propriedades conceituais cuja categoria ontológica é [PLACE]. Essa categoria deve possuir em sua estrutura conceitual interna uma função de lugar [PLACE-FUNCTION] – incluindo funções primitivas como IN, AT etc. – e mais um argumento dessa função. Esse argumento deve ser da categoria ontológica de

---

4. É importante destacar neste ponto que optamos por manter a representação dos predicados primitivos e das categorias ontológicas em inglês (p. ex., Thing, Place, GO, BE etc.). Essa decisão tem não somente o objetivo de manter a formalização proposta originalmente por Jackendoff, mas também de enfatizar que tanto os nomes das categorias como os predicados primitivos não são equivalentes às palavras correspondentes em inglês, mas sim a conceitos primitivos da estrutura conceitual. Ao manter os rótulos originais em inglês acreditamos que essa diferenciação fique ainda mais clara.

Coisa – isto é, [THING]. Do ponto de vista da constituição conceitual da entidade [PLACE], esse argumento define um "ponto de referência" a partir do qual a função de lugar define uma região espacial. Por exemplo, em uma expressão como *em casa*, o ponto de referência é *casa*, sendo que *em* é a função que define a entidade [PLACE] correspondente à região espacial que é o interior do objeto de referência.

É importante observar que, para Jackendoff, as funções de lugar – que correspondem às preposições locativas – são predicados monoargumentais que mapeiam objetos em outros tipos de entidades, lugares. Essa concepção é um tanto diferente daquela de autores como Parsons (1990), por exemplo, para quem as preposições são relações entre indivíduos; isto é, predicados de dois lugares. Especificamente, em uma abordagem como a de Parsons, baseada no cálculo de predicados de primeira ordem, assume-se, *grosso modo*, que uma sentença como (5a) abaixo é representada semanticamente por (5b). Em contraste, na semântica jackendoffiana, a mesma sentença teria uma representação como (5c):

(5) a. João está em casa.
   b. Em (casa, João)
   c. [$_{State}$ BE ([$_{Thing}$ JOÃO], [$_{Place}$ AT ([$_{Thing}$ CASA])])]

Por sua vez, a regra (4b) elabora uma trajetória como uma função (TO, FROM, TOWARD ou VIA) que mapeia um objeto ou um lugar em uma trajetória específica. Trajetórias são entidades espaciais cuja categoria ontológica é [PATH] e consistem em um espaço com uma determinada orientação direcional, determinada pelo tipo de função envolvida. A expressão *para casa* é um exemplo de trajetória que tem como referência um objeto (cf. (6b), abaixo); já uma expressão como *para dentro de casa* constitui conceitualmente uma trajetória com um lugar como referência (cf. (7b), abaixo):

(6) a. João foi para casa.
   b. [$_{Event}$ GO ([$_{Thing}$ JOÃO], [$_{Path}$ TO ([$_{Thing}$ CASA])])]
(7) a. João foi para dentro de casa.
   b. [$_{Event}$ GO ([$_{Thing}$ JOÃO], [$_{Path}$ TO ([$_{Place}$ IN ([$_{Thing}$ CASA])])])]

A regra (4c) mostra que, na Semântica Conceitual, eventos não causativos podem ser elaborados basicamente com duas funções distintas de dois lugares, GO e STAY. O predicado primitivo GO denota deslocamento ao longo de uma trajetória e, assim, seus argumentos são o objeto em movimento e a sua trajetória (cf. (6), acima). Por outro lado, STAY denota estaticidade ao longo de um período de tempo, sendo que seus argumentos são o objeto estático e a sua localização (p. ex., *Paulo ficou em casa*, cf. (8), abaixo). É importante destacar que Jackendoff utiliza os predicados STAY e BE para traçar a distinção básica entre eventos de permanência locacional e estados de localização espacial.

(8) a. Paulo ficou em casa.
b. [$_{Event}$ STAY ([$_{Thing}$ PAULO], [$_{Place}$ IN ([$_{Thing}$ CASA])])]

As funções estativas são elaboradas em (4d). A função BE especifica a localização de objetos em relação a um [PLACE], enquanto ORIENT especifica a sua orientação em relação a um [PATH], e GO$_{Ext}$, a extensão espacial de objetos ao longo de uma trajetória. As sentenças em (9) são exemplos dessas estruturas conceituais:

(9) a. Maria está no quarto.
[$_{State}$ BE ([$_{Thing}$ MARIA], [$_{Place}$ IN [$_{Thing}$ QUARTO]])]
b. A seta apontou para o norte.
[$_{State}$ ORIENT ([$_{Thing}$ SETA], [$_{Path}$ TO [$_{Thing}$ NORTE]])]
c. A estrada vai de Porto Alegre a Curitiba.
[$_{State}$ GO$_{Ext}$ ([$_{Thing}$ ESTRADA], $\begin{bmatrix} \text{FROM } [_{Thing}\text{ PORTO ALEGRE])} \\ _{Path}\text{ TO } \quad [_{Thing}\text{ CURITIBA}] \end{bmatrix}$

Por fim, (4e) determina que um evento causativo é constituído por uma função eventiva CAUSE mais dois argumentos, sendo que o primeiro argumento – o "causador" ou a "causa" – pode ser um objeto ou um evento, e o segundo deve ser, necessariamente, um evento. A seguinte sentença é um exemplo de estrutura causativa:

(10) a. O menino jogou a bola pela janela.
   b. [$_{Event}$ CAUSE ([$_{Thing}$ MENINO], [$_{Event}$ GO ([$_{Thing}$ BOLA],
   [$_{Path}$ VIA [$_{Thing}$ JANELA]])])]

Uma paráfrase possível para a representação em (10b) seria a de que "o menino causou o movimento da bola através da janela". Nessa representação, fundamentada em Jackendoff (1983), uma entidade da categoria ontológica *Thing* pode ser considerada como desencadeadora direta de um evento. Conforme veremos mais adiante, Ribeiro (2014) propõe uma análise diferente para subeventos de causa em eventos complexos, fundamentada no predicado ACT, em linha com propostas mais atuais para a representação de eventos (cf. RAPPAPORT HOVAV; LEVIN, 1998; 2010).

2.5 A Hipótese das Relações Temáticas como princípio organizacional da teoria

A Semântica Conceitual de Jackendoff fundamenta-se crucialmente no que o autor chama de "Hipótese das Relações Temáticas", também conhecida como "Hipótese Locacional". De acordo com essa hipótese, eventualidades em todos os campos semânticos são constituídas essencialmente pelos mesmos predicados primitivos que eventualidades de movimento e localização espacial, mesmo que de forma abstrata, em campos semânticos aparentemente não relacionados ao campo espacial. Jackendoff define essa hipótese da seguinte maneira:

(11) *Hipótese das Relações Temáticas (HRT)*:
   Em qualquer campo semântico de [EVENTS] e [STATES], as funções de Evento, Estado, Trajetória ou Lugar são um subconjunto daquelas utilizadas para a análise do movimento e da localização espacial. Os campos se diferenciam em apenas três pontos:
      a. os tipos de entidades que podem aparecer como Tema;
      b. os tipos de entidades que podem aparecer como objeto de referência;
      c. o tipo de relação que assume o papel da localização no campo das expressões espaciais (JACKENDOFF, 1983, p. 188).

A hipótese em (11) atua como uma orientação metodológica da teoria, uma vez que define que os conceitos de movimento e localização espacial ocupam um lugar central na representação de eventualidades na estrutura conceitual. Conforme a formalização desenvolvida por Jackendoff, eventos de movimento envolvem uma coisa [THING] e a trajetória [PATH] que é percorrida por ela (p. ex., *João foi para a escola.*); por sua vez, eventos de localização espacial envolvem um objeto e o lugar [PLACE] onde ele se encontra (p. ex., *O copo está na mesa.*). Nessa teoria, a entidade que se encontra em algum lugar ou que se movimenta ao longo de uma trajetória é chamada de **Tema**. De acordo com a Hipótese Locacional, portanto, o que diferencia os vários campos semânticos são somente as entidades que assumem os papéis de Tema e de objeto de referência (ou locação), bem como o tipo de relação que atuará como uma extensão metafórica do movimento ou da localização espacial no campo conceitualmente derivado.

2.6 Estendendo a Hipótese Locacional para diferentes campos semânticos

Jackendoff explora uma série de campos semânticos abstratos não espaciais – como, por exemplo, o campo temporal, o campo identificacional, o campo circunstancial e o campo da posse – e descreve as relações entre esses campos e o campo espacial, que, para o autor, serve como base para a semântica de todos os demais. Isto é, para Jackendoff, os predicados de todos os demais campos são manifestações "metafóricas" das funções primitivas espaciais – e por isso não apenas se manifestam em grande parte por meio dos mesmos itens lexicais como herdam padrões de inferência e de realização dos argumentos. Considere-se, por exemplo, como a Hipótese Locacional é aplicada no campo identificacional – ou seja, o campo semântico relacionado à categorização de entidades e à atribuição de propriedades:

(12) Campo Identificacional:
   a. [THINGS] aparecem como tema.
   b. [THING TYPES] e [PROPERTIES] aparecem como objetos de referência.
   c. Os conceitos de "ser uma instância de uma categoria" ou "ter determinada propriedade" assumem o papel da localização.

(JACKENDOFF, 1983, p. 194)

De acordo com a formulação em (12), sentenças que descrevem propriedades de entidades, bem como eventos de mudança de estado, podem ser tratadas utilizando-se as funções BE_{Ident} e GO_{Ident}, em paralelo com o campo espacial, como ilustram os exemplos em (13):

(13) a. O sinal está vermelho.
   $[_{State} BE_{Ident} ([_{Thing} SINAL], [_{Place} AT_{Ident} ([_{Property} VERMELHO])])]$
   b. As páginas amarelaram.
   $[_{Event} GO_{Ident} ([_{Thing} PÁGINAS], [_{Path} TO_{Ident} ([_{Property} AMARELO])])]$

Em (13a), a propriedade do sinal de "estar vermelho" é analisada metaforicamente como a localização desse objeto na propriedade "vermelho", em paralelo com o campo espacial. Já na sentença em (13b), a mudança de estado das páginas é analisada como um movimento metafórico de um Tema em direção a um Lugar, representado no exemplo pela propriedade "amarelo". Ou seja, uma paráfrase adequada para a representação em (13b) seria "As páginas foram para a propriedade amarela".

Jackendoff discute também o campo temporal, no qual eventos e estados são analisados como Temas, e o ponto no tempo em que ocorrem é interpretado como um Lugar abstrato. O autor chama atenção para o fato de que os verbos que denotam localização temporal aparecem em padrões bastante similares aos de verbos de localização espacial, como mostram os exemplos em (14) e (15):

(14) *Campo temporal*:
   a. A reunião é na terça. (BE)
   b. Nós mudamos a reunião de terça-feira para quinta-feira. (GO)
   c. Apesar do tempo, nós mantivemos a reunião na terça. (STAY)

(15) *Campo locacional*:
   a. A estátua está no parque. (BE)
   b. Nós mudamos a estátua do parque para o zoológico. (GO)
   c. Apesar do tempo, nós mantivemos a estátua em seu pedestal. (STAY)

Podemos observar nos exemplos em (14) e (15) que há paralelos não somente em relação aos verbos utilizados nos diferentes campos semânticos (ou seja, *ser/estar* para estados, *mudar* para eventos de movimento e *manter* para eventos de permanência em um lugar), mas também no que diz respeito às preposições nos adjuntos adverbiais (ou seja, *em* no caso de Lugares e *de/para* no caso de trajetórias).

2.7 O poder explanatório da Hipótese Locacional

Além de lidar com os padrões gramaticais de polissemia entre os campos semânticos, Jackendoff procura também explicar o papel de certas classes de preposições na marcação de argumentos em eventualidades de diferentes campos semânticos. Seguindo a Hipótese Locacional, pode-se argumentar que a semântica básica das preposições é a espacial, e que ela pode ser estendida metaforicamente para outros campos semânticos, o que explicaria, por exemplo, o uso da mesma preposição *de* nos seguintes exemplos:

(16) a. Paulo tirou o quadro *da* parede.   (Campo espacial)
   b. O médico salvou Maria *da* morte.   (Campo identificacional)
   c. Ana recebeu um presente *de* Pedro.   (Campo da posse)
   d. Carlos proibiu João *de* tocar piano. (Campo circunstancial)

Da mesma forma, podemos observar que a noção de mudança se expressa de maneira similar em campos semânticos como o campo espacial, o campo da posse e o campo identificacional: nos exemplos em (17) abaixo, além do uso comum em todos os campos do verbo *ir*, o ponto final da mudança da entidade é expresso pelo complemento da preposição *para*:

(17) a. O estudante foi para a universidade   (Campo espacial)
   b. A herança foi para a esposa.   (Campo da posse)
   c. O sinal foi de vermelho para verde.   (Campo identificacional)

Jackendoff enfatiza que a estrutura temática deve ser encarada como uma forma abstrata de organização da estrutura conceitual, que potencialmente pode ser adaptada para se aplicar a todos os campos semânticos (JACKENDOFF, 1983, p. 210). No entanto, o autor destaca que a hipótese das relações temáticas não pode ser tratada como um preceito rígido e inviolável de sua teoria semântica, mas sim como uma orientação metodológica durante o desenvolvimento da teoria:

> A importância desse *insight* [a Hipótese Locacional] para o presente trabalho não pode ser exagerada. Significa apenas que, ao explorarmos a organização de conceitos que, ao contrário daqueles do #espaço físico#, não possuem contrapartes perceptuais, não precisamos começar de novo. Em vez disso, podemos restringir as hipóteses possíveis sobre tais conceitos adaptando, na medida do possível, a álgebra de conceitos espaciais para nossos novos propósitos.
>
> (JACKENDOFF, 1983, p.188)

Em resumo, grande parte do poder explanatório da teoria da Semântica Conceitual de Jackendoff advém da possibilidade de aplicação da Hipótese Locacional para explicar padrões similares de comportamento gramatical em diversos campos semânticos. Dessa forma, a Hipótese Locacional atua como uma orientação metodológica que delimita o conjunto de predicados primitivos possíveis na teoria.

3 NOÇÕES OPERACIONAIS

3.1 A noção de Papel Temático na Semântica Conceitual

Jackendoff (1990) destaca que os **papéis temáticos** em sua teoria são parte da estrutura conceitual, e não da sintaxe; isto é, os papéis temáticos são formalmente definidos como posições argumentais específicas na estrutura conceitual, em vez de serem apenas rótulos para relações semânticas[5]. Por exemplo, o Agente é definido estruturalmente como o primeiro

---

5. Para uma introdução mais detalhada aos estudos sobre papéis temáticos, recomendamos a leitura do manual *Introdução à Semântica Lexical: papéis temáticos, aspecto lexical e decomposição de predicados* (CANÇADO & AMARAL, 2016), também publicado pela Editora Vozes.

argumento da função CAUSE, enquanto o Tema é o primeiro argumento de qualquer função de movimento ou localização, como GO, BE, STAY etc. Por sua vez, a Origem é o argumento da função de trajetória FROM e a Meta é o argumento de TO.

(18) a. Pedro embolsou o dinheiro.
  b. [$_{Event}$ CAUSE ([$_{Thing}$ $\underline{PEDRO}$], [$_{Event}$ GO ([$_{Thing}$ $\underline{DINHEIRO}$],
  $\phantom{[_{Event} CAUSE ([_{Thing} }$ *Agente* $\phantom{], [_{Event} GO ([_{Thing} }$ *Tema*

  $\phantom{[_{Event} CAUSE ([_{Thing} PEDRO], }$ [$_{Path}$ TO [$_{Place}$ IN ([$_{Thing}$ $\underline{BOLSO}$])])])]
  $\phantom{[_{Event} CAUSE ([_{Thing} PEDRO], [_{Path} TO [_{Place} IN ([_{Thing} }$ *Meta*

(19) a. O ônibus foi de Porto Alegre a São Paulo.
  b. $\left[\begin{array}{l}[_{Event}\ GO\ ([_{Thing}\ \underline{ÔNIBUS}],\quad FROM\ [_{Thing}\ \underline{PORTO\ ALEGRE}])] \\ \phantom{[_{Event}\ GO\ ([_{Thing}\ }Tema\phantom{ÔNIBUS], FROM\ [_{Thing}\ }Origem \\[4pt] \phantom{[_{Event}\ GO\ ([_{Thing}\ ÔNIBUS],\ }{}_{Path}TO\quad[_{Thing}\ \underline{CURITIBA}] \\ \phantom{[_{Event}\ GO\ ([_{Thing}\ ÔNIBUS],\ _{Path}TO\quad[_{Thing}\ }Meta\end{array}\right]$

(20) a. O aluno ficou na sala.
  b. [$_{Event}$ STAY ([$_{Thing}$ $\underline{ALUNO}$], [$_{Place}$ IN ([$_{Thing}$ $\underline{SALA}$])])]
  $\phantom{[_{Event} STAY ([_{Thing} }$ *Tema* $\phantom{], [_{Place} IN ([_{Thing} }$ *Lugar*

Dessa forma, os papéis temáticos na Semântica Conceitual não são tratados como primitivos semânticos, mas como noções relacionais determinadas de modo estrutural na estrutura conceitual. Essa definição dos papéis temáticos é crucial para a teoria de mapeamento dos argumentos semânticos para a sintaxe desenvolvida por Jackendoff (1990).

Em *Semantic Structures* (1990), Jackendoff propõe que a estrutura conceitual codifica os papéis temáticos em dois níveis distintos: o nível temático e o nível acional. No nível temático, seriam codificadas as noções locacionais e causativas, enquanto o nível acional codificaria as relações entre os papéis semânticos de Ator e Paciente nas eventualidades. Esse nível de representação foi criado com base no trabalho de Talmy (1998/2000a) sobre dinâmicas de força, e representa uma tentativa de Jackendoff de incluir em sua teoria uma representação dos conceitos de Agonista e Antagonista, propostos por Talmy. Exemplos como (21), envolvendo o verbo *hit* ("bater") do inglês, motivaram Jackendoff a postular esta análise:

(21) a. Sue hit Fred.
"Sue bateu em Fred"
b. The car hit the tree.
"O carro bateu na árvore"
c. Pete hit the ball into the field.
"Pete bateu a bola para dentro do campo."

(JACKENDOFF, 1990, p. 125)

Segundo o autor, a análise proposta inicialmente em *Semantics and Cognition* (1983) não dá conta da distinção dos papéis semânticos das sentenças em (21). Por exemplo, em (21a), *Sue* é um Agente, mas não há nada na teoria que indique o papel semântico de *Fred*. Uma primeira análise indica que *Fred* é o argumento afetado, mas de acordo com Jackendoff a afetação não é capturada por nenhum predicado proposto em *Semantics and Cognition* (1983)[6]. A definição mais próxima seria a de Tema, mas o autor define esse papel simplesmente como "a entidade em movimento ou localizada em algum lugar", o que não é o caso em (21a). Por analogia com (21b), em que *o carro* é Tema e *a árvore* é Meta, pode-se considerar *Fred* como Meta; porém, a generalização não serviria para (21c), uma vez que *a bola* está em movimento e precisaria ser Tema. De modo a explicar a relação semântica entre os objetos diretos (no caso do inglês) nos três usos do verbo *hit*, Jackendoff conclui que são fundamentais as noções de "entidade afetada" (ou seja, o que o autor nomeia de Paciente) e de Ator, que não estão presentes na teo-

---

6. Jackendoff assume aqui uma noção mais ampla de afetação, que envolve não somente mudança de estado do participante afetado (p. ex., *O copo quebrou*.), mas também mudança de lugar (como no caso da *bola* em (21c)) ou mesmo algum tipo de manipulação causada por um Agente (como no caso de *Fred* em (21a)), as quais não acarretam alteração nas propriedades físicas do participante afetado.

ria proposta em *Semantics and Cognition*. Jackendoff sugere o seguinte teste para a identificação de entidades afetadas em eventos dinâmicos:

(22) $\begin{Bmatrix} \text{O que aconteceu} \\ \text{O que X fez} \end{Bmatrix}$ com/para SN foi...[7]

(JACKENDOFF, 1990, p. 125)

De acordo com esse teste, *Fred, a árvore* e *a bola* (cf. (21a, b, c)) são entidades afetadas e, portanto, podem ser definidos como Pacientes (p. ex., *O que aconteceu com Fred foi que Sue bateu nele.*). Contudo, Jackendoff destaca que o papel de Paciente é independente dos papéis temáticos definidos estruturalmente na estrutura conceitual, pois não há uma correspondência direta entre, por exemplo, Temas e Pacientes, ou Metas e Pacientes (cf. (24) abaixo). No mesmo sentido, o papel de Ator – identificado pelo teste em (23) – pode estar relacionado, entre outros, aos papéis de Tema ou Origem, como podemos observar em (24):

(23) O que SN fez foi...

(JACKENDOFF, 1990, p. 126-127)

(24) a. Ana bateu em Fred.
      Tema   Meta   (nível temático)
      Ator   Paciente (nível acional)
  b. Pedro jogou a bola.
      Origem   Tema   (nível temático)
      Ator   Paciente (nível acional)
  c. Paulo entrou na sala.
      Tema   Meta   (nível temático)
      Ator   (nível acional)
  d. Maria recebeu uma carta.
      Meta   Tema   (nível temático)
                           (nível acional)

(Adaptado de JACKENDOFF, 1990, p. 126)

---

7. O teste em (22) determina que o sintagma nominal (SN) de uma sentença que puder ser utilizado na posição designada pode ser considerado um Paciente.

Com base nessas observações, Jackendoff argumenta que é necessária uma representação funcional na estrutura conceitual para codificar os papéis de Ator e Paciente. Para tanto, o autor introduz o **nível acional** nas representações léxico-conceituais das eventualidades, que consiste na função biargumental AFF (do inglês, *affect* ("afetar")), que toma como argumentos o Ator e o Paciente:

(25) [EVENT] → $\begin{bmatrix} ... \\ \text{AFF} (\langle[\text{THING}]\rangle, \langle[\text{THING}]\rangle) \end{bmatrix}$

(JACKENDOFF, 1990, p. 127)

Jackendoff define que o primeiro argumento de AFF é o Ator, enquanto o segundo argumento é o Paciente. É importante destacar que ambos os argumentos dessa função são opcionais, característica que a distingue de todos os outros predicados primitivos na teoria. Considerando-se esse novo nível de representação, a estrutura léxico-conceitual da sentença em (21b), *O carro bateu na árvore*, passaria a ser a seguinte[8]:

(26) $\begin{bmatrix} \text{INCH} [\text{BE}_c ([\text{CARRO}], [\text{AT}_c [\text{ÁRVORE}]])] \\ _{\text{Event}} \text{AFF} ([\text{CARRO}], [\text{ÁRVORE}]) \end{bmatrix}$

A estrutura léxico-conceitual em (26) codifica formalmente o fato de que o argumento *o carro* é tanto o Tema (primeiro argumento de BE_c no nível temático), como o Ator (primeiro argumento de AFF no nível acional), ao mesmo tempo em que *a árvore* é a Meta (argumento de AT_c, que por sua vez consiste no segundo argumento de BE_c) e o Paciente do evento (segundo argumento de AFF). Uma paráfrase possível para a estrutura em (26) seria, no nível temático, a de que "o carro passou a estar em contato com a árvore" e, no nível acional, de que "o carro afetou a árvore"[9].

---

8. O diacrítico em BE_c e AT_c refere-se ao traço [+contact] ("contato"), uma elaboração das funções locacionais proposta por Jackendoff para representar verbos que especificam explicitamente a noção de contato, como *touch* ("tocar") ou *hit* ("bater"), p. ex.
9. O predicado INCH, que codifica a noção de incoação – ou seja, "entrada em um estado ou início de um evento" –, será explicado de forma mais detalhada na seção 3.3.

Uma vez que os argumentos de AFF são opcionais e, crucialmente, ordenados, já que há diferença entre o primeiro e o segundo argumento, Jackendoff estabelece a seguinte convenção para a notação do nível acional no caso de apenas um argumento estar presente:

(27) a. [AFF ([X])]   (X = Ator ou Paciente?)
     b. [AFF ([X]),]   (X = Ator apenas)
     c. [AFF (,[Y])]   (Y = Paciente apenas)
     d. [AFF ([ ],[Y])]   (Ator implícito)
     e. [AFF ([X],[ ])]   (Paciente implícito)

(JACKENDOFF, 1990, p. 128)

Caso a notação em (27a) fosse utilizada, haveria ambiguidade em relação ao papel semântico do argumento, segundo Jackendoff: não haveria como saber se esse argumento possui o papel de Ator ou Paciente. Com isso, o autor propõe as notações em (27b-e), que fazem distinção entre as posições argumentais mesmo no caso de haver apenas um participante na eventualidade. A representação em (27b) daria conta de eventualidades agentivas que envolvem apenas um participante (p. ex., *João correu.*). Já (27c) daria conta de eventualidades monoargumentais em que o participante é afetado (p. ex., *A maçã apodreceu.*). Por sua vez, (27d-e) representam eventualidades em que um dos participantes encontra-se implícito (p. ex., *O copo quebrou* (Ator implícito) ou *João escreveu* (Paciente implícito).

No que diz respeito à representação da noção de **volição** em sua teoria – ou seja, a propriedade de um participante realizar uma ação intencionalmente –, Jackendoff propõe que seja utilizado o traço [±vol] no predicado AFF. Com essa elaboração de AFF, Jackendoff busca capturar a noção de "ator volicional", a qual não era codificada em *Semantics and Cognition* (1983). Segundo o autor, essa noção não deve ser representada da mesma maneira que a de "causador extrínseco da ação", isto é, como o primeiro argumento de CAUSE no nível temático. A principal motivação para isso é o fato de atores volicionais poderem estar presentes mesmo em eventos não causativos, conforme (28):

(28) Bill rolled down the hill.
"Bill rolou colina abaixo"

$$\begin{bmatrix} \text{GO ([BILL], [DOWN [HILL]])} \\ \begin{cases} \text{a. AFF}_{+vol}\text{([BILL],)} \\ \text{b. AFF}_{-vol}\text{([BILL],)} \\ \text{c. AFF (, [BILL])} \end{cases} \end{bmatrix} \begin{array}{l} \text{(realizador intencional da ação)} \\ \text{(realizador não intencional da ação)} \\ \text{(paciente da ação)} \end{array}$$

(Adaptado de JACKENDOFF, 1990, p. 129)

Como podemos observar em (28), o papel de ator volicional é codificado formalmente como o primeiro argumento de AFF$_{+vol}$ no nível acional, independentemente da presença ou não do predicado CAUSE no nível temático. Dessa maneira, Jackendoff decompõe a noção de Agente em três configurações distintas: (i) causador extrínseco da ação – primeiro argumento de CAUSE –, (ii) ator volicional – primeiro argumento de AFF$_{+vol}$ –, e (iii) realizador não intencional da ação – primeiro argumento de AFF$_{-vol}$.

Conforme discutirei mais detalhadamente na seção 3.4, o nível acional tem um papel fundamental na teoria de *linking* proposta por Jackendoff (1990)[10]. Em linhas gerais, o primeiro argumento de AFF, isto é, o Ator, é invariavelmente ligado à posição de sujeito, ao passo que o segundo argumento de AFF, o Paciente, é ligado à posição de objeto direto em sentenças transitivas. Contudo, antes de discutir a teoria de *linking* proposta por Jackendoff (1990), vejamos a proposta do autor para a representação dos verbos de modo de movimento, bem como uma alternativa proposta por Ribeiro (2014) para a representação do papel temático de Ator na estrutura conceitual.

---

10. As chamadas teorias de *linking* (ou de mapeamento) são teorias que dizem respeito aos princípios gerais que governam a interface entre sintaxe e semântica lexical – mais especificamente, ao mapeamento dos argumentos semânticos em funções sintáticas.

3.2 O tratamento dos verbos de modo de movimento

Em *Semantic Structures* (1990), Jackendoff explora alguns campos semânticos que causam dificuldades para a teoria inicialmente proposta em *Semantics and Cognition* (1983), apresentada na seção 2. Um desses campos semânticos é o dos verbos de modo de movimento, os quais possuem basicamente apenas um argumento e não acarretam necessariamente localização espacial ou deslocamento em uma trajetória. Tradicionalmente, são considerados verbos de modo de movimento aqueles que denotam apenas uma maneira como o participante se movimenta, conforme exemplificado em (29):

(29) a. Ana se contorceu.
  b. Paula dançou.
  c. A tampa girou.
  d. A bandeira tremulou.

Como não há uma trajetória inerente nesses eventos, a simples utilização da função GO não seria razoável, o que leva o autor a propor a seguinte função monoargumental para eventos desse tipo:

(30) [$_{Event}$ MOVE ([$_{Thing}$])]

Os eventos denotados pelos verbos em (29) descrevem apenas o movimento do participante, não fazendo referência a nenhum tipo de trajetória ou localização, o que justifica o fato de a função em (30) ser monoargumental. No entanto, um fato bastante conhecido na literatura, ao menos desde Levin (1993) e Levin & Rappaport Hovav (1992, 1995), é o de que os verbos de modo de movimento da classe de *correr* não permitem a realização de uma variante causativa, ao passo que os verbos de modo de movimento do tipo de *rolar* possibilitam essa construção, como ilustram os exemplos (31)-(34)[11].

---

11. Não são considerados aqui os usos idiomáticos de verbos como *correr*, que significam algo como "fazer sair", no caso, p. ex., de *A mãe correu as crianças da sala*.

(31) a. A bola rolou.
   b. A roleta girou.
   c. A árvore sacudiu.
   d. A rede balançou.

(32) a. O jogador rolou a bola.
   b. O menino girou a roleta.
   c. O vento sacudiu a árvore.
   d. A bola balançou a rede.

(33) a. Paulo correu.
   b. A atleta nadou.
   c. A menina dançou.
   d. João caminhou.

(34) a. *Ana correu Paulo.
   b. *O técnico nadou a atleta.
   c. *O pai dançou a menina
   d. *Maria caminhou João.

Para lidar com este contraste, Ribeiro (2014) propõe uma análise fundamentada não somente no predicado MOVE, mas também no predicado ACT (cf. PINKER, 1989; RAPPAPORT HOVAV & LEVIN, 1998, 2010, entre outros). O autor propõe que o predicado primitivo MOVE seja responsável simplesmente pela codificação na estrutura conceitual da noção básica de **dinamicidade** de uma entidade. Conforme especificado em (35) abaixo, MOVE é um predicado monoargumental, modificado por uma raiz de maneira, e que acarreta lexicalmente que o participante é dinâmico – isto é, apresenta movimento:

(35) $\begin{bmatrix} \text{MOVE} ([_{\text{Thing}} \ X \ ]) \\ _{\text{Event}} \ [_{\text{Manner}} \ \text{ROOT}] \end{bmatrix}$
   → O evento é [+dinâmico]

(36) a. A bola rolou.
   b. $\begin{bmatrix} \text{MOVE} ([_{\text{Thing}} \ \text{BOLA} \ ]) \\ _{\text{Event}} \ [_{\text{Manner}} \ \text{ROLAR}] \end{bmatrix}$

Devido ao fato de o predicado MOVE não ser especificado para o tipo de causação envolvida no evento, esse predicado permite a introdução de uma causa externa, por meio do processo conhecido como **causativização**, que gera estruturas como (37) abaixo, em que dois subeventos são relacionados por meio do predicado CAUSE, sendo o primeiro a Causa e o segundo o Efeito[12].

(37) $\left[\text{CAUSE} ([_{Event} Y], \left[\begin{array}{l} \text{MOVE} ([_{Thing} X]) \\ _{Event} \; [_{Manner} \text{ROOT}] \end{array} \right]) \right]_{Event}$

Por sua vez, seguindo a linha das propostas de Pinker (1989) e Rappaport Hovav e Levin (1998, 2010), Ribeiro (2014) propõe que os eventos de modo de movimento causados internamente, em que o participante possui controle sobre a ação, sejam instâncias do predicado monoargumental ACT, e não de MOVE. Como podemos observar em (38) abaixo, ACT é um subtipo mais específico de MOVE, acarretando lexicalmente que o evento é dinâmico, **causado internamente** e **controlado** pelo participante:

(38) $\left[\begin{array}{l} \text{ACT} ([_{Thing} X]) \\ _{Event} \; [_{Manner} \text{ROOT}] \end{array} \right]$
→ O evento é [+dinâmico], [+causação interna] e [+controle]

(39) a. João caminhou.
b. $\left[\begin{array}{l} \text{ACT} ([_{Thing} \text{JOÃO}]) \\ _{Event} \; [_{Manner} \text{CAMINHAR}] \end{array} \right]$

---

12. Amaral (2012) propõe uma análise semelhante para os verbos de modo de movimento "não volicionais" no PB, também fundamentada no predicado MOVE, seguindo a linha de Jackendoff (1990). No entanto, a autora estabelece uma subdivisão dessa classe entre verbos do tipo de *sacudir* e verbos do tipo de *girar*. Conforme Amaral, verbos como *sacudir* formariam sentenças transitivas envolvendo dois subeventos concomitantes – ou seja, a aplicação de força do causador extrínseco seria concomitante ao movimento do recipiente de força. Assim, a estrutura léxico-semântica proposta por Amaral para estes casos é [[X ACT] & [Y MOVE_{<MANNER>}]]. Por outro lado, verbos como *rolar* formariam sentenças transitivas em que os dois subeventos se encontram em uma relação de causação, e não de concomitância, sendo que esses casos são representados pela autora por meio de CAUSE – p. ex., [[X (ACT)] CAUSE [Y MOVE <*MANNER*>]].

O teste adotado para determinar se um evento em particular é instância do predicado MOVE ou de ACT é aquele proposto por Jackendoff (2007) para identificar eventos que são concebidos como ações: "O que X fez foi..." Com base nesse teste, podemos identificar o contraste entre os eventos em (40a) e (40b):

(40) a. O que João fez foi correr/caminhar/dançar alguns minutos.
b. ?O que a bola fez foi rolar/girar/deslizar alguns minutos.

No caso de verbos da classe de *rolar* (cf. 40b), o teste da clivada resulta em sentenças menos aceitáveis, sugerindo que eventos de modo de movimento como os em (40b), além de não acarretarem controle do participante, não são conceitualizados como ações, justificando, dessa maneira, a análise com MOVE.

De acordo com a definição em (38), os verbos representados por ACT são especificados como causados internamente. Conforme vimos, eventos com causação interna são provocados por alguma característica inerente do participante do evento e, portanto, não são compatíveis com um causador externo. Com isso, verbos representados por ACT não são visíveis ao processo de causativização, o que explicaria a impossibilidade de formação da variante transitiva com verbos de modo de movimento da classe de *correr*.

É importante destacar que a animacidade do participante em um evento de modo de movimento, apesar de ser um traço relevante para a possibilidade de interpretação do evento como uma ação volicional, não é o fator determinante para a distinção entre ACT e MOVE. De acordo com a análise apresentada aqui, as noções de controle e causação interna são responsáveis por essa diferença conceitual. Contudo, a tarefa de diagnosticar um conjunto de acarretamentos apropriados para distinguir ações causadas internamente de movimentos causados externamente é bastante difícil, uma vez que ações são tipos de eventos bastante heterogêneos. Um teste interessante nesse sentido, que parece apreender a diferença entre causação interna ou externa em eventos de modo de movimento, é apresentado em (41c) e (42c) abaixo[13]:

(41) a. A mãe girou o bebê no berço.
b. O bebê girou no berço (com o movimento feito pela mãe).
c. O bebê girou no berço, mas não moveu um músculo. Foi a mãe que o moveu.

(42) a. *Paulo caminhou Maria.
b. Maria caminhou.
c. # Maria caminhou, mas não moveu um músculo.

Em (41b), temos um evento de movimento causado externamente, representado por MOVE, em que o bebê gira como resultado da ação da mãe (cf. (41a)). Nesse contexto, é aceitável afirmar, como em (41c), que o participante "não moveu um músculo", uma vez que a causa do movimento é externa[14]. O mesmo não é possível no caso de um verbo como *caminhar*, que denota uma ação controlada e causada internamente. Além da impossibilidade de formação de uma variante causativa (cf. (42a)), não é aceitável semanticamente afirmar que o participante realizou a ação especificada pelo verbo – nesse caso, *caminhar* –, mas "não moveu um músculo" (cf. (42c)). Como *caminhar* envolve controle e causação interna – e, portanto, ACT –, o participante necessariamente provoca ele mesmo o evento de movimento, o que explica o contraste entre (41c) e (42c).

---

13. Este teste foi proposto originalmente por Beavers & Koontz-Garboden (2012) para distinguir verbos de maneira de verbos de resultado. A premissa dos autores é a de que verbos de resultado são compatíveis com "mas X não moveu um músculo", pois um Ator pode causar um evento por negligência (p. ex., *Paulo destruiu seu carro, mas não moveu um músculo. Apenas o deixou apodrecendo na garagem.*). O mesmo não seria possível com ações envolvendo modo de movimento (p. ex., #*Paulo correu, mas não moveu um músculo.*). Beavers e Koontz-Garboden não exploram, contudo, a aplicação deste teste para distinguir causação interna e externa.

14. Está sendo considerado aqui somente o uso composicional – ou seja, literal – da expressão "não mover um músculo", e não o uso idiomático, que significa em português algo como "não fazer nenhum esforço".

3.3 A análise das noções de incoação e mudança de estado

Outro domínio específico que, de acordo com Jackendoff (1990), não poderia ser tratado adequadamente por meio dos predicados primitivos propostos inicialmente em *Semantics and Cognition* (1983) é o da **incoação** de eventualidades, isto é, o efeito de entrada em um determinado estado. Observemos inicialmente a ambiguidade destacada por Jackendoff entre uma leitura estativa e uma leitura incoativa em sentenças do inglês como as exemplificadas em (43).

(43) a. The weathervane pointed north.
"O cata-vento apontou/apontava para o norte"
b. The enemy surrounded the city.
"O inimigo cercou/cercava a cidade"
c. Bill stood on the table.
"Bill subiu/permaneceu na mesa"
d. Snow covered the hills.
"A neve cobriu/cobria as colinas"

(JACKENDOFF, 1990, p. 91)

As sentenças em (43) podem ter tanto uma interpretação estativa (p. ex., no caso de (43b), uma leitura em que o inimigo cercou a cidade por semanas) ou uma leitura incoativa – ou seja, eventiva – que denota a mudança de estado e cujo término – isto é, o *telos*[15] – é a leitura estativa. Como vimos no exemplo em (13b), na seção 2.6, eventualidades incoativas descritas por verbos como *amarelar* eram tratadas por meio da função GO, enquanto as eventualidades estativas eram instâncias da função BE. Entretanto, Jackendoff afirma que essa análise não funciona para os casos em (43): um dos motivos, segundo o autor, é o fato de a função BE nem mesmo estar presente na representação da sentença (43a), que seria (44).

---

15. A palavra *telos*, no grego, significa "fim", e deu origem ao termo "telicidade", utilizado na literatura em aspecto lexical para tratar do ponto final das eventualidades.

(44) [$_{State}$ ORIENT ([$_{Thing}$ CATA-VENTO], [$_{Path}$ TO ([$_{Thing}$ NORTE])]

(JACKENDOFF, 1990, p. 92)

Crucialmente, Jackendoff sustenta que a leitura incoativa de (43a) não pode ser obtida com a substituição do predicado ORIENT por GO, uma vez que o uso dessa função resultaria na interpretação de que o *cata-vento* estaria se movimentando para o *norte* – uma leitura de movimento espacial, e não de incoação. Afinal, ORIENT é um predicado do campo locacional e, portanto, sua substituição seria, presumivelmente, por GO do campo locacional – isto é, o predicado que expressa deslocamento espacial. Obviamente, esse resultado seria incorreto. Para tratar de casos como esse, entre outros, o autor propõe uma nova função primitiva, a função INCH, que mapeia estados em eventos.

(45) [$_{Event}$ INCH ([$_{State}$])]

A utilização dessa função daria conta das leituras incoativas de sentenças como (43a), conforme podemos observar em (46):

(46) a. [$_{Event}$ INCH ([$_{State}$ ORIENT ([$_{Thing}$ CATA-VENTO], [$_{Path}$ TO [NORTE]])])]

Com a introdução dessa função na teoria, o próprio autor observa que é criada uma aparente redundância no sistema, uma vez que as funções GO-TO e INCH-BE parecem codificar o mesmo tipo de evento na estrutura conceitual. No entanto, Jackendoff argumenta que há evidências a favor da manutenção dessas duas possibilidades de representação: segundo o autor, a função INCH não pode ser simplesmente reduzida à função GO – conforme os argumentos utilizados para a criação dessa função, discutidos acima –, nem tampouco a função GO pode ser reduzida à função INCH.

Jackendoff elenca dois argumentos principais contra esta última redução; isto é, contra a ideia de que "ir para um lugar" significa o mesmo que "vir a estar em um lugar". O primeiro argumento diz respeito à grande diversidade de funções de trajetória que se combinam com a função GO, das quais a Meta (argumento de TO) é apenas um caso específico (p. ex., *O menino foi para casa/em direção à escola/para longe do pátio.*). Segundo Jackendoff, não seria possível representar adequadamente esses casos por meio dos primitivos INCH-BE, uma vez que os eventos contendo essas trajetórias não podem ser descritos adequadamente como "vir a estar em um lugar".

O segundo argumento está relacionado às eventualidades que expressam extensão ao longo de uma trajetória (representados pelo predicado GO_{Ext}), ilustradas em (47):

(47) a. Essa estrada chega a Porto Alegre.
$[_{State} GO_{Ext} ([_{Thing} ESTRADA], [_{Path} TO ([_{Thing} PORTO ALEGRE])]$
b. A cerca vai ao longo do rio.
$[_{State} GO_{Ext} ([_{Thing} CERCA], [_{Path} VIA ([_{Thing} RIO])]$

Como mostram os exemplos, muitos verbos que geralmente denotam movimento ao longo de uma trajetória, como *chegar* e *ir*, são também utilizados sistematicamente para expressar extensão ao longo de uma trajetória, como exemplificado em (47). Uma vez que essas sentenças denotam estados, e não eventos, a própria ausência de qualquer mudança ao longo do tempo já excluiria a possibilidade de utilização da função eventiva INCH. Dessa forma, a representação desses eventos deve ser feita com o predicado GO_{Ext}, que é uma extensão metafórica de GO[16].

Com base nesses argumentos, a conclusão de Jackendoff é a de que tanto GO como INCH são predicados primitivos independentes e necessários para a teoria, o que leva ao problema de como distinguir os casos em que cada predicado se aplica. O autor sugere preliminarmente que verbos que aparecem com diversos tipos de trajetórias – a exemplo do verbo *ir*, como vimos acima –, e verbos que apresentam o sentido de extensão (cf. (47)), são provavelmente representados por GO. Por outro lado, são instâncias de INCH os verbos que alternam entre uma leitura estativa e uma incoativa,

---

16. Os mesmos argumentos podem ser utilizados para argumentar contra o uso do predicado BECOME para a representação de eventos de movimento espacial, como na teoria proposta por Rappaport Hovav e Levin (1998).

como os verbos em (43). Entretanto, Jackendoff transfere para pesquisas futuras a tarefa de resolver os casos em que aparentemente não haveria nenhum impedimento teórico para a utilização de um ou outro predicado – p. ex., verbos de mudança de estado prototípicos, como *quebrar* e *abrir*.

Com o objetivo de argumentar a favor de um tratamento unificado para a mudança de estado (e também a incoação) e a mudança de lugar, Ribeiro (2014) defende que o predicado INCH não é necessário para a teoria, argumentando que o predicado GO, associado aos tipos relevantes de trajetória, pode dar conta da representação de todos esses campos semânticos, como previsto inicialmente em Jackendoff (1983). Ribeiro (2014) argumenta que uma análise da incoação e da mudança de estado como uma extensão metafórica da mudança de lugar, por meio do predicado GO, em interação com as funções de trajetória disponíveis na teoria (p. ex., TO, TOWARD, FROM, VIA etc.), possibilita a representação formal de diversas sutilezas de significado referentes ao deslocamento do tema ao longo de uma trajetória. Um exemplo interessante é o tratamento da ambiguidade em sentenças com verbos de mudança de estado por meio da função de trajetória TOWARD, conforme ilustrado em (48):

(48) a. A sopa esfriou (completamente).
b. A sopa esfriou (um pouco).
c. [GO$_{Ident}$ ([SOPA], [$_{Path}$ TOWARD$_{Ident}$ [$_{Property}$ FRIA]])]

O fato de que o Tema alcançou o ponto final da trajetória de mudança no caso de verbos como *esfriar* não é uma inferência lógica, uma vez que pode ser facilmente cancelada (p. ex., *A sopa esfriou um pouco, mas ainda está quente.*). Desse modo, a diferença de significado entre a sentença incoativa, em (48a), em que o ponto final é alcançado, e a sentença em (48b), na qual, metaforicamente, a entidade apenas se movimentou em direção à propriedade, pode ser naturalmente representada por meio da utilização da função TOWARD, que representa somente uma movimentação em direção à propriedade. Na mesma linha, Jackendoff (1983) propõe um tratamento para sentenças com adjetivos comparativos em inglês, com base na distinção entre TO e TOWARD:

(49) a. The balloon became small.
"O balão ficou pequeno"
[GO$_{Ident}$ ([BALLOON], [$_{Path}$ TO$_{Ident}$ [$_{Property}$ SMALL]])]

b. The balloon became smaller.
"O balão ficou menor"
[GO$_{Ident}$ ([BALLOON], [$_{Path}$ TOWARD$_{Ident}$ [$_{Property}$ SMALL]])]

(JACKENDOFF, 1983, p. 196)

Com a introdução do primitivo INCH, em Jackendoff (1990), para tratar da incoação na teoria, esse tipo de análise para a mudança de estado é abandonada, uma vez que eventos dessa natureza (i. é, incoativos) passam a ser representados pelos predicados INCH e BE. Como BE é uma função estativa, não se combina com funções de trajetória, tornando impossível a representação das distinções de significado discutidas acima.

Contudo, essa não é a consequência mais grave da introdução do predicado INCH na teoria. A utilização desse predicado para a representação da incoação não é compatível com a ideia fundamental da abordagem locacional: INCH, que passa a fazer parte do núcleo das eventualidades (ou seja, faz parte de eventualidades simples, que não envolvem necessariamente causação), não é uma função típica de eventos e estados de movimento e localização espaciais, sendo antes uma função que forma eventos a partir de estados. Portanto, com a introdução desse predicado por Jackendoff (1990), mudança de estado e mudança de localização passam a ser constituídas por estruturas distintas na Semântica Conceitual, o que não é esperado de acordo com a Hipótese Locacional.

Com isso, Ribeiro (2014) propõe que não somente Coisas ou Lugares possam servir como argumentos de funções de Lugar e Trajetória, mas Eventos e Estados. Assim, funções de trajetória como, por exemplo, a função TO, podem tomar como argumento Estados ou Eventos, como descrito em (50):

(50) [PATH] → [$_{Path}$ TO ([THING/PLACE/STATE/EVENT])]

A representação em (50) define que a função TO, quando aplicada metaforicamente a qualquer evento incoativo ou de mudança de estado, especifica um espaço metafórico direcionado e limitado em seu ponto positivo por uma Meta, a qual também pode consistir em um Evento ou Estado[17]. Com isso, a função GO contribui simplesmente com a semântica de movimento – isto é, deslocamento de um Tema ao longo de uma trajetória –, enquanto as especificidades das trajetórias são definidas composicionalmente pela natureza do evento especificado pela raiz do verbo e pela semântica de seus complementos. Dessa maneira, portanto, a diferença entre um evento de mudança de estado (p. ex., *João abriu a porta.*) e um evento incoativo (p. ex., *João começou a correr.*) não decorre da presença de diferentes predicados primitivos na estrutura desses eventos, mas sim de trajetórias distintas, ainda que ambas representadas por GO e TO, como mostram os esquemas em (51) e (52):

(51)
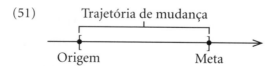

(52)

---

17. O mesmo se aplicaria a qualquer outra função de trajetória, como TOWARD e VIA, exemplificadas anteriormente.

De modo a ilustrar a proposta apresentada acima, discutiremos os mesmos exemplos apresentados por Jackendoff (1990) ao introduzir o predicado INCH, os quais foram discutidos em (43), no início da seção. Conforme vimos, Jackendoff sustenta que a leitura incoativa de uma sentença como (53a) abaixo não pode ser obtida com a utilização do predicado GO. Contudo, com a possibilidade de estados desempenharem o papel de Meta em trajetórias metafóricas, a aplicação do predicado GO$_{Circ}$ resultaria precisamente na interpretação desejada para a sentença, que teria uma representação léxico-conceitual como (53b) em sua leitura estativa, e como (53c) na leitura incoativa[18].

(53) a. O cata-vento apontou/apontava para o norte.
   b. [$_{State}$ORIENT ([$_{Thing}$CATA-VENTO], [$_{Path}$TO ([$_{Thing}$NORTE])])]
   c. [$_{Event}$ GO$_{Circ}$ ([$_{Thing}$CATA-VENTO$_i$], [$_{Path}$ TO$_{Circ}$ ([$_{State}$ORIENT ([$_{Thing}$X$_i$],
      [$_{Path}$ TO$_{Orient}$ ([$_{Thing}$NORTE])])])])]

A estrutura conceitual em (53b) refere-se à leitura estativa de (53a), que pode ser parafraseada como "o cata-vento encontrava-se orientado para o norte". Por sua vez, em (53c) a interpretação incoativa da sentença é obtida por meio da introdução de GO$_{Circ}$ e TO$_{Circ}$ na estrutura conceitual da eventualidade, sendo que o estado em (53b) é encaixado como argumento do predicado TO$_{Circ}$. A paráfrase mais adequada dessa estrutura conceitual seria algo como "o cata-vento entrou/passou a estar no estado de orientar-se para o norte".

O mesmo tratamento se aplica a qualquer sentença do campo identificacional que exibir a ambiguidade entre uma leitura estativa e uma leitura

---

18. É utilizado o diacrítico Circ (de "circunstancial") nos predicados GO e TO em (53b) para seguir a mesma linha da análise proposta por Jackendoff (1983) para tratar, p. ex., de verbos aspectuais como *parar* (p. ex., *Fred parou de compor quartetos*). Para eventos no campo circunstancial, Jackendoff assumia que eventos e estados poderiam atuar na estrutura conceitual como objetos de referência, como proposto na análise apresentada nessa seção.

incoativa. Em (55b) abaixo, temos mais um exemplo de GO$_{Circ}$ e TO$_{Circ}$ aplicadas a um predicado estativo com o objetivo de gerar a leitura incoativa:

(54) a. O sinal está verde (há algum tempo).

b. [$_{State}$ BE$_{Ident}$ ([$_{Thing}$ SINAL], [$_{Place}$ AT$_{Ident}$ ([$_{Property}$ VERDE])])]

(55) a. O sinal está/ficou verde (finalmente).

b. [$_{Event}$ GO$_{Circ}$ ([$_{Thing}$ SINAL$_i$], [$_{Path}$ TO$_{Circ}$ [$_{State}$ BE$_{Ident}$ ([$_{Thing}$ X$_i$], [$_{Place}$ AT$_{Ident}$ ([$_{Property}$ VERDE])])])]

Essa análise possibilita o tratamento de todos os eventos de **mudança de estado** por meio do uso metafórico dos predicados locacionais GO e TO. Caso esteja correta, possibilitaria abandonar completamente o uso de INCH e manter a hipótese locacional inicial na análise da mudança de estado:

(56) a. A porta está aberta.

b. [$_{State}$ BE$_{Ident}$ ([$_{Thing}$ PORTA], [$_{Place}$ AT$_{Ident}$ ([$_{Property}$ ABERTA])])]

(57) a. Maria abriu a porta.

b. [$_{Event}$ CAUSE ([$_{Event}$ ACT ([$_{Thing}$ MARIA])], [$_{Event}$ GO$_{Ident}$ ([$_{Thing}$ PORTA$_i$], [$_{Path}$ TO$_{Ident}$ ([$_{State}$ BE$_{Ident}$ ([$_{Thing}$ X$_i$], [$_{Place}$ AT$_{Ident}$ ([$_{Property}$ ABERTA])])])])])]

Uma paráfrase adequada para a representação em (57b) seria "A ação de Maria causou a ida da porta para o estado de estar aberta". Dessa forma, mantém-se a premissa básica da Hipótese Locacional, com uma análise de eventualidades do campo espacial e do campo identificacional constituída pelos mesmos predicados primitivos.

Na seção seguinte, veremos como funciona a teoria de *linking* proposta por Jackendoff – isto é, como o autor formaliza a interface entre os argumentos verbais na estrutura conceitual e sua realização sintática –, bem como as propostas de modificação dessa teoria feitas por Ribeiro (2014).

3.4 A teoria de *linking* de Jackendoff

Um fato bastante conhecido na literatura em Semântica Lexical, desde o trabalho pioneiro de Fillmore (1968, 1970) sobre papéis temáticos, é o de que as línguas naturais apresentam regularidades no mapeamento entre os papéis semânticos e os argumentos sintáticos dos predicados. Desde a década de 1970, diversos linguistas desenvolveram teorias para lidar com essas regularidades, propondo **hierarquias temáticas** para determinar a proeminência semântica de certos argumentos em relação a outros (cf. JACKENDOFF, 1972; FOLEY & VAN VALIN, 1984; BRESNAN & KANERVA, 1989; entre outros). Mais recentemente, assume-se de maneira geral que o significado verbal não se reduz apenas a uma lista de papéis temáticos, mas sim a um nível de representação mais complexo, definido como uma "estrutura de eventos" ou, no caso da Semântica Conceitual, uma "estrutura léxico-conceitual" (cf. RAPPAPORT HOVAV & LEVIN, 1988; PINKER, 1989; GRIMSHAW, 1990; JACKENDOFF, 1983, 1990; apenas para citar alguns exemplos). Teorias sobre a interação entre esse nível e a realização de argumentos ficaram conhecidas como **teorias de *linking***, ou de mapeamento, uma vez que tratam dos princípios gerais que governam a Interface entre a Semântica Lexical e a Sintaxe – ou seja, tratam da associação entre a semântica dos predicados e a realização sintática de seus argumentos.

O primeiro conceito fundamental para a teoria de *linking* de Jackendoff é a noção de *A-marking* (A-marcação de argumentos). Segundo o autor, os verbos estipulam em sua entrada lexical seus argumentos conceituais, que são marcados nas estruturas léxico-conceituais por meio de um diacrítico, conforme os exemplos em (58) e (59), os quais ilustram as informações sintático-semânticas relevantes para a teoria de *linking* das entradas lexicais dos verbos *jogar* e *ir*:

(58) $\begin{bmatrix} \text{jogar} \\ \text{V} \\ [_{\text{Event}} \text{CAUSE } ([_{\text{Thing}} \quad]_A, [_{\text{Event}} \text{GO } ([_{\text{Thing}} \quad]_A, [_{\text{Path}} \quad])]) \end{bmatrix}$

(59) $\begin{bmatrix} ir \\ V \\ [_{Event} \text{ GO } ([_{Thing}\ ]_A, [_{Path}\ ]_A)] \end{bmatrix}$

Como podemos observar em (58), o primeiro argumento do predicado CAUSE (Agente) é A-marcado como argumento conceitual do verbo *jogar*, assim como o primeiro argumento do predicado GO (Tema); com isso, são identificados na estrutura da entrada lexical com o diacrítico "$_A$". Observem que o mesmo não ocorre com o segundo argumento de GO, o que indica que este será realizado como um adjunto na sintaxe. Em (59) tanto o primeiro como o segundo argumento de GO são A-marcados como argumentos conceituais do verbo *ir*. Os exemplos em (60) e (61) abaixo mostram estruturas léxico-conceituais de sentenças com esses verbos, com os níveis temático e acional, conforme Jackendoff (1990):

(60) a. O jogador jogou a bola para o gol.
b. $\begin{bmatrix} \text{CAUSE } ([JOGADOR]_A, [GO ([BOLA]_A, [TO ([GOL])])]) \\ _{Event} \text{AFF}_{+vol} ([JOGADOR]_A, [BOLA]_A) \end{bmatrix}$

(61) a. Paulo foi para casa.
b. $\begin{bmatrix} \text{GO } ([PAULO]_A, [TO ([CASA])]_A) \\ _{Event} \text{AFF}_{+vol} ([PAULO]_A,\quad) \end{bmatrix}$

Com base nos elementos marcados como argumentos do predicado, Jackendoff propõe uma hierarquia temática, que é definida pelo seguinte princípio:

(62) *Princípio básico da hierarquia temática*

> Ordene os argumentos A-marcados no nível acional da esquerda para a direita, seguidos pelos argumentos A-marcados na estrutura conceitual principal do nível temático, do menos encaixado até o mais encaixado.
>
> (Adaptado de JACKENDOFF, 1990, p. 258)

De acordo com esse princípio organizacional, temos a seguinte hierarquia de papéis semânticos, a partir da qual é realizado o mapeamento para a sintaxe:

(63) *Hierarquia temática*
 a. [AFF (X*, ⟨Y⟩)]   (Ator)
 b. [AFF (⟨X⟩, Y*)]   (Paciente (AFF⁻) ou Beneficiário (AFF⁺))
 c. [$_{\text{Event/State}}$ F (X*, ⟨Y⟩)] (Tema)
 d. [$_{\text{Path/Place}}$ F (X*, ⟨Y⟩)] (Lugar, Origem, Meta)
         (Adaptado de JACKENDOFF, 1990, p. 258)

De acordo com o princípio em (63), o ordenamento dos papéis semânticos na hierarquia temática inicia-se com os participantes representados no nível acional, seguindo um critério de ordem linear, da esquerda para a direita. Dessa maneira, os dois argumentos da função AFF são os mais altos na hierarquia, definindo a realização do sujeito e do objeto direto na sintaxe na grande maioria dos casos. Após o ordenamento dos participantes na camada acional, são levados em consideração também os argumentos da camada temática, dessa vez com base em outro critério organizacional: o nível de encaixamento semântico. Com isso, temos os primeiros argumentos de funções como GO, STAY e BE – ou seja, os Temas –, seguidos pelos primeiros argumentos de funções de trajetória ou lugar, como TO, TOWARD, IN, AT etc.

Uma vez que os papéis semânticos da maioria dos verbos, de acordo com a teoria de Jackendoff (1990), são definidos no nível acional, é esse o nível responsável pela realização dos argumentos diretos na sintaxe na grande maioria dos casos. Essa precedência da camada acional traz alguns problemas para a Semântica Conceitual. O principal deles é o fato de a função AFF, que não é um predicado de natureza locacional, determinar em grande medida o *linking* com a sintaxe. Ainda que as noções de Ator e Paciente sejam cruciais para o mapeamento entre semântica lexical e sintaxe, a opcionalidade dos argumentos de AFF, somada à estipulação de ordem linear na estrutura conceitual – uma vez que há diferença entre o primeiro e o segundo argumento de AFF, mesmo no caso de apenas um argumento presente –, tornam a teoria de *linking* de Jackendoff arbitrária, na ausência de uma explicação para esses aspectos de sua organização.

Com essa teoria, Jackendoff alcança um de seus objetivos principais: fazer com que o participante com o papel de Ator (primeira posição de AFF) tenha maior proeminência no mapeamento na sintaxe. No entanto, isso é alcançado de forma um tanto estipulada: primeiro, pela escolha de AFF como o predicado primitivo prioritário (em vez de CAUSE ou outros predicados locacionais, p. ex.); segundo, pela escolha do primeiro argumento de AFF e não, digamos, do segundo – como se o critério fosse a mera ordem dos argumentos dessa função. Outro problema que surge com a presença de AFF na hierarquia em (62) é a redundância existente entre as posições de primeiro argumento de AFF e primeiro argumento CAUSE (cf. 60), bem como, de modo análogo, entre o segundo argumento de AFF e o primeiro argumento de GO ou BE (cf. (61)): na grande maioria dos casos, o mesmo participante ocupa as duas posições na estrutura conceitual.

De modo a lidar com esses problemas, Ribeiro (2014) apresenta a hipótese de exclusão do predicado AFF da teoria, eliminando assim a necessidade de dois níveis de análise. Como primeiro passo para a eliminação de AFF da estrutura conceitual, o autor defende a ideia de que a diferença entre Atores (participantes com controle sobre o desencadeamento da eventualidade) e Causas (iniciadores sem controle de eventualidades) pode ser feita com base na oposição entre os predicados primitivos MOVE e ACT, propostos para o tratamento dos verbos dinâmicos monoargumentais.

Em consonância com as análises de Pinker (1989) e Rappaport Hovav e Levin (1998, 2010), Ribeiro (2014) propõe que o predicado ACT seja responsável pela representação de ações controladas pelo participante em estruturas causativas complexas, como em (64c).

(64) a. Pedro abriu a porta.
b. O que o Pedro fez foi abrir a porta.
c. [$_{Event}$ CAUSE ([$_{Event}$ **ACT** ([$_{Thing}$ PEDRO])], [$_{Event}$ GO$_{Ident}$ ([$_{Thing}$ PORTA$_i$], [$_{Path}$ TO$_{Ident}$ ([$_{State}$ BE$_{Ident}$ ([$_{Thing}$ X$_i$], [$_{Place}$ AT$_{Ident}$ ([$_{Property}$ ABERTA])])])])])]

Uma paráfrase possível para a estrutura em (64c) seria algo como "a ação de Pedro causou a ida da porta para o estado de estar aberta". Como podemos observar em (64b), a sentença passa sem problemas no teste proposto por Jackendoff para a identificação de ações controladas. A presença do predicado ACT na camada temática permite, portanto, a codificação do papel de Ator – que passa a ser o argumento de ACT – na estrutura léxico-conceitual principal do evento.

Por outro lado, Ribeiro (2014) propõe que o papel temático de Causa, no caso de participantes inanimados que atuam como instigadores extrínsecos do evento, seja codificado formalmente como o argumento de MOVE em uma estrutura causativa, conforme (65c):

(65) a. O vento forte abriu a porta.
b. ?O que o vento forte fez foi abrir a porta.
c. [$_{Event}$ CAUSE ([$_{Event}$ **MOVE** ([$_{Thing}$VENTO])], [$_{Event}$ GO$_{Ident}$ ([PORTA$_i$], [$_{Path}$ TO$_{Ident}$ ([$_{State}$ BE$_{Ident}$ ([$_{Thing}$ X$_i$], [$_{Place}$ AT$_{Ident}$ ([$_{Property}$ ABERTA])])])])])]

A estrutura em (65c) pode ser parafraseada da seguinte maneira: "o dinamismo do vento causou a ida da porta para o estado de estar aberta". O predicado primitivo envolvido no subevento causador em (65c) é MOVE, uma vez que, nesses casos, alguma característica interna ao participante é responsável pela realização do evento. Apesar de os julgamentos em relação ao teste em (65b) não serem categóricos, o autor mantém a decisão teórica de não considerar entidades inanimadas como Atores[19].

---

19. Conforme comenta Jackendoff (2007), um dos efeitos da regra de inferência intencional é a tendência dos falantes a antropomorfizar qualquer tipo de entidade capaz de causar um evento ou iniciar uma ação (p. ex., elementos da natureza, computadores etc.). Isso explicaria a variação nos julgamentos do teste em (65b), em que, para alguns falantes, não parece tão estranho afirmar que o vento *fez* algo.

A codificação dos papéis semânticos de Ator e Causa em uma única estrutura de eventos complexa, por meio dos predicados ACT e MOVE, dá conta do fato de que os participantes com esses papéis semânticos podem ser instigadores de um segundo subevento, uma vez que a função da qual são argumentos pode ocupar a posição de primeiro argumento de CAUSE. Essa análise vai ao encontro de propostas como a de Dowty (1979), em relação ao predicado DO, e também de Cançado (2010) e Cançado e Godoy (2012), que propõem que essa distinção seja feita por meio da presença ou não de ACT na estrutura léxico-semântica do predicado.

Por fim, é possível postular também que os casos de eventos causativos que envolvem um Instrumento como iniciador sejam representados por meio do predicado MOVE, sem a especificação de causa interna:

(66) a. A chave abriu a porta.
 b. ?O que a chave fez foi abrir a porta.
 c. [$_{Event}$ CAUSE ([$_{Event}$ MOVE ([$_{Thing}$ CHAVE])], [$_{Event}$ GO$_{Ident}$ ([PORTA$_j$], [$_{Path}$ TO$_{Ident}$ ([$_{State}$ BE$_{Ident}$ ([$_{Thing}$ X$_i$], [$_{Place}$ AT$_{Ident}$ ([$_{Property}$ ABERTA])])])])])]

Com essa análise, é possível codificar na estrutura temática dos predicados os papéis semânticos responsáveis pela causação de eventos complexos na estrutura conceitual. Entretanto, de modo a eliminar completamente a necessidade de utilização do predicado AFF, é preciso tratar também da representação do segundo argumento dessa função, o Paciente.

Com base no trabalho de Beavers (2010, 2011) sobre a noção de **afetação**, Ribeiro (2014) defende a hipótese de que é possível expressar as nuances de afetação dos participantes em diferentes eventualidades por meio de contrastes na estrutura temática dos eventos – ou seja, com base em CAUSE e nos predicados locacionais subordinados a ele (p. ex., GO/BE, TO/TOWARD etc.). *Grosso modo*, para Beavers, os predicados podem ser classificados em quatro tipos, de acordo com o tipo de mudança que acarretam para um Tema: (i) podem envolver uma mudança quantizada, quando a escala (ou seja, a trajetória de mudança) acarretada pelo predicado especifica um estado-alvo (i. é, um *telos*) específico para o Tema (p. ex., em *O copo quebrou*, o ponto final do evento é o estado de o copo ficar quebrado); (ii) podem envolver uma mudança não quantizada, quando o predicado apenas acarreta a existência de um estado-alvo, sem especificá-lo (p. ex., em *A sopa esfriou*, o acarretamento é apenas o de que a sopa ficou mais fria); (iii) podem envolver uma mudança em potencial, quando o predicado não acarreta o movimento do participante ao longo de uma trajetória de mudança (p. ex., em *João chutou a cadeira*, não é acarretada nenhuma mudança de estado ou lugar da cadeira, apesar de essa ser uma possibilidade); e (iv) podem não ser especificados para qualquer tipo de mudança (p. ex., *João viu Maria*, em que não há nenhum potencial de mudança acarretada pelo verbo).

De acordo com Ribeiro (2014), os diferentes tipos de afetação apresentados acima podem ser representados por configurações distintas dos predicados primitivos no nível temático, sem necessidade do nível acional proposto por Jackendoff. Inicialmente, no que diz respeito a eventos causativos prototípicos e à distinção entre mudanças quantizadas e mudanças não quantizadas, Ribeiro argumenta que a simples distinção na estrutura léxico-conceitual entre os predicados de trajetória TO_{Ident} e $TOWARD_{Ident}$ daria conta desse contraste:

(67) a. Maria abriu a porta.
   b. $[_{Event}$ CAUSE ($[_{Event}$ ACT ($[_{Thing}$ MARIA$])], [_{Event}$ GO$_{Ident}$ ($[_{Thing}$ PORTA$_i]$, $[_{Path}$ **TO**$_{Ident}$ ($[_{State}$ BE$_{Ident}$ ($[_{Thing}$ X$_i]$, $[_{Place}$ AT$_{Ident}$ ($[_{Property}$ ABERTA$])])])])])]$

(68) a. Paulo esfriou a sopa (um pouco).
   b. $[_{Event}$ CAUSE ($[_{Event}$ ACT ($[_{Thing}$ PAULO$])], [_{Event}$ GO$_{Ident}$ ($[_{Thing}$ SOPA$_i]$, $[_{Path}$ **TOWARD**$_{Ident}$ ($[_{State}$ BE$_{Ident}$ ($[_{Thing}$ X$_i]$, $[_{Place}$ AT$_{Ident}$ ($[_{Property}$ FRIA$])])])])])]$

Ambos os tipos de eventos acima envolvem entidades afetadas: em (67), a ação de um participante causa a entrada do Tema um novo estado, enquanto, em (68), o Tema se desloca em uma trajetória de mudança em direção a um estado final, ainda que não seja acarretada sua chegada a esse estado. Dessa maneira, o grau de afetação do Tema nos dois tipos de eventos reflete a estrutura aspectual dos predicados, sendo que a mudança quantizada em (67) resulta em uma sentença télica, enquanto a mudança não quantizada em (68) resulta na atelicidade da sentença. Ainda que esses sejam casos canônicos de eventos causativos, a relevância do contraste na estrutura léxico-conceitual dos predicados em (67)-(68) fica reduzida com a existência da camada acional: as entidades que ocupam a primeira posição argumental de GO_{Ident} nos eventos em (67)-(68) são duplicadas como segundo argumento de AFF, sendo que este predicado tem precedência na realização dos argumentos.

Quanto aos verbos que envolvem apenas um potencial de mudança de um participante, caso dos eventos de impacto e de contato de superfície (p. ex., *bater, atingir, tocar* etc.), Jackendoff (1990) já assumia que a representação adequada nesses casos poderia ser obtida por meio da elaboração das funções BE e GO, bem como das funções de lugar AT e IN, com o traço [±contact], que representa contato físico (cf. nota 8). Com essa análise, uma sentença com um verbo como *atingir* em português teria a seguinte estrutura léxico-conceitual:

(69) a. João atingiu Maria.
b. $[_{Event}$ CAUSE $([_{Event}$ ACT $([_{Thing}$ JOÃO$_i$])], $[_{Event}$ GO $([_{Thing}$ X$_i$], $[_{Path}$ TO $([_{State}$ BE$_c$ $([_{Thing}$ X$_i$], $[_{Place}$ AT$_c$ $([_{Place}$ MARIA])])])])])]

Uma paráfrase possível da estrutura em (69b) seria algo como "a ação de João fez com que ele fosse para o estado de estar em contato com Maria". Observem que a representação em (69b) reflete estruturalmente o fato de que o "recipiente de força" em um evento dessa natureza é menos afetado do que no caso de mudanças quantizadas e não quantizadas: o participante afetado não é o Tema, mas sim a Meta, e encontra-se mais encaixado na estrutura de eventos. Com isso, a estrutura em (69b) codifica corretamente o grau mais baixo de afetação proposto por Beavers, ou seja, a afetação potencial.

Com essa análise, Ribeiro (2014) pretende abrir caminho para o desenvolvimento de uma teoria de *linking* na Semântica Conceitual fundamentada essencialmente nas relações causais e locacionais entre os participantes dos eventos, o que tornaria mais robusto o poder explicativo da Hipótese Locacional. Ao assumir a eliminação da camada acional como elemento definidor da realização dos argumentos diretos na sintaxe, o autor propõe que é a cadeia causal dos eventos que atua como um princípio organizador das relações semânticas entre os participantes dos eventos (cf. CROFT, 1991, 1998). Dessa maneira, a hierarquia temática, que define os argumentos mais proeminentes no mapeamento para a sintaxe, reflete o ordenamento causal dos participantes. O esquema em (70) estabelece a posição dos principais predicados primitivos em relação à cadeia causal[20]:

(70) *Relação entre os predicados primitivos e a cadeia causal:*

AÇÃO	CAUSA	MUDANÇA	ESTADO
• ··············	• ··············	• ========== (•)	——— (•)
ACT/MOVE	CAUSE	GO TO/TOWARD	BE AT/IN

De acordo com a organização dos predicados proposta em (70), ACT e MOVE, predicados que representam o subevento causador em eventos causativos, ocupam a parte inicial da cadeia causal. Por sua vez, CAUSE é um predicado relacional por natureza, codificando na estrutura conceitual a relação cronológica de causa e efeito entre os subeventos em uma estrutura complexa. Com isso, situa-se em posição intermediária entre o ponto inicial e final da cadeia causal. No que diz respeito ao segmento de mudança da cadeia causal, temos o predicado GO, cujo primeiro argumento consiste no Tema. É importante destacar que GO não acarreta necessariamente uma mudança completa até o final de uma trajetória, seja ela espacial ou metafórica, uma vez que isso depende da natureza da

---

20. O quadro em (70) não pretende ser exaustivo, mas apenas representativo dos principais predicados primitivos discutidos ao longo deste capítulo.

função que ocupa sua segunda posição argumental (TO, TOWARD etc.). Por fim, temos o predicado BE, no segmento estativo da cadeia causal, seguido pelas funções de lugar.

Com base nessa proposta, o princípio que define a hierarquia temática pode ser redefinido da seguinte maneira:

(71) *Princípio básico da hierarquia temática (revisado).*
Ordene os argumentos A-marcados da esquerda para a direita, de acordo com a cadeia temporal de eventos que caracteriza o predicado.

Desse princípio emerge a seguinte hierarquia temática, considerando os principais predicados primitivos discutidos neste capítulo (novamente, o argumento relevante encontra-se marcado por um asterisco):

(72) *Hierarquia temática (revisada).*
a. $[_{Event} F (X^*)]$ (Ator/Causa/Instrumento)[21]
b. $[_{Event/State} F (X^*, \langle Y \rangle)]$ (Tema)
c. $[_{Path/Place} F (X^*)]$ (Locação, Origem, Meta)

É preciso esclarecer alguns pontos em relação à hierarquia em (72). Primeiro, a hierarquia refere-se apenas a argumentos realizados na sintaxe como sintagmas nominais (SNs), e não sintagmas preposicionados (SPs) ou sintagmas adjetivais (SAs), por exemplo. Segundo, a função mais alta na hierarquia não precisa ser nomeada (cf. (72a)), pois o argumento de qualquer função monoargumental eventiva que ocupar a posição de primeiro argumento de CAUSE será o sujeito, independentemente de essa função ser ACT ou MOVE. Da mesma forma, a função que define o Tema também não precisa ser nomeada (cf. (72b, c)), uma vez que o participante com esse

---

21. A hierarquia faz referência a Instrumentos que ocupam a posição de sujeito (p. ex., *A chave abriu a porta.*), os quais são analisados simplesmente como argumentos de MOVE (ou seja, Agentes inanimados). Instrumentos realizados como SPs na sintaxe seriam adjuntos, e portanto não entram na hierarquia, que dá conta apenas da realização dos argumentos diretos.

papel semântico é sempre o primeiro argumento de qualquer função eventiva ou estativa subordinada a CAUSE (p. ex., GO, BE, STAY etc.). Por fim, é importante esclarecer que a ordem dos argumentos na cadeia causal define o sujeito e o objeto nos casos transitivos; havendo apenas um argumento, este será sempre o sujeito em português[22]. O esquema em (73) abaixo ilustra alguns dos principais tipos de eventos possíveis que resultam de (72), assim como suas relações com os segmentos da cadeia causal:

(73) Alguns tipos de eventos possíveis de acordo com a hierarquia temática:

a. Atividades: x ········ (x)   sujeito: x

$[_{Event}$ ACT/MOVE ($[_{Thing}$ x$])]$

Ex.: *João correu. /A bola rolou.*

b. Movimento espacial: x ==== (x) —— y   sujeito: x

$[_{Event}$ GO ($[_{Thing}$ x $]$, $[_{Path}$ y $])]$

Ex.: *O aluno foi para a universidade.*

c. Estados: x —— y   sujeito: x

$[_{State}$ BE ($[_{Thing}$ x $]$, $[_{Place}$ y $])]$

Ex.: *João está em casa.*

d. Causação de mudança: x ········ y ==== (y) —— z   sujeito: x objeto: y

$[_{Event}$ CAUSE ($[_{Event}$ ACT/MOVE ($[_{Thing}$ x $])]$, $[_{Event}$ GO ($[_{Thing}$ y $]$, $[_{Path}$ z $])])]$

Ex.: *João/O vento abriu a janela.*

De modo a ilustrar a proposta acima, vejamos como ocorre o mapeamento dos argumentos do verbo *abrir*, um caso prototípico de verbo causativo:

---

[22]. Isso ocorre devido ao fato de o português ser uma língua acusativa, em que o argumento de verbos intransitivos é codificado da mesma forma que um sujeito transitivo, em oposição, p. ex., a línguas ergativas, que codificam o argumento de verbos intransitivos como objeto na sintaxe.

(74) a. Pedro abriu a porta.
  b. [$_{Event}$ CAUSE ([$_{Event}$ ACT ([PEDRO]$_A$)], [$_{Event}$ GO$_{Ident}$ ([PORTA$_i$]$_A$,
  [$_{Path}$ TO$_{Ident}$ ([$_{State}$ BE$_{Ident}$ ([$_{Thing}$ X$_i$], [$_{Place}$ AT$_{Ident}$ ([$_{Property}$ ABERTA])])])])]

(75) a. O vento forte abriu a porta.
  b. [$_{Event}$ CAUSE ([$_{Event}$ MOVE([VENTO]$_A$)], [$_{Event}$ GO$_{Ident}$ ([PORTA$_i$]$_A$,
  [$_{Path}$ TO$_{Ident}$ ([$_{State}$ BE$_{Ident}$ ([$_{Thing}$ X$_i$], [$_{Place}$ AT$_{Ident}$ ([$_{Property}$ ABERTA])])])])]

(76) a. A porta (se) abriu.
  b. [$_{Event}$ ~~CAUSE ([$_{Event}$ F ([Y])~~], [$_{Event}$ GO$_{Ident}$ ([PORTA$_i$]$_A$,
  [$_{Path}$ TO$_{Ident}$ ([$_{State}$ BE$_{Ident}$ ([$_{Thing}$ X$_i$], [$_{Place}$ AT$_{Ident}$ ([$_{Property}$ ABERTA])])])])]

Nos exemplos em (74)-(76), os argumentos A-marcados são expressos na sintaxe de acordo com sua ordem na cadeia causal, sendo que o argumento causador – o Ator em (74) e a Causa em (75) – são mapeados para a posição de sujeito, enquanto o Tema é expresso como objeto direto. Já na variante incoativa do verbo, em (76), o argumento causador não é expresso na sintaxe, o que faz com que o Tema ocupe a posição de sujeito. A representação em (76b) assume a análise clássica da **alternância causativa** (cf. LEVIN & RAPPAPORT HOVAV, 2005), na qual o verbo alternante é considerado basicamente causativo, passando por um processo de anti-causativização, no qual o argumento causador é cancelado e não realizado sintaticamente.

Todos os casos em (74)-(76) envolvem mudança quantizada do Tema, nos termos de Beavers. Consideremos agora um verbo de impacto como *atingir*, que envolve apenas mudança potencial, o nível mais baixo de afetação, conforme vimos anteriormente:

(77) a. Maria atingiu João.
  b. [$_{Event}$ CAUSE ([$_{Event}$ ACT ([$_{Thing}$ MARIA$_i$]$_A$)], [$_{Event}$ GO ([$_{Thing}$ X$_i$],
  [$_{Path}$ TO ([$_{State}$ BE$_c$ ([$_{Thing}$ X$_i$], [$_{Place}$ AT$_c$ ([$_{Place}$ JOÃO]$_A$])])])])]

Note que a representação em (77b) reflete a observação de Beavers de que o "recipiente de força" em um evento desse tipo é menos afetado que no caso de mudança quantizada/não quantizada: o argumento realizado como objeto direto é mais encaixado do que os Temas em (74b) e (75b), uma vez que é argumento de AT$_c$, e não de GO ou BE.

É importante destacar que a teoria de Croft (1991, 1998) permite que um mesmo participante ocupe mais de uma posição (i. é, mais de um segmento) na cadeia causal, o que se reflete nas estruturas léxico-conceituais em (74b)-(77b). No caso de (74b) e (75b), é o Tema que ocupa tanto a primeira posição de GO como a primeira posição de BE, equivalentes ao segmento de mudança e ao segmento estativo da cadeia causal, respectivamente. Já em (77b), o mesmo participante ocupa todos os segmentos da cadeia, uma vez que sua própria ação causa o movimento que o coloca no estado de estar em contato com a outra entidade. Esses exemplos mostram como a hipótese do ordenamento causal serve para justificar a proposta de uma única camada de análise na estrutura conceitual, uma vez que as estruturas léxico-conceituais propostas por Ribeiro (2014) se adequam ao modelo proposto por Croft, o que não ocorre em uma teoria com dois níveis de análise.

Por fim, cabe ressaltar que a hierarquia temática em (72) pretende dar conta da realização canônica dos argumentos diretos dos verbos do português, deixando de lado o caso de adjuntos ou complementos preposicionados. Devido ao caráter introdutório deste texto, recomendamos a leitura de Ribeiro (2014) para uma discussão mais detalhada de casos problemáticos para essa proposta.

4 CONCLUSÃO

O estudo do significado nas línguas naturais e da interface entre as propriedades semânticas dos itens lexicais e a realização sintática dos argumentos verbais nas sentenças é uma tarefa bastante complexa, como pudemos observar ao longo da exposição realizada neste capítulo. Neste texto, apresentamos os fundamentos básicos da Semântica Conceitual de Jackendoff, uma teoria semântica desenvolvida com o propósito de enfrentar essa empreitada, por meio de uma formalização sistemática do significado que permite a postulação de hipóteses sobre o funcionamento da cognição humana. Foram apresentadas também neste capítulo propostas de modificações dessa teoria semântica realizadas por Ribeiro (2014), que evidenciam que a análise teórica no âmbito da Semântica Conceitual ainda é bastante fértil e aberta à atitude crítica dos pesquisadores da área.

Após a leitura deste capítulo e da realização dos exercícios, esperamos que o leitor esteja preparado não somente para compreender a literatura em Semântica Conceitual, mas também para perceber que a semântica das línguas naturais consiste em um componente gerativo, com seus próprios primitivos e princípios de combinação. Esse conhecimento sobre o funcionamento da estrutura conceitual pode auxiliar na compreensão e ensino de diversos fenômenos gramaticais – como as alternâncias de valência verbal (p. ex., alternância causativa) – ou de fenômenos semânticos – como a polissemia de itens lexicais em diferentes campos semânticos ou a influência de propriedades semânticas na realização sintática dos argumentos. Na introdução de *Semantic Structures* (1990), Jackendoff reconhece que sua abordagem inovadora para o tratamento da semântica das línguas frequentemente suscita questionamentos gerais, em especial por parte de sintaticistas, que relutam em se envolver com suas soluções semânticas "estranhas", que poderiam acabar sendo restrições de natureza sintática de qualquer maneira. Para isso, o autor apresenta a seguinte resposta:

> Você é perfeitamente livre para abordar a ciência de acordo com suas preferências pessoais. Contudo, minha intuição é a de que uma estratégia como esta equivale essencialmente a procurar por uma moeda perdida embaixo de um poste de luz, pois é o único lugar em que se pode ver. A estratégia que estou adotando aqui é a de construir mais postes de luz.
>
> (JACKENDOFF, 1990, p. 4)

5 EXERCÍCIOS

Exercício I: Por que a Semântica Conceitual é considerada uma teoria mentalista do significado?

Exercício II: Utilizando como exemplo a entrada lexical apresentada para a palavra *casa* (cf. (2)), dê as entradas lexicais dos verbos *estar*, *ficar* e *ir* de acordo com a teoria apresentada neste capítulo.

Exercício III: Dê a estrutura léxico-conceitual de cada uma das eventualidades denotadas pelas sentenças abaixo:
    a) O auditório está cheio.
    b) O público permaneceu no teatro.
    c) O aluno jogou o livro na estante.
    d) O professor está na universidade.
    e) O diretor engavetou o processo.
    f) A herança foi para os filhos.
    g) A calçada vai até a biblioteca.

Exercício IV: Apresente exemplos de sentenças do campo espacial, do campo temporal e do campo da posse que expressem as noções de trajetória (física ou metafórica) por meio das mesmas preposições.

Exercício V: Utilizando os testes para a identificação de ações propostos na seção 3.2, identifique dois outros verbos do português que pertencem à classe representada por MOVE e dois outros verbos que pertencem à classe de ACT.

Exercício VI: Com base na teoria de *linking* proposta por Jackendoff (cf. (62) e (63)), dê as estruturas léxico-conceituais das sentenças abaixo e explique a realização de argumentos dessas sentenças.

a) A maçã amadureceu.

b) O professor dirigiu até a escola.

c) O aluno encaixotou os livros.

d) Paulo doou um livro para a biblioteca.

6 SUGESTÕES DE LEITURA

Sobre a Semântica Conceitual, sugerimos ao leitor familiarizado com a língua inglesa a leitura das principais obras de Ray Jackendoff: *Semantics and Cognition* (1983), *Semantic Structures* (1990), *The Architecture of the Language Faculty* (1997), *Foundations of Language: Brain, Meaning, Grammar, Evolution* (2002), *Language, Consciousness, Culture: Essays on Mental Structure* (2007) e *Meaning and the Lexicon: The Parallel Architecture 1975-2010* (2010). Outra obra de referência em inglês que utiliza a teoria da Semântica Conceitual é *Learnability and Cognition* (PINKER, 1989). Em português, recomendamos a leitura da tese de doutorado *Revisitando a Semântica Conceitual de Jackendoff: um estudo sobre a semântica verbal no PB sob a perspectiva da Hipótese Locacional* (RIBEIRO, 2014). Além disso, uma leitura bastante interessante é a entrevista de Ray Jackendoff para a edição sobre Semântica Lexical da *ReVEL* (vol. 11, n. 20, 2013).

Sobre Semântica Lexical, em português, sugerimos a leitura do manual *Introdução à Semântica Lexical: papéis temáticos, aspecto lexical e decomposição de predicados* (CANÇADO & AMARAL, 2016). Essa obra apresenta análises de classes verbais do português desenvolvidas no âmbito do NePeS (Núcleo de Pesquisa em Semântica Lexical, da Faculdade de Letras da UFMG), que também são fundamentadas em uma teoria de decomposição de predicados. Indicamos também ao leitor o acesso ao banco de dados lexicais "VerboWeb – classificação sintático-semântica dos verbos do português brasileiro", que tem a coordenação de Márcia Cançado (UFMG). Por fim, sobre a Interface entre Semântica Lexical e a Sintaxe, sugerimos ao leitor familiarizado com o inglês a obra *Argument Realization* (LEVIN &

RAPPAPORT HOVAV, 2005), que apresenta um panorama amplo e completo dos estudos sobre Semântica Lexical e sua relação com a realização sintática dos argumentos.

Por fim, sobre Semântica Formal, recomendamos a leitura do manual *Semântica formal: uma breve introdução*, de Pires de Oliveira (2010), que apresenta uma abordagem referencial para os fenômenos semânticos, em um contraponto interessante às análises apresentadas neste capítulo, que seguem a linha de uma semântica representacional.

Parte II
PRAGMÁTICA

Capítulo 2

Pragmática

MARCOS GOLDNADEL

1 INTRODUÇÃO

Este capítulo é uma introdução ao campo de estudos chamado de Pragmática. A Pragmática é a área da Linguística que estuda o significado em uso, ou seja, dedica-se a compreender como os processos subjacentes à utilização da linguagem verbal operam de modo a produzir sentidos que vão além daqueles reconhecíveis no nível de análise puramente sentencial. Como a lista é extensa, este capítulo propõe-se a apresentar apenas uma parte dos fenômenos pragmáticos já identificados por uma longa tradição de estudos.

O capítulo desenvolve-se da seguinte forma. Inicialmente, a partir da crítica ao modelo de códigos, o leitor é convidado e identificar uma série de sentidos associados aos usos de sentenças cuja produção depende de processamento nitidamente inferencial. Após essa conscientização inicial acerca do papel da inferência na compreensão de enunciados linguísticos, passa a tomar contato com vários fenômenos de acréscimo inferencial de sentido linguístico de diversas ordens. Ao longo desse contato, vai sendo apresentado a conceitos-chave da Pragmática, de modo a perceber as articulações teóricas que, em seu conjunto, configuram a área de estudo como um campo estruturado de reflexão. Nesse percurso, recebe atenção especial o modelo de análise griceano, abordagem fundadora, cuja contribuição ainda figura como pilar fundamental do debate sobre a produção de sentido em linguagem verbal.

2 SOBRE A INSUFICIÊNCIA DO MODELO DE CÓDIGOS

Aprendemos muito na escola. Infelizmente, no campo da língua materna, as práticas escolares levam os alunos do ensino médio, depois de tantos anos de estudo, a uma compreensão demasiadamente simplificada acerca de incontáveis fatos de linguagem, cuja complexidade mereceria um olhar mais detido. Por trás de uma metalinguagem complexa, muitas vezes mal-compreendida pelos próprios professores, esconde-se uma inércia no ensino de língua, alimentada principalmente pela falta de investimento no ensino e por uma consequência inevitável dessa falta: a ausência de conexão entre a prática escolar e o conhecimento acadêmico. Desconsiderando as exceções, felizmente, cada vez menos raras, a regra tem sido um trabalho escolar em língua materna amparado em modelos prontos, perpetuados por uma tradição de ensino taxonômico e formulaico, distante de novas abordagens sobre a linguagem verbal.

Essa é uma realidade que afeta todos os campos de análise linguística. Um exemplo é a concepção, estimulada na escola, de que o sujeito de uma sentença é aquele que pratica a ação. Não é isso que se depreende da identificação dos sujeitos de (1) e (2).

(1) Lia ganhou um presente de Ana.
(2) A simpatia de Pedro encantou Luiza.

Em (1), pelo menos intuitivamente, o caráter agentivo tende a ser atribuído ao indivíduo referido pelo nome *Ana*, e não ao indivíduo referido pelo nome *Lia*, na função de sujeito da sentença. Tampouco se pode dizer que a simpatia de Pedro, referida em (2), praticou alguma ação. Talvez Pedro tenha praticado várias ações para ser considerado simpático, mas ao propor uma análise objetiva de (2), não se pode dizer que a expressão *a simpatia de Pedro* é usada para referir uma entidade que pratica alguma ação.

Pode-se, evidentemente, admitir a utilidade de uma simplificação – como a de que o sujeito é quem pratica a ação – para facilitar, em um primeiro momento, a identificação de uma categoria mais abstrata (a de sujeito) no estudo da sintaxe. O que não se pode admitir é que uma tal simplificação não seja questionada em nenhum momento da trajetória escolar, permitindo que o aluno termine o ensino médio apegado a um equívoco há muito desfeito pelo estudo sistemático da linguagem.

Uma boa forma de iniciar uma reflexão sobre os fenômenos pragmáticos é identificar uma simplificação – como a que vimos quanto à caracterização de sujeito – no campo da reflexão sobre a significação na linguagem verbal. Embora os livros didáticos e, por assimilação, a própria escola tenham começado, a partir de um certo crescimento de tradições acadêmicas dedicadas ao estudo de questões discursivas e enunciativas, a incorporar conceitos antes ignorados, a apresentação desses conceitos permanece ainda muito atrelada a uma tradição de ensino taxonômica, que pouco ajuda a refletir sobre os processos de produção de sentido subjacentes ao uso da linguagem. Soma-se a isso a prática de fatiar, de modo estanque, os conteúdos em capítulos, de forma que reflexões que se beneficiariam de certas aproximações são desestimuladas. O resultado, na prática, é que, no que diz respeito à compreensão da linguagem como instrumento de produção de sentido, o aluno termina o ensino médio fortemente condicionado por uma concepção herdada do estruturalismo linguístico, plasmada naquilo que se convencionou chamar de modelo de códigos, apresentado a seguir sob a forma de esquema[23].

---

23. Esse tipo de esquema, ainda hoje lembrado em livros e invocado por professores, aparece no artigo Linguística e Poética, de Roman Jakbson, publicado, no Brasil, no volume intitulado *Linguística e comunicação*, editado pela Cultrix com apoio da Universidade de São Paulo.

Figura 1 Modelo de códigos

| Emissor | Canal | Destinatário |
| (Código) | Mensagem | (Código) |

De acordo com o modelo de códigos, a transmissão de conteúdos ocorre entre dois agentes, um emissor e um destinatário, que compartilham um código comum (uma língua). Segundo esse esquema, o emissor codifica seus pensamentos em uma mensagem formulada com base nas regras de um código, em sinais adequados a determinado canal (o ar, no caso da linguagem falada), por onde essa mensagem percorre até alcançar o destinatário, que, por conhecer o código utilizado, realiza operações de decodificação, de modo a representar para si o pensamento que o emissor pretendeu veicular com a mensagem.

Como se pode notar, no modelo de códigos, o código é um elemento fundamental na explicação para a existência de comunicação entre dois agentes. De acordo com o modelo, na ausência de um código comum, não pode haver comunicação. A falta de um código linguístico comum é que ocorre entre duas pessoas que não dominam uma mesma língua. Imagine, por exemplo, um chinês que só fala mandarim tentando conversar com um brasileiro que só fala português. Evidentemente, tendo em vista a expectativa que temos como usuários de línguas naturais, acostumados a participar de trocas conversacionais repletas de conteúdos de considerável complexidade, podemos pensar que a comunicação entre essas duas pessoas hipotéticas estaria impossibilitada. Imagine, no entanto, esses dois indivíduos em uma ilha, sobrevivendo a um naufrágio e dependendo, para sua sobrevivência, de algum grau de entendimento e troca de conteúdos. Parece claro que, apesar de não poderem interagir do mesmo modo como interagiriam falantes de uma mesma língua, esses dois indivíduos seriam capazes de se comunicar em alguma medida.

O fato é que nem toda a comunicação se realiza através do uso de códigos e, se nossas experiências cotidianas nos levam a crer que códigos linguísticos são necessários à comunicação, isso decorre apenas do fato de que a linguagem verbal, em comparação com outras formas de comunicação, é tão poderosa e tão predominante em nossa experiência que nos leva a crer que as outras formas não chegam a constituir comunicação. Mas se pararmos para observar de modo mais atento nossos comportamentos, veremos que nos comunicamos através de uma série de recursos que não podem ser considerados parte de um código, como os modos de direcionar o olhar, os movimentos corporais e até mesmo os ruídos sem valor linguístico.

Evidentemente, como somos seres falantes, na maioria das vezes usamos esses recursos em meio a mensagens formuladas linguisticamente, como ocorre quando o filho faz uma expressão de enfastio quando os pais anunciam que a família vai passar a tarde na casa de um primo com quem ele não gosta de brincar. Há vezes, inclusive, em que um gesto ou um olhar colabora para que dois indivíduos tomem uma decisão conjunta, revelando-se uma forma poderosa de comunicação, como quando duas pessoas, vendo a aproximação de um desafeto comum, se olham de modo significativo e, sem maiores comentários, entendem que é o momento de retirar-se do ambiente em que se encontram. Ou seja, há muitas maneiras de compartilhar conteúdos e impressões, de modo que, mesmo não decorrendo de uso de códigos, devem ser classificadas como formas de comunicação.

Como a utilização de código não é necessária à comunicação, o modelo de códigos é, no mínimo, insuficiente para caracterizar a comunicação humana[24]. Nosso interesse teórico, no entanto, é mais restrito; estamos ocupados aqui com uma caracterização da comunicação linguística, a comunicação que se concretiza com o uso da linguagem verbal, que é um código. Nesse caso, evidentemente, o código passará a ser uma característica necessária, já que a comunicação linguística só ocorre com a utilização de

---

24. A crítica ao modelo de códigos não é recente. Vale lembrar, entre as críticas mais articuladas, Reedy (2000 [1979]) e Sperber e Wilson (1995).

código linguístico. Mesmo admitindo esse recorte mais restrito, em que se pretenda investigar o modo como a comunicação ocorre a partir do uso da linguagem verbal, ainda é relevante questionar-se sobre a suficiência do modelo de códigos. Ou seja, é preciso perguntar se basta considerar a existência de um código para explicar e descrever o processo de comunicação através da linguagem verbal.

Considerando-se aquilo que está nos livros escolares, muitos dos quais ainda restritos ao modelo de códigos como explicação para o processo de interpretação linguística, a resposta deveria ser afirmativa. Não que esses mesmos livros não reconheçam a existência de fenômenos para além da codificação na linguagem verbal. Todos eles consideram as tradicionais figuras de linguagem, por exemplo, fenômenos de sentido cuja explicação excede os limites analíticos de uma teoria de códigos. Mas veja-se que a própria forma de abordar essas figuras estimula uma concepção segundo a qual existe, de um lado, o sentido literal, cuja produção parece não contar com a ação de processos de natureza pragmática e, de outro, o sentido não literal, tomado normalmente como o resultado de alguma forte violação ao primeiro.

Nessa perspectiva, admite-se que a compreensão de uma metáfora não possa ser explicada apenas pelo apelo ao código, por ser a expressão de um sentido que se afasta de modo muito evidente do conteúdo literal. A frase "Ele é uma pedra de gelo", por exemplo, por ser literalmente falsa, exigiria uma interpretação que extrapolasse o apelo ao código. Tal frase, dita a respeito do chefe de produção de uma fábrica, provavelmente estaria a serviço de uma caracterização sua como uma pessoa impiedosa, disposta a ignorar os sentimentos dos funcionários em nome da produtividade. Explicações similares são invocadas para explicar outras figuras de linguagem, como a ironia e a hipérbole.

Essa perspectiva clássica, que parece fundamentar muito do que ainda hoje se faz nos livros didáticos, tende a privilegiar apenas fenômenos não literais muito marcados (metáfora, metonímia, ironia, hipérbole). Ignora, assim, que o rótulo de significado literal engloba um conjunto de fenômenos de sentido que, sob uma inspeção mais cuidadosa, evidenciam-se como resultado da ação de diversos mecanismos pragmáticos. Esses mecanismos merecem um olhar mais atento de quem pretenda compreender de forma adequada os modos de produção de sentido a partir do uso de enunciados linguísticos, em uma reflexão sobre o tanto de inferência pragmática que concorre para a produção de significados que o falante comum tende a ver como literais.

O fato é que as sentenças de uma língua, quando consideradas em uma situação de enunciação (ou seja, quando vistas como enunciados), são jardins de fenômenos pragmáticos, que colaboram tanto para a produção de sentidos intuitivamente literais quanto para a de sentidos marcadamente derivados. Vamos explorar o jardim da frase (3), onde poderemos encontrar alguns dos tantos fenômenos de enriquecimento de sentido decorrentes da ação de mecanismos pragmáticos.

(3) Eu fui bem cedo e não peguei fila.

Um enunciado como (3) conta, para o seu entendimento, com um conjunto de inferências que excedem os limites do seu sentido meramente sentencial. A começar pelo sujeito, expresso por um pronome pessoal. Para identificar a referência de *eu*, é necessário ser capaz de determinar quem é o falante. A identificação dessa referência depende, portanto, da consideração de dados situacionais, apreendidos pelos sentidos (sendo, neste caso, visão e audição os principais). Há aqui, portanto, uma interação entre elemento do código (o pronome *eu*) e elementos extracódigo (*outputs* da percepção). Sem acesso a esses elementos externos ao código, o enunciado (3) não poderia funcionar efetivamente como uma unidade de comunicação. Aqui, então, há uma interação entre código e situação de comunicação[25].

---

25. Essa interação não é exclusiva no uso de dêiticos. Quando alguém diz "O professor está atrasado", a expressão *o professor* só refere após a consideração de elementos contextuais.

Mas há ainda outra lacuna referencial a ser preenchida em (3), agora não em virtude do uso de um dêitico, mas da ocorrência de uma elipse. Em (3), a forma *fui* é expressão do pretérito perfeito do ver *ir*. O verbo *ir* é um predicado de dois lugares (alguém sempre vai a algum lugar). O segundo argumento desse predicado não está linguisticamente expresso em (3). Nas situações concretas de uso, o enunciado (3), apesar disso, não costuma oferecer dificuldade de interpretação. Via de regra, o ouvinte facilmente preenche esse tipo de lacuna através da consideração de elementos discursivos prévios. A elipse tem, então, um funcionamento anafórico. A identificação de vínculos anafóricos entre porções de texto é um processo pragmático de produção de sentido, porque depende crucialmente da capacidade do intérprete de identificar uma identidade de referência plausível a partir de uma busca num espaço discursivo que extrapola os limites da sentença.

Ao apresentarmos os enriquecimentos de sentido decorrentes da atribuição de referência a dêiticos, estamos nos concentrando em casos de atribuição de sentido em que o elemento linguístico constitui uma espécie de regra de interpretação. A regra para o caso do pronome *eu* é algo como "considere o referente da expressão quem está proferindo o enunciado". Ou seja, o referente não está expresso na sentença, mas a sentença[26] instrui como encontrá-lo. A regra para o caso da elipse é algo como "procure na situação de comunicação[27] ou no discurso precedente o único (de preferência) referente que preenche plausivelmente a lacuna sinalizada pela elipse". Em ambos os casos, trata-se de sanar a carência de uma referência.

Há, ainda, uma terceira e uma quarta atribuição de referência realizada de modo pragmático em (3), ambas relacionadas ao uso da expressão *bem cedo*. A primeira diz respeito à identificação de seu domínio temporal.

---

26. Na verdade, o que instrui é a regra linguística acionada pelo elemento dêitico, o pronome *eu*, presente na sentença.

27. Uma elipse também pode ser preenchida a partir da busca de um referente na situação de comunicação, ou seja, no ambiente em que é proferido o enunciado.

O intérprete do enunciado (3) precisa responder para si (se quiser interpretar completamente o enunciado (3)) dentro de que intervalo maior de tempo é necessário localizar o intervalo menor denotado por *bem cedo*. Se (3) estiver fazendo referência à ida a um posto de saúde do governo, então a região temporal denotada por bem cedo deve ser considerada em relação ao intervalo de um dia (24 horas). Ou seja, o intervalo de 24 horas é o domínio temporal onde localizar *bem cedo*. Nesse caso, *bem cedo* deve ser algo entre 4 e 6 horas da manhã. Se (3) estiver fazendo referência à ida a uma seção do Tribunal Eleitoral para o cadastramento biométrico, marcada para ocorrer entre 1 e 31 de março, então *bem cedo* deve ser algo como a primeira semana de março. Ou seja, nesse caso, o intervalo de um mês é o domínio temporal onde localizar *bem cedo*. Identificado intervalo-de--tempo-domínio, aí a tarefa é encontrar o intervalo de tempo referido pela expressão *bem cedo* dentro desse domínio. No primeiro caso, deve ser o intervalo entre 4 e 6 da manhã, no segundo, algo como o de 1 a 7 de março.

O que caracteriza esse tipo de operação é a consideração não apenas do sentido das expressões que compõem a sentença, mas ainda ao conhecimento de mundo acionado a partir de sua utilização. Nesse caso, importa considerar o segundo argumento de *fui* (foi a um posto de saúde, a uma seção do Tribunal Eleitoral?), cuja obtenção, como vimos, já é resultado de processo pragmático. Mas isso não é tudo. Para saber o que significa *bem cedo*, por exemplo, no caso do posto de saúde, é necessário tomar em consideração conhecimento factual do mundo, como o horário de atendimento de um posto de saúde e as suas condições de atendimento. Num posto de saúde de um país desenvolvido que costume abrir às 10h da manhã e onde as condições de trabalho sejam boas (espaço físico, quantidade de profissionais), bem cedo pode significar algo como 10 ou 11 horas da manhã. Já no Brasil, como todos sabemos, bem cedo costuma referir-se ao período da madrugada.

Até agora, vimos casos em que algum tipo de referência (a uma pessoa, a um lugar ou a um intervalo de tempo) só é alcançada a partir da ação de processo pragmático. Vimos, portanto, casos de atribuição de referência. Agora vejamos em (3) um caso de atribuição de sentido a uma expressão resultante de processo pragmático. O enunciado (3) ostenta o verbo *pegar*, altamente polissêmico. Para interpretá-lo, então, é necessário escolher um entre tantos sentidos possíveis de pegar, ilustrados nos exemplos a seguir.

(4a) Pegar fila.
(4b) Pegar dinheiro.
(4c) Pegar gripe.
(4d) Pegar ônibus.
(4e) Pegar uma estação de rádio.
(4f) Pegar uma mania.
(4g) Pegar alguém fazendo algo.
(4h) Pegar chuva.
(4i) Pegar frio.
(4j) Pegar nojo.
(4k) Pegar uma ideia.
(4l) Pegar dois anos de cadeia.

Entre tantas possibilidades, o intérprete de (3) escolhe o sentido ilustrado por (4a). Na verdade, compreende que é uma expressão cristalizada e considera *pegar fila* como uma expressão idiomática em função do sentido dos outros lexemas que compõem o enunciado. Mas note que *pegar fila* não precisa querer dizer entrar em uma fila grande. Um segurança de um estádio de futebol que odeie controlar a fila em dia de jogo poderia proferir (3) querendo dizer que se apresentou cedo no expediente e livrou-se de ter de cuidar o público na fila de compra de ingressos. Percebe-se, com esse tipo de contraste, que a atribuição de sentido a uma palavra ou expressão depende da consideração de elementos externos ao código.

Até este ponto, todos os casos apresentados ilustram a dependência de processos pragmáticos de interpretação para a atribuição de sentido e referência a elementos que compõem enunciados. Enunciados como (3), no entanto, não ilustram apenas especificações de sentido e referência. Veja-se o uso da conjunção *e*. A rigor, essa conjunção veicula a ideia de adição. Depreende-se da leitura de (3), no entanto, duas ideias não veiculadas semanticamente pela conjunção: a de sequência temporal de eventos (a chegada é vista como tendo ocorrido antes de um atendimento que não precisou enfrentar uma fila) e a de causa (a hora de chegada é vista como causa de ter-se evitado uma fila).

O primeiro sentido talvez decorra da ordem em que são apresentados os eventos, embora muita cautela deva ser tomada aqui antes de uma explicação definitiva[28]. A ordem também poderia ser invocada como uma possível explicação para o estabelecimento de uma relação de causalidade, já que eventos causadores necessariamente antecedem eventos causados. Sendo assim, os dois sentidos – sequência temporal e causalidade – poderiam decorrer de uma associação icônica entre forma da expressão e forma do conteúdo. Mas, realmente, é preciso cautela, porque, como se verá mais adiante, as relações de ordenamento temporal e de causalidade, que muitas vezes são expressas por enunciados com a conjunção *e*, dependem da consideração de aspectos mais amplos. O fato é que é comum a conjunção *e* unir duas ideias que estão relacionadas por mais do que uma simples ideia de adição – como em (5) –, como se pode ver em (6) e (7).

(5) Lia é competente e honesta.
(6) Renan rodou em duas disciplinas e perdeu a bolsa.
(7) Maria teve um filho e casou.

Mas há mais em (3) a ser considerado parte dos sentidos que tendemos a ver como literais, e que dependem de inferência pragmática. Uma vez identificado o local a que se refere o enunciado (posto de saúde, seção de um tribunal etc.), o intérprete passa a supor a finalidade da fila aludi-

---

28. O leitor interessado em tomar contato com os problemas teóricos relacionados ao estudo das inferências associadas à conjunção *e* encontram uma boa reflexão em Versachin (2016).

da. Num posto de saúde, a fila imaginada é a de retirada de uma senha para atendimento. Ninguém imaginaria, por exemplo, que o enunciador de (3) tencionasse veicular a ideia de que chegou cedo ao posto de saúde e não pegou fila para comprar café em uma eventual máquina automática. A inferência esperada é aquela em que a fila aludida seria a necessária para conseguir o atendimento de um médico.

A literatura especializada chama esse tipo de inferência de *bridging*. Ocorre *bridging* quando o enunciado depende, para a sua interpretação, da consideração de elementos pertencentes a um *frame* cognitivo (cf. FILLMORE (2009 [1982])) associado a itens lexicais presentes nos enunciados. Uma ida a um posto de saúde aciona elementos desse *frame*, como atendentes, médicos, enfermeiros, consultas, filas para consulta etc. A ida a um espetáculo acionaria um *frame* distinto, composto por elementos como artistas, espetáculo, bilheteria, fila para compra de ingressos, fila de entrada etc. Os *frames* cognitivos exercem um papel central na interpretação, permitindo que, ao proferir um enunciado como (3) para referir-se à ida a um posto de saúde, o falante não precise ser completamente explícito, ou seja, não precise colocar em palavras a finalidade de uma eventual fila.

Todos os sentidos que vimos compõem uma parte do significado de (3) que tendemos a considerar literal, mas que depende crucialmente de mecanismos de natureza pragmática para sua produção. Mas (3) pode ainda assumir sentidos de caráter interpessoal. Considere esse enunciado, por exemplo, como parte do diálogo (8).

(8) A: Tenho que levar o Júnior ao posto pra consultar o pediatra, mas não quero esperar muito pra ser atendido.
B: Eu fui cedo e não peguei fila.

Em (8), o enunciado (3) funciona como um conselho. O que B faz, na perspectiva da Teoria dos Atos de Fala, é executar, com seu proferimento, o ato de aconselhar. Mas a sentença (3) nem sempre é proferida como um conselho. Observe-a em (9), em que sua utilização seria mais bem caracterizada como uma crítica ou repreensão.

(9) A: Conseguiu levar seu filho ao pediatra? Ele tá precisando de atendimento médico urgente.
   B: Não. Tinha muita fila no posto de saúde. Você levou a Marcinha também, né?
   A: Sim. Eu fui cedo e não peguei fila.

Em (9), o enunciado (3) não é mais apenas um conselho. O objetivo de seu enunciador pode ter sido, por exemplo, o de repreender seu interlocutor, ainda mais se levarmos em consideração sua fala inicial, em que chama a atenção para a importância de B levar seu filho ao médico.

A consideração de enunciados como o constituído pela sentença (3) em contextos discursivos mais amplos, como (8) e (9), é importante porque nos remete a fenômenos de sentido mais particularizados. Além disso, lembra-nos de que o estudo da linguagem verbal como forma de comunicação jamais pode ignorar a competência comunicativa dos falantes, que somente se revela em sua plenitude quando os enunciados são analisados a partir da consideração de um amplo conjunto de parâmetros discursivos. Atos de fala distintos, como os relacionados ao uso de (3) nas duas situações acima, sugerem que, entre tantas habilidades, a comunicação através da linguagem verbal envolve reconhecimento de intenções, fortemente determinadas por forças cuja compreensão se beneficia amplamente de abordagens teóricas que incorporam à reflexão linguística aspectos relativos a teorias da ação. Mas isso não é tudo ainda. Entre os sentidos próximos ao significado literal e os atos de fala, reside ainda uma densa camada intermediária de sentidos, cuja análise tem ocupado a Pragmática. O objetivo deste capítulo é fazer um apanhado de alguns dos fenômenos que pertencem ao amplo espectro de sentidos pragmaticamente derivados, desde aqueles considerados literais até aqueles cujo caráter inferencial dificilmente poderia ser negado.

3 PROCESSOS DE PRODUÇÃO DE SENTIDO PRAGMÁTICO DE GRANDE REGULARIDADE

O que aqui se está denominando de processos de *produção de sentido pragmático de grande regularidade* tem o objetivo de apresentar conteúdos veiculados por enunciados que nossa intuição tenderia a considerar literais. Sendo assim, a expressão *de grande regularidade* funciona como adjunto apenas da expressão *sentido pragmático*. Ou seja, o que se quer registrar não é que haja processos mais regulares que outros, uma vez que a frequência com que ocorrem todos os processos apresentados neste capítulo não poderia ser mensurada. O objetivo é chamar a atenção para o fato de que os significados pragmáticos decorrentes da ação desses processos são mais regulares no sentido de sofrerem menos variação de situação para situação. Ou seja, os processos a serem identificados nesta seção costumam render sentidos bastante regulares.

A estratégia de apresentação aqui é distinta da adotada na seção anterior. Ali a intenção era chamar a atenção para o fato de que uma única sentença da língua portuguesa, quando proferida, pode veicular uma série de informações de alguma forma inferidas, não totalmente contidas na porção codificada da sentença. Aqui, passada a fase inicial de conscientização sobre a complexidade da interpretação de enunciados linguísticos, o objetivo é mais taxonômico. A ideia é dar início à apresentação de diversas camadas do que é pragmaticamente veiculado, procurando identificar a motivação para sua produção. Antes, contudo, é necessário apresentar uma importante distinção terminológica.

3.1 Sentença, enunciado e proposição

A compreensão da classificação que pretendemos avançar a seguir depende do domínio de certas distinções no campo da Semântica e da Pragmática. A principal delas é a que se estabelece entre **sentença**, **enunciado** e **proposição**. Uma sentença é uma unidade complexa de natureza linguística.

Ou seja, uma sentença sempre será uma organização particular, composta por elementos do léxico de uma língua estruturados a partir de suas regras de combinação (sintaxe). Sendo assim, as três unidades complexas a seguir são sentenças diferentes.

(10) Nicolas ama Sara.
(11) Sara é amada por Nicolas.
(12) Nicolas loves Sara.

As sentenças (10) e (11) são distintas em função de sua estruturação. Enquanto (10) é uma sentença na voz ativa, (11) é uma sentença na voz passiva. Já (10) e (12) diferenciam-se pelo código utilizado. Enquanto (10) é uma sentença da língua portuguesa, (12) é uma sentença da língua inglesa. Temos, portanto, três sentenças diferentes, seja em razão da estrutura sintática, seja em razão do código utilizado.

Há, principalmente nos estudos de sintaxe, uma tradição em dividir as sentenças em dois grupos: o das bem formadas e o das malformadas. De acordo com essa tradição, uma sentença bem formada é aquela que respeita o que se poderia chamar de exigências de boa formação sintática, que podem ser de diversos tipos. Um desses tipos de exigência é a que determina as formas aceitáveis de ordenar os constituintes nos sintagmas, de modo que uma sentença como (13), por exemplo, pela sintaxe da língua portuguesa, não pode ser considerada bem formada.

(13) Meus os amigos vieram.

O problema, evidente, com (13) diz respeito à ordem em que estão dispostos o pronome possessivo e o artigo definido. Se estivessem em uma ordem invertida, a sentença seria sentida como natural e, na perspectiva sintática, mais bem formada que (13).

Na verdade, qualquer falante nativo de português, ao ser instado a opinar sobre a gramaticalidade de (13), a consideraria agramatical, de modo que poderíamos concluir que, mais do que malformada, a sequência em consideração, mesmo que muito próxima de uma sentença de nossa língua, não é, de fato, uma sentença da língua portuguesa. Sendo assim, pode-se dizer que, mais do que uma sentença malformada, (13) não chega a constituir nem mesmo uma sentença. Para tanto, precisaria, ostentar uma ordem oposta àquela que se observa entre o pronome possessivo e o artigo definido, como (14).

(14) Os meus amigos vieram.

Diferente do que aconteceria com (13), qualquer falante nativo de português reconheceria (14) como uma sentença de nossa língua. Tecnicamente, no entanto, (14) permanece agramatical como sentença da língua portuguesa. Isso pela simples razão de que faz parte da sentença o verbo *vir*, cuja grade temática indica a necessidade de saturação por dois argumentos: *alguém* sempre vem *a algum lugar*. Sendo assim, (14) não é ainda gramatical porque o segundo argumento, exigido pelo verbo, não está expresso na sentença. Para diferenciar (13) de (14), vamos considerar que a primeira é uma não sentença e que a segunda é uma sentença malformada. A rigor, então, apenas (15) poderia ser considerada uma sentença bem formada da língua portuguesa.

(15) Os meus amigos vieram à minha casa.

A agramaticalidade de (14), no entanto, é um pouco diferente da de (13). Diante do proferimento de uma sentença como (13), um interlocutor pouco disposto a aceitar desvios poderia propor uma correção, dizendo algo como "Você quis dizer 'Os meus amigos vieram', e não 'Meus os...', não é?" Esse tipo de reação, contudo, não seria usual diante de (14). Normalmente, frases como (14) são proferidas sem que ninguém se incomode com a lacuna no lugar no segundo argumento do verbo *vir*. Essa diferença de reação indica que faz sentido, pelo menos para o tipo de discussão que caracteriza a reflexão em Pragmática, restringir o rótulo sentença malformada àquele tipo de sentença que viola alguma condição de boa formação sintático-semântica passível de reparo por processo inferencial. De uma forma geral, nessa perspectiva, serão sentenças malformadas apenas aquelas sequências de formas linguísticas que, para serem consideradas sentenças, dependem do preenchimento de alguma lacuna sintática. Como esse preenchimento costuma ser bastante natural nas situações em que essas sentenças são usadas, nenhuma impressão efetiva de má formação chega a ser despertada no falante proficiente. O rótulo de sentença malformada aqui, portanto, não se destina a expressar uma percepção intuitiva dos falantes, mas a realizar uma identificação – conveniente para a análise pragmática – de um tipo de estrutura que carece de complementação de sentido.

Na verdade, ao restringir o termo sentença malformada àquelas sequências de formas que necessitam apenas de alguma complementação para que façam algum sentido, estamos, de fato, nos aproximando de uma caracterização semântica de sentença. Ou seja, são sentenças malformadas apenas aquelas sequências que, após o preenchimento de alguma lacuna evidente, além de resultarem em uma construção que respeita as regras gramaticais da língua, podem ser tomadas como a expressão de um pensamento completo. Como a expressão *pensamento completo* é vaga, vamos procurar defini-la a partir de algumas noções mais concretas. É aqui que se torna importante, para a compreensão do que vem a ser o significado de uma sentença, o entendimento do que, em Semântica, costuma-se referir como condições-de-verdade. Vejamos como isso se aplica a uma sentença como (16).

(16) O cachorro está no pátio.

Pelos critérios até agora assumidos, (16) é uma sentença bem formada da língua portuguesa, de modo que qualquer falante nativo sabe o que ela significa. Ou seja, a sentença (16) tem um significado em português. Mas qual seria esse significado? O que queremos dizer quando afirmamos que um falante de português conhece o significado de (16)? Bem, é aí que entra a noção de condições-de-verdade. Um falante da língua portuguesa sabe o que (16) significa quando sabe em que condições essa sentença é verdadeira ou falsa. Se, diante de representações alternativas da realidade (neste caso, visuais), o falante for capaz de distinguir as situações em que (16) é verdadeira das situações em que é falsa, então ele saberá quais são as condições-de--verdade de (16) e, portanto, saberá seu sentido semântico, seu significado.

Evidentemente, a capacidade acima mencionada depende de o falante conhecer o sentido de todas as palavras que compõem (16). Um falante que saiba os sentidos de *cachorro*, *está*, *em*, *o* e *pátio* – e que conheça a sintaxe do português – saberá o sentido da sentença (16). Para compreender melhor, imaginemos que se está a testar a proficiência de um falante na língua portuguesa e, para tanto, se apresentem a ele diversas cartelas com imagens de diversas casas com pátios. Em algumas dessas imagens, haverá um gato no pátio, em outras haverá um cachorro na cozinha, em outras não haverá animais e, por fim, em outras haverá um cachorro no pátio. Em seguida, pede-se a esse sujeito que está sendo testado que separe apenas as cartelas que representem uma "realidade" condizente com a verdade de (16). Se essa pessoa separar apenas as cartelas com imagens de casas com um cachorro no interior de seu pátio, esse falante demonstrará saber o sentido de (16). Se, por exemplo, ele separar apenas as imagens com cachorros e gatos em pátios, é possível que não saiba ainda precisamente o sentido de *cachorro*, que considere que a palavra se refira a animal de estimação[29]. Nesse caso, não sabe ainda precisamente as condições-de-verdade de (16), seu sentido, porque ainda não domina plenamente o sentido de uma das palavras que a compõem.

Se você compreendeu o teste mencionado acima para verificar a proficiência semântica de um indivíduo, então está apto a dominar alguns conceitos utilizados pelos semanticistas. Todos sabemos que, embora o mundo em que vivemos seja de um jeito, ele poderia ser diferente. Em uma discussão

---

29. Uma pessoa aprendendo o português, p. ex., poderia cometer esse engano.

sobre futebol, por exemplo, alguém poderia dizer que se o técnico da equipe brasileira de futebol na Copa de 2014 fosse o Mano Menezes, não teríamos sido goleados pela Alemanha. Ao dizer isso, o falante está sugerindo que as coisas poderiam ter sido diferentes, que o mundo, tal qual ele é, é apenas um entre tantos outros mundos possíveis. Pois o conceito de *mundo possível* é um importante elemento da reflexão na área de Semântica.

Enquanto dizemos que um falante proficiente de português é capaz de, diante de uma sentença como (16), dizer em que situações ela é verdadeira e em que situações ela é falsa, um semanticista diz o mesmo – apenas de modo mais técnico – quando afirma que saber o significado de (16) é o mesmo que saber que mundos possíveis apresentam um estado de coisas que verifique (16) e que mundos possíveis falham em apresentar um estado de coisas que verifique (16). Saber o sentido semântico (o significado) de uma sentença, então, é o mesmo que saber em que mundos ela é verdadeira e em que mundos ela é falsa. Saber isso é saber suas condições-de-verdade. Ou seja, na perspectiva de uma semântica realista, saber o significado de uma sentença é saber suas condições-de-verdade.

Na perspectiva aqui adotada, então, o significado de uma sentença são suas condições-de-verdade. Falantes nativos de uma língua, todos sabem, jamais são instruídos formalmente sobre o que vem a ser uma sentença e seu significado. Na prática, nascemos e passamos a ter contato com uma língua natural, na qual vamos adquirindo proficiência à medida que a exercitamos. A partir de determinado ponto, somos capazes de identificar sentenças gramaticais e seus significados, suas condições-de-verdade. Essa identificação é realizada, na prática da comunicação, de modo intuitivo e automático, sem que ninguém sinta a necessidade de definir exatamente o que é uma sentença e o seu significado, ambos naturalmente reconhecidos sem qualquer esforço. Ou seja, na vida, tomamos contato apenas com sentenças sendo usadas por pessoas específicas, em situações específicas, com objetivos específicos; raramente nos questionamos de modo explícito sobre o que vem a ser uma sentença e o que vem a ser o significado de uma sentença. Quem faz isso é o linguista. Ao fazê-lo não está usando, mas sim mencionando a linguagem, ou seja, está fazendo metalinguagem.

O sentido de uma sentença, portanto, é uma abstração decorrente de nossa experiência com a linguagem verbal. Em sua reflexão sobre a linguagem, linguistas e gramáticos – e, eventualmente, outras pessoas realizando algum tipo de discurso metalinguístico – falam de sentenças puras, de modo abstrato. Ao fazê-lo, estão falando de seu significado mais geral. É possível, portanto, falar do significado da sentença (16) fora de um contexto de uso e até mesmo descrevê-lo, já que, pelo menos para um falante proficiente de português, ela ostenta condições-de-verdade bastante precisas. Também é possível procurar esclarecer quais são essas condições-de-verdade, como se fez, ainda há pouco, com a metáfora de um jogo em que cartelas com imagens são apresentadas a um sujeito, para verificar se ele conhece o significado (as condições-de-verdade) de uma sentença como (16).

As condições-de-verdade de uma sentença fora de contexto, no entanto, jamais são as mesmas que as da mesma sentença quando proferida em uma situação específica. Na verdade, o conjunto de mundos em que uma sentença proferida é verdadeira é um subconjunto do conjunto dos mundos em que a mesma sentença é mencionada, ou seja, avaliada fora de contexto. Para compreender melhor, vamos voltar a refletir sobre a sentença (16), repetida abaixo para facilitar sua apreciação.

(16) O cachorro está no pátio.

Vista fora de contexto, a sentença (16) transmite uma ideia bastante geral, a de que, em algum lugar, há um cachorro dentro dos limites espaciais de um pátio. Ou seja, o conjunto dos mundos possíveis em que essa sentença é verdadeira é gigantesco, de modo que seria muito difícil que o mundo real dele não fizesse parte. Dito de outra forma, assim, fora de contexto, considerando que o mundo real está repleto de cachorros que habitam casas com pátio, a sentença (16) é praticamente uma obviedade. Não há nenhum problema com isso, já que estamos olhando para (16) como uma sentença, como uma entidade abstrata, e não como uma entidade concreta, usada por alguém em uma situação específica com um objetivo específico. Sendo assim, não há, de fato, ninguém dizendo nada óbvio, uma vez que a sentença está sendo apenas analisada, não está sendo usada por ninguém.

Se olharmos, no entanto, para (16) como um enunciado, ou seja, como uma sentença que foi efetivamente usada por alguém em algum momento, suas condições-de-verdade são muito mais restritas que as de (16) fora de contexto. O que (16) vista como um enunciado (uma sentença proferida, sentença em contexto) expressa é uma ideia muito mais restrita que a expressa por (16) vista como sentença pura (uma unidade abstrata da língua portuguesa). Um falante específico, ao proferir (16), fala de um cachorro específico, que habita uma casa específica, com um pátio específico. Suas condições-de-verdade, portanto, são muito mais restritivas que as de (16) vista em abstrato, fora de contexto.

Vista como um enunciado, (16) jamais será considerada verdadeira se, em algum lugar do mundo, houver um cachorro dentro do pátio de alguma casa, mas não no pátio da casa que se pretendeu referir com o enunciado. Como resposta a uma pergunta como *Onde está o cachorro?*, o enunciado (16) dificilmente será considerado verdadeiro se o cachorro da casa estiver no pátio da casa do vizinho, tampouco se um cachorro intrometido, que não mora na casa dos interlocutores, estiver no pátio de sua casa, mas o cachorro da casa estiver na sala. Ou seja, para que um enunciado como (16) seja considerado verdadeiro, é necessário que o cachorro que mora na casa dos interlocutores esteja no pátio da casa dos interlocutores[30]. Sendo assim, o conjunto de mundos possíveis que satisfaz as condições-de-verdade de

---

30. As condições que devem ser satisfeitas pelo cachorro e pelo pátio podem variar dependendo de uma série de elementos contextuais. É possível imaginar uma situação em que se esteja a indagar sobre o cachorro de um vizinho que entrou sorrateiramente na casa dos interlocutores, caso em que a sentença proferida não estaria se referindo, evidentemente, ao cachorro que mora na casa referida. O ponto aqui é que as condições que devem ser satisfeitas pelas entidades referidas em uma sentença proferida dependem crucialmente da consideração de elementos contextuais.

(16) usada em contexto é muito mais limitado, de modo que, diferentemente do que se constatou para (16) fora de contexto, agora a sentença **usada** deixa de expressar uma obviedade. Agora, como o conjunto de mundos possíveis recortado é bem menor, a probabilidade de que o mundo real seja um desses mundos também é bem menor, de modo que o enunciado é sentido como informativo.

Chegamos aqui a um ponto bastante importante, porque estamos introduzindo em nossa reflexão o conceito de *enunciado*, essencial para uma série de considerações de natureza semântica e pragmática. Antes de ser proferida por alguém em uma situação específica, (16) é apenas uma sentença da língua portuguesa, com um sentido preciso, mas, digamos assim, amplo. Quando alguém, em uma situação específica, usa a sentença (16), está realizando um *enunciado*. Um *enunciado* nada mais é que uma sentença em uso. Como, na condição de falantes, usamos sentenças o tempo todo, estamos o tempo todo realizando enunciados. Teoricamente, é importante reconhecer o papel que esse uso tem, porque é apenas após ser usada de modo assertivo (após ser proferida assertivamente) que uma sentença pode ser considerada expressão de uma *proposição*. Ou seja, uma sequência gramatical de formas linguísticas caracterizável como sentença assertiva só expressa uma *proposição* quando é enunciada.

A *proposição*, então, é o significado de uma sentença assertiva[31] usada por um falante. Dito de outra forma, a proposição são as condições-de-verdade de uma sentença em uso, as condições-de-verdade de um enunciado. Sendo assim, uma mesma sentença pode expressar muitas proposições. Vejamos (16) novamente. Quando usada no dia 15 de maio de 2015 por uma pessoa que mora em São Paulo, expressa uma proposição distinta daquela expressa quando usada no dia 4 de dezembro de 2016 por outra pessoa

---

31. Como você deve estar notando, a produção de proposições está restrita a enunciados assertivos. De fato, enunciados interrogativos ou imperativos, embora apresentem um conteúdo proposicional, não são capazes de produzir uma proposição efetiva, uma vez que não propõem nada acerca do mundo.

que mora em Brasília. Em cada um desses usos, há um enunciado distinto, expressando uma proposição distinta, que pode ser verdadeira num caso e falsa no outro[32].

Para finalizar, vamos retomar os conceitos abordados. Uma sentença bem formada é uma entidade abstrata, gramatical, que possui, digamos assim, amplas condições-de-verdade. Um enunciado é uma sentença em uso. As circunstâncias desse uso, que vamos chamar – pelo menos provisoriamente – de contexto, são responsáveis por um estreitamento das condições-de-verdade da sentença vista abstratamente (fora de contexto), são responsáveis por auxiliar na produção de uma *proposição*. Então, a *proposição* é o sentido de uma *sentença assertiva* usada, ou seja, uma proposição são as condições-de-verdade de um *enunciado assertivo*[33]. A rigor, apenas enunciados assertivos são verdadeiros ou falsos, uma vez que são proferidos para efetivamente expressar o que pensa o enunciador sobre o mundo.

3.2 Enriquecimento de conteúdo sentencial subproposicional

Na seção anterior, vimos que uma *sentença*, antes de ser proferida, apresenta condições-de-verdade, mas que, antes de ser proferida, não expressa uma *proposição* efetiva[34]. Há sentenças, contudo, que, à primeira vista, pareceriam muito próximas de expressar uma proposição completa, como é o caso de (17).

(17) Brutus matou Júlio Cesar.

---

32. Se os dois enunciados estivessem propondo a mesma coisa, se estivessem expressando a mesma proposição, jamais poderiam divergir em seu valor-de-verdade.

33. Na tradição pragmática anglo-saxã, enunciados assertivos são chamados de *statements*. Um *statement* é um enunciado que se caracteriza por ser um ato de fala assertivo.

34. A Teoria da Relevância (cf. SPERBER & WISLON (1995)), p. ex., considera que uma sentença não proferida expressa, na verdade, uma espécie de esquema proposicional, um *template* que aguarda preenchimento nas situações efetivas de uso.

A sentença (17) tem um verbo com sentido bastante claro, usado literalmente, com suas duas posições argumentais preenchidas por nomes próprios. Nomes próprios são designadores rígidos, não dependendo, portanto, de qualquer dado contextual para que se faça a identificação de seus referentes.

Devido a essa constituição particular, a impressão que fica é a de que (17), mesmo antes de ser proferida, já expressa uma proposição imutável. Essa impressão, contudo é enganosa. Considerando que o assassinato de Júlio Cesar, de acordo com os registros históricos, data do dia 14 de março do ano de 44 antes de Cristo, qualquer eventual enunciação sua parece expressar uma mesma proposição há mais de dois mil anos[35]. Acontece que no dia 13 de março do ano de 44 antes de Cristo, Júlio Cesar ainda vivia, de modo que a enunciação de (17), nesse dia, expressaria uma falsidade. Como uma mesma proposição não pode produzir uma falsidade e uma verdade ao mesmo tempo, a enunciação de (17) em 15 de março de 44 a. C. expressa uma proposição distinta da enunciação de (17) em 13 de março de 44 a.C. Ou seja, em apenas dois dias, a enunciação de (17) passou de falsa a verdadeira, o que conduz à inevitável conclusão de que em cada um desses dias expressava uma proposição distinta. Como pode?

Embora, à primeira vista, não pareça necessário, para identificar a proposição expressa por uma sentença proferida, é preciso considerar dois elementos fundamentais relativos à temporalidade, um linguístico, outro extralinguístico. O elemento linguístico é o tempo verbal. Na sentença (17), o verbo *matar* está flexionado no pretérito perfeito do indicativo. Esse tempo colabora com a expressão da proposição quando correlacionado com o elemento extralinguístico: o momento da enunciação. Uma sentença com um verbo no pretérito perfeito do indicativo propõe que o evento referido pela sentença tenha ocorrido em momento anterior ao momento do evento da

---

35. Mas, como veremos em seguida, não expressa.

sua enunciação. Sendo assim, (17) proferida no dia 20 de março de 44 a.C., veicula a proposição que aparece literalmente expressa em (18).

(18) Brutus matou Júlio Cesar antes de 20 de março de 44 a.C.

Se tivesse sido proferida em 30 de março de 44 a.C., (17) veicularia a proposição que aparece literalmente expressa em (19).

(19) Brutus matou Júlio Cesar antes de 30 de março de 44 a.C.

Como se pode notar, a mesma sentença (17) expressa uma proposição distinta toda vez que é enunciada. Pode parecer que a enunciação de (17), depois do assassinato de Júlio Cesar, sempre expresse uma mesma proposição, mas isso não é verdade. Considere a relação entre (18) e (19), por exemplo. A proposição (18) acarreta (19), mas o contrário não é verdade. Se o conteúdo da sentença (17), quando proferida em 30 de março de 44 a.C. não acarreta o conteúdo de (17) quando proferida em 20 de março de 44 a.C.[36], então estamos diante de duas proposições distintas.

O que acabamos de constatar para sentenças como (17) vale para qualquer sentença cujo conteúdo expresse um fato contingente, ou seja, um fato que pode ser verdadeiro ou falso dependendo de como o mundo é em determinado momento. Como o mundo muda, como as coisas se alteram com o tempo, toda sentença que expressa um fato contingente expressa uma proposição distinta toda vez que é proferida[37]. Nesse sentido, toda sentença contingente, antes de ser proferida, não expressa, de fato, uma proposição, ou seja, o conteúdo de uma sentença contingente não proferida sempre é subproposicional. O curioso nessa reflexão é que ela nos leva a compreender que o reconhecimento de uma proposição, na maior

---

36. Para perceber isso, bata imaginar que a história tivesse sido diferente, e Brutus tivesse matado Júlio Cesar em 25 de março de 44 a.C.
37. Isso não vele para sentenças que expressam verdades necessárias. Se assumirmos que sentenças que afirmam verdades matemáticas, como "Dois mais dois são quatro", não são contingentes, ou seja, que não dependem dos fatos, mas são anteriores a eles, então essas sentenças são, de fato, independentes de contexto e expressam sempre uma mesma proposição.

parte das vezes, depende do reconhecimento de suas condições de produção (tempo e espaço fundamentalmente), ou seja, nos leva a perceber que não é possível reconhecer uma proposição efetiva antes da utilização efetiva da sentença. Há, portanto, uma relação íntima entre uso e significação que, de tão óbvia, chega a passar despercebida.

A dêixis temporal relativa ao uso de verbos flexionados, no entanto, não é a única responsável por determinar que uma sentença fora de contexto seja uma forma complexa com sentido ainda incompleto, ou seja, subproposicional. Há que considerar ainda a dêixis pessoal, como se observa em (20).

(20) Ele é agressivo.

Em (20), há o pronome pessoal de terceira pessoa *ele*. Considere-se uma situação em que o proferimento de (20) é acompanhado de algum tipo de apontamento (um gesto de algum tipo capaz de determinar a referência do pronome). Nesse caso, o pronome de terceira pessoa está sendo usado como dêitico, realizando o que se chama de dêixis pessoal, uma operação responsável, como já vimos na seção anterior, pela determinação de um referente para o pronome a partir da identificação de uma entidade situacionalmente dada. Aqui, além da resolução da dêixis temporal (relativa ao uso do verbo no presente do indicativo) a expressão de uma proposição pela sentença depende da resolução da dêixis pessoal.

Pronomes de terceira pessoa nem sempre apontam para referentes no contexto situacional, ou seja, no entorno da situação de comunicação. Há casos ainda em que esses pronomes funcionam como anafóricos, ou seja, casos em que seu referente deve ser encontrado a partir de uma relação de correferência com outro elemento linguístico próximo, como se pode observar na segunda sentença de (21).

(21) O cachorro está no pátio. Ele é agressivo.

Em (21), o pronome de terceira pessoa da segunda sentença é correferente com o sintagma nominal *o cachorro*, presente na primeira sentença.

Isso é o mesmo que dizer que sua referência será a mesma que a reconhecida pelo uso desse sintagma. Há, portanto, um elo significativo que se estabelece entre os dois enunciados, de modo que a consideração do primeiro é necessária para a determinação da proposição expressa pelo segundo.

Outro fenômeno responsável pela geração de conteúdos sentenciais subproposicionais é a elipse. A rigor, uma sentença elíptica, como já tivemos a oportunidade de refletir, é uma sentença malformada. Sendo assim, a sequência (29), tendo em vista a grade argumental associada ao verbo *gostar*, não poderia ser aceita.

(22) Marina gosta.

Uma sentença como (22), no entanto, pode ser usada em muitas situações e, mesmo sendo sintaticamente incompleta, pode ainda ser associada a uma proposição. Isso ocorre, evidentemente, quando vem acompanhada de outros enunciados ou até mesmo gestos capazes de sugerir o que seria um preenchimento razoável da lacuna que apresenta. É o que ocorre em (23) e (24).

(23) A: Quem aqui gosta de chuchu?
B: Marina gosta.
(24) A: Você viu o que fizeram para o almoço? [Apontando para um prato de mondongo com uma expressão de desagrado.]
B: Marina gosta.

Nos dois casos, o falante B usa uma sentença malformada – no sentido aqui adotado –, que precisa ser enriquecida porque, antes de qualquer interpretação discursiva, apresenta um conteúdo subproposicional, ou seja, um conteúdo insuficiente para produzir uma proposição. Em casos como esses, ocorre o que Recanati[38] chama de processos de saturação, em que o intérprete necessita saturar com algum conteúdo uma posição em aberto para que uma proposição possa ser produzida.

---

38. Cf. Recanati (2004).

Mas não é apenas o uso de pronomes pessoais ou a ocorrência de elipses que exige especificações mínimas de sentido a fim de que o enunciado veicule um conteúdo proposicional. A atribuição de referência a sintagmas nominais definidos com núcleo substantivo frequentemente depende de processos pragmáticos. Uma sentença simples como (25) já deve ter sido proferida inúmeras vezes, cada uma das quais referindo-se a indivíduos distintos.

(25) O professor está atrasado.

Aqui a atribuição de referência ao sintagma nominal sujeito conta, é claro, com a consideração de um contexto. Em cada situação específica haverá um contexto a evidenciar um professor específico sendo esperado.

Há casos ainda em que a identificação do referente a ser associado a um sintagma nominal com núcleo substantivo depende do domínio de certos esquemas cognitivos mais gerais.

(26) A: Vamos jantar.
B: A mesa está cheia de livros.

Com seu enunciado, o falante B está sugerindo a impossibilidade de jantar. Mas isso só é possível se considerarmos que, em uma casa com várias mesas, ele esteja se referindo especificamente à mesa da sala de jantar. Ou seja, aqui, para realizar a interpretação mais ampla, é preciso produzir uma especificação mínima de sentido para que se chegue a uma proposição efetiva, a de que uma mesa específica (e não qualquer uma), a da sala de jantar, está cheia de livros. Sem essa especificação, não seria possível saber o que a sentença proferida propõe, já que não seria possível saber a que o sintagma "a mesa" se refere.

Especificações desse tipo dependem crucialmente de nosso domínio de esquemas cognitivos mais gerais, denominados *frames* (cf. FILLMORE (2009 [1982])). Um *frame*, como já vimos, é um conjunto estruturado de conteúdos. Como pessoas que vivem em sociedade e que compartilham uma série de experiências, acabamos consolidando certos *frames*, certos esquemas cognitivos que dividimos com as outras pessoas. Um *frame* é uma teia estruturada de conceitos. A um conceito como o de *escola*, por exemplo, estão associados vários outros, como os relativos ao espaço físico (salas, pátios, quadras, bares), aos tipos de funções características de pessoas (alunos, professores, funcionários, diretor, fiscal de corredor), bem como às atividades (aulas, brincadeiras, atividades administrativas, pedagógicas). Em suma, qualquer um que tenha frequentado uma escola, não importando qual seja, associa a esse conceito uma série de outros, de modo que a simples alusão a uma escola parece dar acesso a uma série de outras ideias correlatas. Um *frame* cumpre uma função estruturante na interpretação, podendo auxiliar na decisão de falantes e ouvintes quanto ao sentido que deve ser atribuído a um enunciado.

No caso de (26), há um esquema cognitivo associado a refeições, no qual se convenciona que a mesa sobre a qual se costuma realizá-las é aquela que fica em um determinado ambiente típico da casa, aquele destinado às refeições. Tendo em vista esse *frame*, a mesa referida por B em (26) só pode ser uma: a da sala de jantar, ambiente destinado à realização de refeições.

Todos os casos desta seção são aqueles em que o conteúdo semântico da sentença considerada é insuficiente para a determinação de uma proposição. Ou seja, são casos em que o ouvinte, se não fosse capaz de agregar pragmaticamente conteúdos ao que está codificado, não teria, a rigor, condição de atribuir algum valor informativo à sentença proferida. Dito de outra forma, sem o acréscimo de determinados conteúdos, não seria possível determinar exatamente o que está propondo o enunciador da sentença.

3.3 Enriquecimento de conteúdo sentencial proposicional pouco informativo

Na maioria das vezes, depois que uma sentença proferida é enriquecida a fim de expressar uma proposição, muitas outras camadas de enriquecimento ainda são observáveis. Um segundo tipo de enriquecimento pragmático diz respeito à necessidade de aumentar minimamente a carga informativa do enunciado. Quando participamos de uma troca conversacional, estamos interessados em conteúdos capazes de produzir algum incremento em nossas representações do mundo, de modo que não nos interessa tomar contato com verdades evidentes, obviedades. Pense, por exemplo, no valor que pode ter um enunciado como (27).

(27) Eu tomei café.

Depois dos enriquecimentos pragmáticos necessários para que (27) se converta em uma proposição avaliável como verdadeira ou falsa – determinação do momento de enunciação e do referente do pronome de primeira pessoa –, a proposição produzida está ainda longe de ser considerada informativa. Imagine-a sendo proferida, por exemplo, por alguém com quem você convive. Assim, após um enriquecimento mínimo, (27) quer dizer apenas que o seu enunciador já tomou café em algum momento antes de ter proferido a sentença. Vamos combinar que, num país como o Brasil, onde o café é uma bebida extremamente popular, o enunciador de (27) não estaria dizendo algo muito novo. Estaria dizendo uma verdade evidente, sendo, portanto, nada informativo. O fato é que enunciados como (27) costumam ser interpretados de modo mais rico. Normalmente, há indicações contextuais que ajudam a determinar de modo bastante claro o intervalo de tempo dentro do qual o falante quer informar que ingeriu café. Como resposta, por exemplo, a uma oferta de café às 9h em uma reunião de empresa, (27) normalmente quer dizer que o falante já tomou café em momento anterior na mesma manhã. Já como proferimento de um morador de um país onde não costuma haver consumo de café, (27) pode veicular a ideia de que seu enunciador tomou café em algum momento qualquer de sua vida – em uma viagem ao Brasil, por exemplo[39].

---

39. Pense, p. ex., em um brasileiro dizendo "Eu tomei chá de coca" numa conversa sobre experiências diferentes em viagens. Esse é um caso em que parece bem aceitável a interpretação de que o falante apenas ingeriu o referido chá em algum momento antes da conversa da qual está participando.

Há casos, contudo, em que, ao contrário do que acontece na intepretação de (27), a proposição resultante apenas dos acréscimos mínimos seria certamente falsa, como ilustra (28).

(28) Como estava chovendo no domingo, todo mundo quis ficar em casa.

O primeiro enriquecimento necessário em (28) é aquele que garante que expresse uma proposição, ou seja, aquele em que se determine exatamente a que domingo o falante se refere e ao local em que estava chovendo (afinal, a chuva não ocorre ao mesmo tempo em todas as localidades). Feito isso, seria necessário ainda identificar qual é o domínio de indivíduos a ser considerado para a interpretação da expressão "todo mundo". Não podem ser, evidentemente, todas as pessoas do planeta. Também é pouco provável que sejam todas as pessoas que habitam a localidade onde choveu. O mais provável é que o falante esteja referindo-se às pessoas com quem convive. Do contrário, o enunciado seria considerado evidentemente falso. Assim como os enunciados evidentemente verdadeiros não são informativos, os evidentemente falsos também não o são, já que nada acrescentam às representações de mundo daqueles a quem se destinam. Para evitar processar uma falsidade evidente, os interlocutores normalmente interpretam (28) como o que está literalmente expresso em (29).

(29) Como estava chovendo no domingo, todas as pessoas que moram comigo quiseram ficar em casa.

Aquilo que interpretamos efetivamente diante de enunciados como (27) e (28) revela que, além dos acréscimos normalmente realizados ao conteúdo sentencial para produzir um conteúdo de natureza proposicional, outros ainda são realizados para que a proposição produzida possa representar alguma contribuição efetiva de seu enunciador. Enunciados evidentemente verdadeiros ou falsos não constituem contribuição efetiva, pelo simples fato de não promoverem alteração mínima nas representações de mundo daqueles a quem se destinam.

4 RECONHECIMENTO DE INTENÇÕES

Neste ponto, você já deve ter percebido que a apreciação de todos os fenômenos aqui abordados depende fundamentalmente de considerarmos que nosso objeto de estudo não são simplesmente as sentenças da língua portuguesa, mas sim seus enunciados. Um enunciado linguístico, como vimos, é uma sentença em uso. Nenhum dos sentidos aqui tratados poderia ter sido acionado pela consideração exclusiva do conteúdo linguístico da sentença. No caso de (3), por exemplo, o referente do pronome sujeito, da elipse na posição de objeto indireto da primeira sentença e da referência da expressão *bem cedo*, o sentido de *pegar*, a alusão à finalidade de uma suposta fila, a relação de sequência temporal e de causalidade estabelecida entre os eventos referidos e a atitude do falante de aconselhar ou repreender só podem ser depreendidos da consideração da sentença em uso, ou seja, do enunciado.

Um enunciado só pode render tantos sentidos porque é contextualmente determinado. Sem a identificação desse conjunto de determinações contextuais[40] não é possível acessar o sentido total de um enunciado linguístico. Entre todos os sentidos vistos, parte decorre de ação de um regramento mais ou menos geral, como a atribuição de um referente ao pronome pessoal de primeira pessoa *eu*, um dêitico. Outra parte decorre da ação da combinação de regramento geral com processos particulares, como a atribuição de uma referência à expressão *bem cedo*, que depende, além da consideração de seu significado literal, da consideração de aspectos externos ao código linguístico (como o horário de abertura e as condições de atendimento do local referido pelo enunciado). Há ainda uma parte do sentido total de um enunciado que decorre de considerações mais gerais, como o reconhecimento de uma fala como um conselho, um alerta ou uma repreensão.

---

40. Essas determinações podem ser, como vimos, de natureza temporal, espacial, discursiva, interpessoal e cultural.

O parágrafo final da seção 1 deste capítulo, ao retomar os fenômenos até ali abordados, anunciou que, entre os sentidos mais regulares, como a atribuição de referência ao pronome *eu*, e os sentidos mais específicos, como a expressão do ato de fala de aconselhar, haveria uma densa camada de fenômenos não literais a serem considerados em uma perspectiva Pragmática. Para a produção dos fenômenos até agora vistos, acabamos de lembrar que são necessários dados extraídos do contexto de comunicação (informações espaciais, temporais etc.). Um olhar mais atento, no entanto, revela que, para casos como o da produção de atos de fala, além do reconhecimento de elementos contextuais, é necessário a identificação de intenções do enunciador. Veja o caso do diálogo (16), por exemplo. Mesmo que, nesse diálogo, o interlocutor (A) tivesse proferido o enunciado (3) como um conselho, o interlocutor B poderia tomá-lo como uma repreensão, de modo que estaria atribuindo a A uma intenção distinta da que ele realmente teve. Atos de fala e outros fenômenos pragmáticos que se afastam de modo mais claro daquilo que tendemos a considerar o sentido literal de um enunciado evidenciam o papel do reconhecimento de intenções na comunicação em linguagem verbal.

Os seres humanos desenvolvem a capacidade de reconhecer intenções muito cedo. Segundo Tomasello et al. (2005), crianças com pouco mais de um ano já são capazes de se envolver em atividades conjuntas que exigem o domínio de intenções compartilhadas. Diante da tarefa de cortar uma caixa de papelão, por exemplo, crianças com menos de dois anos já são capazes de se engajar em planos complexos e identificar papéis complementares, realizados por participantes distintos, como o de segurar a caixa e o de usar a tesoura para cortar. Na verdade, como intenções só podem ser atribuídas a entidades com volição e iniciativa, o que é característico dos seres humanos, estamos o tempo inteiro identificando as intenções de outras pessoas.

Em uma parada de ônibus, por exemplo, consideramos que a intenção de todos é embarcar em um coletivo em direção a algum lugar. Quando um ônibus se aproxima e apenas parte das pessoas começa a se movimentar em direção ao ponto onde provavelmente estará acessível a porta de entrada do veículo, entendemos que a sua intenção é embarcar naquele veículo específico. Se uma pessoa se movimenta desse modo e não embarca no ônibus, somos levados a pensar que ela desistiu de sua intenção inicial em razão de uma intenção nova (como voltar a outro local para pegar um objeto esquecido) ou que, por algum motivo, considerou que seu plano inicial não poderia satisfazer sua intenção (ao perceber, p. ex., que o ônibus está muito cheio, não satisfazendo uma intenção de deslocar-se confortavelmente). Quando se trata de seres com vontade e liberdade de iniciativa, portanto, a partir da observação de seus comportamentos, estamos engajados, mesmo sem dar muita atenção a isso, no reconhecimento (com ou sem sucesso) de suas intenções.

Mas o reconhecimento de intenções não acontece apenas de uma forma despretensiosa. Temos interesses particulares e coletivos, e reconhecer intenções daqueles que convivem conosco é uma forma eficiente de satisfazer esses interesses. Contamos com o reconhecimento de nossas intenções pelos outros para alcançar certos objetivos. Se começa a chover torrencialmente, o reconhecimento de minha intenção de evitar um alagamento dos cômodos a partir da percepção de minha agitação para fechar todas as janelas abertas pode provocar o engajamento de outra pessoa na mesma tarefa, de modo que o seu reconhecimento de minha intenção passa a ter consequências positivas para meus objetivos mais imediatos.

As intenções também podem ser coletivas. Dois velejadores com funções complementares interpretam naturalmente as ações de seu parceiro como parte de um plano mais geral para satisfazer uma intenção conjunta, a de manter o barco na rota desejada. O próprio engajamento em jogos depende do reconhecimento de intenções e de planos para satisfazê-las. Os integrantes de um time de futebol, por exemplo, compartilham uma mesma intenção de fazer gols no adversário, e procuram satisfazer essa intenção pela ação coordenada, que, nos casos mais elaborados, conta com a determinação prévia de funções específicas (zagueiro, meio de campo, lateral, atacante), todas elas relacionadas a subplanos (defender, distribuir a bola, chutar a gol) do plano mais geral de fazer a bola cruzar a linha do gol adversário[41].

Via de regra, no entanto, para que o reconhecimento de objetivos conduza a ações coordenadas de sucesso, o reconhecimento de intenções deve ter um caráter de mutualidade. Considere, por exemplo, a condução por dois velejadores de um barco por uma rota estabelecida. Numa situação como essa, ao realizar uma manobra com as velas em determinada circunstância (p. ex., uma mudança repentina da direção do vento), o velejador espera que seu parceiro responsável pelo leme realize manobras subsequentes, às vezes quase concomitantes. Sendo assim, espera um reconhecimento de uma intenção complexa, já que se trata da intenção não só de que o barco reaja de certa forma, mas ainda de que o parceiro reaja de certa forma, ou seja, de que tenha certas intenções subsequentes, formando, assim, um conjunto de intenções que integram um plano comum. Exemplos como esse nos fazem perceber o grau de complexidade da interação, que envolve intenções, reconhecimento de intenções, planos, reconhecimento de planos, reconhecimento de elementos contextuais, reconhecimento do caráter mútuo dos elementos contextuais (no caso visto, a percepção dos dois velejadores de que o vento mudou de direção).

Percebemos o papel do reconhecimento de intenções em nossas vidas quando nos damos conta daquilo que pode nos provocar raiva. Se um lenhador corta inadvertidamente uma árvore que cai sobre o meu carro, destruindo-o, eu provavelmente vou sentir raiva dele, mesmo sabendo que a sua intenção era apenas derrubar a árvore (que caiu sobre o meu carro por um erro de cálculo). Evidentemente, minha raiva será maior se ficar provado que a sua intenção era a de destruir meu carro mesmo. Mas raiva

---

41. Há aqui, evidentemente, algumas simplificações. Um time de futebol também tem o objetivo de evitar que o adversário marque gols. Marcar gols e evitar que o adversário marque gols são os dois grandes objetivos de um time de futebol.

de quem, ou de que, eu poderia sentir se a árvore tivesse caído em razão de uma forte tempestade?

O fato é que o reconhecimento de intenções exerce um papel central em nossas vidas. Não poderia ser diferente com a comunicação. Um simples enunciado linguístico, por exemplo, pode adquirir sentidos bastantes distintos apenas pela consideração do que poderia ser a intenção do falante. Considere novamente o enunciado (27), repetido abaixo por conveniência.

(27) Eu tomei café.

Qual pode ser a intenção do enunciador ao proferir a sentença (27)? Para saber isso é preciso identificar o contexto. Se tiver sido dita por alguém que encontra os amigos na sala de refeições do hotel, todos atrasados para uma convenção de que participam, a intenção pode ser a de evitar convites insistentes para sentar-se à mesa, ou ainda pode ser a de sugerir que já está se dirigindo ao local do evento para não perder o início dos trabalhos. Se tiver sido dita por um atleta antes de uma competição, a intenção pode ser a de revelar a impossibilidade de participar, tendo em vista a vantagem competitiva que a ingestão de cafeína lhe daria. E os exemplos não precisariam terminar aqui. Alguém muito disposto a inventar contextos específicos poderia criar infinitas situações nas quais o sentido total de (27) incluísse conteúdos particulares e distintos uns dos outros.

Em seu livro *Relevance: Communication and Cognition*, Sperber e Wilson nomeiam intenções do tipo das que estamos associando a enunciados como (27) como intenções informativas. A intenção informativa é a intenção de veicular, com um enunciado, determinados conteúdos (e não inúmeros outros). Sendo assim, nossa tarefa ao interpretar enunciados linguísticos nada mais é que a de identificar a intenção informativa de quem os profere. Descrever o modo como essa identificação ocorre e explicar as razões para a existência desses mecanismos descritos é tarefa da Pragmática.

A pergunta teórica que se impõe, então, é a que indaga sobre que caminho, diante de um estímulo (linguístico ou não linguístico), segue um intérprete até chegar ao reconhecimento de uma intenção informativa.

Essa resposta é de caráter descritivo, ou seja, ela aponta para a necessidade de uma descrição dos processos inferenciais subjacentes à interpretação de enunciados. Uma segunda pergunta é de caráter explanatório: O que motiva os processos inferenciais descritos? As reflexões ao longo deste capítulo respondem, pelo menos parcialmente, e de modo muitas vezes conjugado, a essas duas questões.

Um primeiro ingrediente que ajuda a explicar o processo de formação de convicções sobre a intenção informativa dos interlocutores é um outro tipo de intenção de nível mais elevado: a intenção comunicativa. Embora o termo intenção comunicativa não apareça explicitamente nos escritos de Grice, é a ela que o filósofo alude ao falar de significado não natural em seu artigo *Meaning*. Esse artigo, menos mencionado que o clássico *Logic and Conversation*, é fundamental para compreender o pensamento griceano e, mais do que isso, o papel do reconhecimento de intenções no sucesso da comunicação entre dois agentes. Vamos procurar compreender o conceito de intenção comunicativa a partir de exemplos, o primeiro dos quais retirado do próprio artigo *Meaning*.

No artigo, Grice ocupa-se de distinguir duas classes de significados: os significados naturais e os significados não naturais. Os significados naturais decorrem de relações causais que aprendemos a reconhecer pela experiência. Um exemplo dado pelo autor são pintas na pele significando que uma pessoa está com sarampo. Esse é um caso típico de significado natural, já que a conexão entre os dois fatos (pintas e sarampo) estabelece-se a partir do reconhecimento de uma relação de causa e consequência e, além disso, não depende do reconhecimento de qualquer agente intencionalmente engajado em transmitir o conteúdo inferido. Sendo assim, não se pode dizer que alguém, ao ostentar pintas, quis comunicar o sarampo, já que não se pode atribuir a ninguém alguma intenção comunicativa. Nos termos de Grice, dizer que "A quer significar algo pelo uso de x"[42] é o mesmo que dizer

---

42. Ou seja, alguém teve a intenção informativa de veicular algo com x.

que "A pretendeu que a enunciação de x produzisse algum efeito em uma audiência por meio do reconhecimento dessa intenção". Essa intenção de produzir um efeito pelo próprio reconhecimento da intenção de produzir um efeito é o que estamos chamando aqui de intenção comunicativa. Vamos compreender isso um pouco melhor a partir de um exemplo.

Imagine a situação em que você está vendo alguém dando leves batidinhas no vidro de um relógio de pulso movido a corda. Vendo essa cena, você consegue imaginar qual é a intenção da pessoa. Ela provavelmente está fazendo isso com a intenção de fazer o relógio voltar a funcionar. Ou seja, você consegue enxergar seu plano, embora possa ser um plano, no final, frustrado (por não lograr realizar a intenção pretendida). Se essa pessoa estiver dando essas batidinhas com a intenção sincera de reanimar seu relógio, ela não está fazendo isso para manifestar qualquer intenção informativa. As pessoas podem perceber que sua intenção é reanimar o relógio, mas isso é apenas uma consequência (não pretendida) da observação de seus gestos. Ela poderia estar sozinha fazendo isso e, sendo sua intenção reanimar o relógio, nada para ela mudaria. Ou seja, o gesto de dar batidinhas no relógio não carrega consigo qualquer intenção comunicativa; seu agente não pretendia, com isso, provocar nenhuma inferência particular em alguma audiência específica (embora o tenha feito permitindo que se inferisse sua intenção de fazer o relógio voltar a funcionar). Mas o que importa aqui é que não há intenção de que o gesto seja comunicativo. Como não há essa intenção, o máximo que se pode inferir é uma intenção não comunicativa (a de reanimar o relógio).

Agora vejamos o mesmo gesto, o de dar batidinhas no vidro de um relógio à corda, em uma situação distinta. Imagine um casal aprontando-se para ir à apresentação de espetáculo em que não se admitem atrasos, um espetáculo em que os atrasados são impedidos de entrar. Nessa situação, imagine uma esposa pronta, esperando um marido que ainda está se arrumando. Impaciente com a demora e com medo de perder o espetáculo, ela o olha com certa indignação e ostenta o gesto de dar batidinhas no vidro de seu relógio. Numa situação como essa, dificilmente o marido interpretaria o gesto como uma tentativa de reanimar um relógio parado. Aqui, evidentemente, a intenção foi a de chamar a atenção para a demora do marido e, além disso, de pressioná-lo a acelerar o processo de aprontar-se para sair. Neste caso, diferentemente do que ocorre no anterior, a esposa pretendeu que o gesto de dar batidinhas no relógio produzisse algum efeito no marido por meio do reconhecimento da intenção de produzir algum efeito, bem como prevê a descrição de Grice para os processos em que há efetivamente comunicação, aqueles em que se reconhece uma intenção comunicativa. O que a esposa fez neste caso foi tornar manifesta sua intenção comunicativa, o que fez com que o marido fosse em busca de sua intenção informativa, mais especificamente a de que ele estava demorando. Note que, num caso como esse, o intérprete não busca uma relação natural entre o gesto e uma consequência (como, no caso anterior, em que se buscou uma relação entre bater no relógio e reanimar o relógio); o que ele busca é uma razão comunicacional para o gesto ostensivo de bater em um relógio. Ao ostentar o gesto (acompanhando-o, inclusive, de uma expressão facial de indignação), a esposa tornou manifesta sua intenção de estabelecer comunicação, obrigando o marido a sair em busca de uma intenção informativa, aquela, evidentemente, mais adequada, tendo em vista todos os elementos contextuais a serem considerados.

O que um exemplo como esse mostra é que basta o reconhecimento de uma intenção comunicativa, ou seja, o reconhecimento da intenção de tornar algum estímulo mutuamente manifesto, para que o interlocutor saia em busca de uma intenção informativa, ou seja, do conteúdo que o falante pretendeu veicular com o estímulo que produziu. Via de regra, a confiança de que há uma intenção comunicativa estimula os ouvintes a buscar algum sentido plausível, mesmo para enunciados cujos conteúdos parecem desviar-se do assunto em discussão em um diálogo, como em (30).

(30) A: Que horas são?
B: O Jornal Nacional acaba de começar.

A resposta de B, em (30), não é a melhor que o interlocutor A poderia esperar. Mas é uma resposta e, como tal, torna manifesta uma intenção de comunicar. Sabendo que há intenção comunicativa, o falante A passa a considerar o falante B cooperativo e sai em busca de algum sentido para seu enunciado que possa ser útil à satisfação de sua dúvida. Nesse processo, acessa em sua memória informações sobre o horário de início do Jornal Nacional e passa a sentir-se mais próximo de uma resposta à questão que o perturba.

Talvez você esteja achando tudo isso muito óbvio porque jamais pensaria em considerar que alguém que disse alguma coisa não tivesse a intenção de se comunicar. É verdade. O próprio fato de articular fonemas em uma sentença já é indicação inequívoca da intenção de se comunicar, de modo que o uso da linguagem verbal não admite recuo. Ninguém poderia recusar a intenção de dizer algo depois de realizar o esforço articulatório necessário para produzir um enunciado linguístico. No caso da comunicação não verbal, dependendo da forma como o estímulo é produzido, algumas vezes é possível negar uma intenção comunicativa, caso em que se procura evitar alguma tentativa de interpretação. No caso das batidinhas com o dedo no relógio, por exemplo, o crítico, estando arrependido de sua atitude, pode, em princípio, alegar ter havido um mal-entendido. Pode dizer que não houve crítica nenhuma, que suas batidinhas eram uma tentativa vã de reanimar um relógio que se recusava a trabalhar.

Em suma, estamos sempre à procura do sentido dos enunciados que interpretamos, à procura de descobrir a intenção informativa do enunciador. Isso pode parecer uma conversa de maluco, um papo filosófico inútil, mas há casos que evidenciam de modo bastante claro a importância do reconhecimento de intenções nos processos de interpretação de enunciados linguísticos. Há casos em que o reconhecimento da intenção informativa, o reconhecimento daquilo que um enunciador quer efetivamente informar, depende da busca de identificação de intenções complexas, normalmente realizada por agentes com refinadas habilidades inferenciais, como são os seres humanos.

Imagine, por exemplo, a seguinte situação[43]. Um casal conversa com um amigo em uma festa. Depois de alguns minutos, aproxima-se um amigo desse amigo do casal. Essa quarta pessoa, que ingressa na conversa do grupo, não sabe que os amigos de seu amigo são casados. Ao longo da conversa, esse novo participante passa a demonstrar interesse pela amiga do amigo, que ele não sabe ser casada com o participante da conversa a quem recém foi apresentado. O casal sente um certo desconforto com os olhares do quarto participante. Em certo momento, a mulher pede licença para ir ao banheiro. Aproveitando a ausência da esposa, o marido volta-se a seu amigo e profere os enunciados em (31).

> (31) Marido: Péricles, quando a Márcia voltar do banheiro me lembra de perguntar a ela se comprou um chuveiro novo. Tô cansado de tomar banho frio.

Bem, tanto o amigo a que o marido de Márcia se dirige quanto o quarto participante são capazes de perceber que o marido de Márcia tentou compartilhar informações. Mas exatamente o que ele tentou informar? Se levarmos em consideração apenas o sentido literal dos enunciados, o conteúdo informativo parece bastante simples. Entretanto, tanto o amigo do marido de Márcia quanto o quarto participante da conversa seriam capazes de entender que a intenção principal do marido foi a de informar que é casado com Márcia. Essa informação não era nova para o amigo do casal, mas certamente era para o quarto participante da conversa. Mas como é que seu enunciado chega a constituir-se em um conteúdo como "Eu e Márcia somos casados"?

É possível responder a essa pergunta procurando trilhar o caminho inferencial que o enunciado do marido da Márcia parece sugerir, mas o mais importante num caso como esse é reconhecer que esse caminho inferencial só leva até certo ponto, um ponto que só pode ser ultrapassado após a consideração das intenções do falante. Vejamos por quê. Com sua

---

43. O exemplo é extraído de Goldnadel (1999).

fala em (31), o enunciador consegue deixar claro que ele e Márcia usam o mesmo chuveiro para tomar banho. Isso é evidente se considerarmos que a adjacência entre os dois enunciados provoca a inferência de que a compra de um chuveiro por parte de Márcia resolveria o problema do banho frio evocado pelo falante. Mas até aí infere-se apenas que o enunciador e Márcia, como vimos, usam o mesmo chuveiro, situação que poderia ocorrer se ambos fossem irmãos ou se morassem, por exemplo, em uma república com um banheiro coletivo. Apesar disso, o sentido mais plausível para os enunciados em (31) é o de que o falante e Márcia moram juntos por serem casados. Qual seria a explicação?

A razão é bastante simples. Ao ouvir os enunciados em (31), todos os participantes da conversa devem ter-se perguntado que intenções informativas poderia ter seu produtor. Uma conclusão imediata é a de que uma das intenções seria a de informar que determinada atitude de Márcia (a compra de um chuveiro) seria suficiente para acabar com uma situação desagradável para o enunciador (os banhos frios). Mesmo assim, os interlocutores avançam ainda mais na interpretação. Intuitivamente, buscam no campo comum de conhecimentos compartilhados (*commom ground*) mais conteúdo, que, ao interagir com os enunciados proferidos, poderia gerar mais sentido ainda. Nessa busca, encontram ainda fresca na memória a lembrança de alguns olhares insinuativos dirigidos à Márcia pelo quarto participante da conversa, que não havia percebido estar diante de um casal. Esse conteúdo ainda bastante ativo na memória dos interlocutores é, digamos assim, cognitivamente chamado a interferir na produção de mais sentido a partir da consideração dos enunciados em (31). É esse conteúdo que permite supor que parte da razão para o enunciador optar por deixar tão evidente o fato de compartilhar o chuveiro com Márcia seja tornar manifesta uma relação amorosa entre eles (com o propósito de dar fim a uma situação desagradável).

É importante sublinhar, no entanto, que o ponto aqui não é apenas o fato de que o *common ground* é explorado como a finalidade de ampliar inferências. O ponto é que a busca de mais *contexto* para produzir mais sentido é fortemente motivada pela busca de plena identificação das intenções de quem profere um enunciado. Ou seja, não nos contentamos apenas com interpretações parciais, capazes de evidenciar algum sentido nos enunciados que processamos, queremos explorar a intenção informativa em sua totalidade. Nessa busca, a produção de conteúdos inferidos decorre de um complexo processo de reconhecimento de desejos e intenções, de modo que a comunicação coloca-se a serviço não apenas do incremento de nossas representações mentais, mas também de objetivos interacionais mais amplos.

5 O MODELO DE ANÁLISE GRICEANO

Sabemos agora que o reconhecimento de uma intenção comunicativa é condição necessária para inferir uma intenção informativa. Se não atribuímos intenção comunicativa a um agente, não nos preocupamos em atribuir sentido a suas manifestações. Como vimos, é possível não atribuir uma intenção comunicativa a gestos (mas é possível atribuir também), mas não é possível não atribuir intenção comunicativa a enunciados linguísticos, já que, nesse caso, trata-se de comportamento inegavelmente deliberado. A identificação de uma intenção comunicativa, no entanto, não é suficiente para depreender uma intenção informativa. Não há um salto mágico para o reconhecimento da intenção informativa a partir do reconhecimento da comunicativa. A transição do reconhecimento da intenção comunicativa para o reconhecimento da intenção informativa é mediada por um conjunto de processos responsáveis por diversos tipos de especificação de sentido.

Especificações de sentido pragmático ocorrem em decorrência de processos, e os mecanismos envolvidos nos processos agem em função de princípios, postulados teoricamente. Atualmente, há alguns modelos teóricos empenhados em identificar esses processos de especificação de sentido e os princípios mais gerais que os animam. Todos esses modelos estão, de algum modo, relacionados à proposta de análise encontrada no texto *Logic and Conversation*, do filósofo Herbert Paul Grice, publicado em 1975, um artigo que representou uma guinada nos estudos pragmáticos.

Em *Logic and Conversation*, Grice ocupa-se fundamentalmente da análise de fenômenos de sentido que se afastam decisivamente daquilo que poderíamos considerar como parte do significado literal, à qual Grice dedica pouca atenção, limitando-se a considerar como o dito. O interesse de Grice repousa naquilo que ele convencionou chamar de implicaturas conversacionais, um conjunto de fenômenos de sentido que, na perspectiva por ele inaugurada, decorre da ação de uma lógica particular que caracteriza o raciocínio de quem se envolve em uma conversação, uma lógica conversacional. Nessa perspectiva, a atribuição de referência a pronomes e a elipses, por exemplo, faz parte do dito, enquanto que a sugestão em (31), do marido, de que Márcia é sua esposa constitui uma implicatura conversacional.

Grice está preocupado, então, com a descrição do modo de produção de implicaturas conversacionais, aquela porção do sentido total de um enunciado que se afasta de modo inequívoco de seu sentido literal. Para tanto, constrói um modelo teórico fundado em um princípio geral e um conjunto de heurísticas interpretativas. Ao princípio geral, Grice deu o nome de Princípio da Cooperação, apresentado a seguir.

> Faça sua contribuição conversacional tal como é requerida, no estágio em que ocorre, pela direção ou propósito da troca em que está engajado.

Embora possa parecer um tanto vago, com esse princípio, Grice quer chamar a atenção para o fato de que as pessoas se caracterizam por serem cooperativas quando conversam, ou seja, por procurarem satisfazer certas expectativas interacionais mútuas. O princípio da cooperação, na perspectiva de Grice, é um imperativo. Se conversamos, estamos cooperando. O próprio fato de nos engajarmos em uma situação comunicativa é garantia de que estamos sendo cooperativos do ponto de vista comunicacional.

Aqui, no entanto, é preciso alguma cautela. A cooperação, no sentido griceano, não significa que devemos ser amistosos em sentido amplo para nos comunicarmos eficientemente. Grice era um filósofo da linguagem, não um pastor. Fala especificamente de cooperação no plano da comunicação. Sendo assim, um filho que discute com os pais, querendo convencê-los de que não precisa arrumar seu quarto para colaborar com as tarefas domésticas, pode não estar sendo cooperativo do ponto de vista do convívio, mas está sendo plenamente cooperativo na perspectiva conversacional, já que espera ser compreendido em sua argumentação.

O princípio da cooperação, embora ainda bastante amplo para auxiliar em uma descrição mais precisa dos processos inferenciais que adensam os sentidos dos enunciados, tem um papel bastante importante, como se pode perceber no diálogo a seguir.

(32) [Contexto: Dois desconhecidos estão em uma parada de ônibus. Um deles resolve conversar com o outro.]
A: Belo dia, hein?
B: Neste momento, milhares de pessoas fogem de seus países, vítimas da fome e de guerras.
A: É verdade. A gente fica feliz com um solzinho e se esquece dos problemas mundiais.
B: O Corinthians ainda não perdeu uma partida no Campeonato Brasileiro.
A: Ah... Corinthiano! É... O futebol ajuda a esquecer um pouco as tristezas.
B: Minha filha adora batata frita.

Bem, depois do último enunciado, é provável que o falante A considere estar falando com alguém desequilibrado. Na perspectiva da seção anterior, é possível supor que o falante B estivesse falando para si mesmo, em um caso raríssimo de produção de sentenças sem uma intenção comunicativa. Mas note que o falante A se esforçou, procurando considerar B cooperativo, tentando ver uma relação de cada um de seus enunciados com o enunciado precedente, a fim de identificar um ponto de contato entre os conteúdos expressos capaz de produzir inferências que caracterizassem um discurso minimamente informativo, em torno de algum tema identificável. Enfim, esforçou-se para derivar alguma conexão produtiva a partir da sequência de enunciados proferidos.

Evidentemente, o falante B é uma invenção útil[44] para constatarmos duas coisas. A primeira é que somos tolerantes, na verdade, somos desejosos de sentido, razão pela qual buscamos, a todo custo, extrair conteúdos daquilo que recebemos de interlocutores na forma de estímulo[45]. A segunda é de que é o próprio fato de considerarmos nossos interlocutores cooperativos que nos leva a buscar sentido para o que dizem. Prova disso é que não seria absurda uma situação como (32), em que um falante custa a desistir de uma conversa.

A identificação de um princípio de cooperação, no entanto, só pode ser parte da explicação do processo que subjaz à atribuição de sentido a enunciados. Na verdade, o fato de considerarmos nosso interlocutor cooperativo é, digamos assim, o pontapé inicial do processo inferencial. Ou seja, primeiro identificamos um interlocutor cooperativo, depois resta ainda a tarefa de identificar exatamente o que ele quis dizer, já que – a estas alturas você já deve ter percebido – comunicamos muito mais do que aquilo que está literalmente expresso no enunciado linguístico. Grice percebeu que, tendo em vista a distância que se observa entre o significado literal (que ele

---

44. Não que não possa existir alguém como o falante B. O ponto aqui é que se trata de um falante sem competência comunicativa (incapaz de se comunicar).

45. Como já tivemos a oportunidade de ver, costumamos atribuir sentido a tudo que venha de um ser que consideramos dotado de vontade própria e capacidade de ação. Podemos interpretar como uma iniciativa comunicativa movimentos, gestos, expressões faciais, direcionamentos do olhar, ruídos não linguísticos, qualquer coisa que parta de um agente volitivo. Tudo, em conjunto com os enunciados linguísticos, pode produzir sentido. O fato de que, neste capítulo, estejamos nos concentrando nos estímulos linguísticos não quer dizer que outros estímulos não sejam importantes para uma análise completa da comunicação humana, tampouco que não sejam estudados sistematicamente.

chamou de dito[46]) e o conteúdo produzido por inferência pragmática (que ele chamou de implícito), uma teoria capaz de explicar minimamente o modo como se processa a produção do sentido total de um enunciado deveria explicitar os mecanismos responsáveis pela produção desses sentidos. Para tanto, o princípio da cooperação não é suficiente.

Grice partiu da ideia muito simples de que, ao processar um enunciado linguístico, estando diante do desafio de descobrir seu significado, precisamos apelar para métodos de descoberta, mecanismos que nos permitam identificar, de modo mais ou menos regular, o que as pessoas querem dizer quando falam. Propôs, então, um conjunto de máximas conversacionais. Essas máximas seriam regras interpretativas a serem seguidas. De acordo com sua teoria, todos nós usamos um mesmo conjunto de regras no processamento de enunciados linguísticos, capazes de nos guiar na interpretação. Seria essa, então, a explicação para o modo automático como fazemos inferências, sem nem mesmo nos darmos conta de que as estamos fazendo.

Considerando que as inferências produzidas no processo de interpretação de enunciados decorrem da ação de regras, alguém poderia perguntar quem as ensina. Os pais não são. Ninguém jamais viu pais ensinando as regras de interpretação a seus filhos. Grice não coletou suas regras observando a interação entre pais e filhos. Tampouco foi a uma escola para identificar, no processo de ensino de língua, regras de interpretação transmitidas de modo explícito. Acontece que as regras identificadas por Grice não são estabelecidas de modo estipulativo, como costuma acontecer com muitas das regras com que nos deparamos diariamente. As regras de Grice são heurísticas, são métodos de descoberta que decorrem de uma racionalidade comunicativa, não precisando, portanto, ser transmitidas de modo

---

46. Há aqui uma simplificação. Aquilo que Grice considerava parte do dito não pode ser identificado integralmente com o que estamos referindo aqui (também de modo simplificado) com conteúdo literal do enunciado. Há hoje muita discussão sobre as camadas de significação e o modo de conceituá-las. Neste texto introdutório, optamos por passar ao largo dessa discussão. O leitor interessado em conhecer melhor esse debate encontra em Recanati (2004) um bom apanhado das discussões em torno do tema.

explícito. Em suma, elas são uma consequência natural da razão. Sendo assim, ninguém adere a essas regras por obrigação moral ou por submissão resignada, as pessoas usam essas regras por serem úteis em sua busca por sentido, por auxiliarem de modo decisivo na troca eficiente de informação a partir da interação que se estabelece na comunicação. As regras griceanas são o que se poderia chamar de imperativos da interpretação, algo de que ninguém poderia esquivar-se, nem mesmo se assim quisesse.

A primeira máxima griceana que apresentamos é a da qualidade.

Máxima da qualidade
Tente fazer sua contribuição verdadeira.
a) Não diga o que você acredita ser falso.
b) Não diga algo sobre o que você não tem evidência adequada.

A máxima da qualidade, de um modo geral, recomenda que os interlocutores falem aquilo que acreditam ser verdadeiro. Note bem que não se trata de que os interlocutores devam falar a verdade absoluta, uma vez que a verdade das coisas é uma questão complexa. Devem falar apenas o que acreditam ser verdadeiro. Trata-se, portanto, de uma questão de crença, e não de verdade incontestável.

A máxima da qualidade está dividida em duas submáximas. A submáxima "a" revela que, como falantes, não proferimos ideias das quais discordamos. Aqui, mais uma vez, é preciso tomar cuidado para não tomar o modelo de Grice como um conjunto de leis morais. Todos sabemos que as pessoas podem mentir, ou seja, podem comprometer-se, aparentemente, com a verdade de conteúdos dos quais, intimamente, discordam. O fato é que mesmo a mentira é proferida como se fosse verdade. Seria muito estranho alguém mentir e admitir que não fala a verdade ao mesmo tempo. Ou seja, o mentiroso assume que fala a verdade sabendo que não o faz. Em um certo sentido, isso é o mesmo que reconhecer que o próprio mentiroso precisa, pelo menos de modo enganoso, assumir-se como um fiel cumpridor da submáxima "a" da qualidade.

O interessante é que não é difícil imaginar a razão pela qual nós, como seres racionais, respeitamos (ou, eventualmente, fingimos respeitar), por exemplo, uma regra que nos obriga a ser sinceros. Estamos num permanente esforço para melhorar nossas representações sobre o mundo. Uma das formas de potencializar nossos resultados é fazer inferências. Acontece que uma inferência deve, invariavelmente, partir de uma base sólida: uma ou mais premissas confiáveis. Sendo assim, como um falante poderia se beneficiar nesse processo de incremento de representações diante de um interlocutor em que não pode confiar? Como seria possível tomar suas contribuições verbais como base para inferências se elas não constituem base sólida para tanto? O fato é que, apesar das eventuais mentiras das quais podemos ser vítimas, somos dependentes da crença na verdade. Sem ela, ruiria nossa confiança na comunicação como ferramenta para o aumento de nossas representações. Além disso, é justamente nossa expectativa de verdade que nos permite colocar contra a parede os mentirosos quando os pegamos em algum deslize. Se não houvesse a expectativa de verdade, a mentira não seria uma questão a ser enfrentada.

Mas Grice não estava, com a máxima da qualidade, preocupado com as mentiras. Ele pretendia, com ela, apresentar o fundamento para algumas implicaturas que produzimos diariamente. Para isso, precisou considerar que as máximas poderiam ser violadas num nível mais superficial. Bem, agora você deve estar ficando confuso. Como assim? Primeiro se diz que as máximas são respeitadas e que esse respeito não é resultado de alguma estipulação externa, que decorre de considerações de natureza racional. Agora se diz o contrário, que as máximas podem ser violadas, desrespeitadas.

Sim. Grice previa que, num nível superficial, a primeira submáxima da qualidade poderia ser violada, o que ocorreria com as tradicionais figuras de linguagem, como metáforas, ironias e hipérboles. Veja, por exemplo, o segundo enunciado do diálogo a seguir.

(33) A: O Jorge explicou porque não veio à reunião de ontem?
B: Ah... Deu mil desculpas.

Qualquer falante proficiente entende que o interlocutor B de (33) não se deu ao trabalho de contar o número de desculpas que atribui a Jorge, tampouco que considere que sejam em número de mil. Há aqui uma evidente hipérbole, um exagero assumido, neste caso, com valor enfático. Disse o falante B, literalmente, uma inverdade? Sim. Então violou a submáxima "a" da qualidade. Mas apenas, segundo o modelo griceano, em um nível superficial. Qualquer falante proficiente seria capaz de restabelecê-la, assumindo que a máxima está sendo respeitada num nível mais profundo se considerar que aquilo que B pretende comunicar é, de fato, que Jorge exagerou nas justificativas para sua ausência na reunião referida. Ou seja, uma máxima só pode ser violada em um nível superficial, de modo a ser restabelecida em um nível mais profundo.

A segunda submáxima da qualidade costuma ser respeitada. Seu valor operacional pode ser mais bem compreendido na descrição de enunciados como o do falante B de (30), já abordado anteriormente e repetido abaixo como (34).

(34) A: Que horas são?
B: O Jornal Nacional está começando.

Supõe-se que o falante B em (34) não tenha condições de verificar a hora exata para informar a seu interlocutor A. Ou seja, se dissesse algum horário, estaria, como se costuma dizer, chutando. O fato é que, ao que tudo indica, o falante B não tem evidência adequada para informar algum horário mais preciso – ou seja, não tem como respeitar a submáxima "b" da qualidade. Sendo assim, opta por oferecer um conteúdo com cuja verdade pode se comprometer (ou seja, opta por respeitar a segunda submáxima da qualidade) e que, além disso, pode ajudar, pelo menos em parte, a satisfazer a dúvida expressa pelo falante A. Note, no entanto, que o enunciador, nesse caso, decide veicular um conteúdo a partir do qual se pode estabelecer alguma relação com a demanda expressa pelo falante A. Ao agir desse modo, está respeitando outra máxima proposta por Grice: a máxima da relação.

> **Máxima da relação**
> Seja relevante.

Repare que a máxima de relação é bastante simples. Ela apenas recomenda que, ao proferirmos nossos enunciados, o façamos sempre expressando conteúdos relevantes para a troca comunicacional em curso. O que a máxima da relação exige é simplesmente que, em nossos proferimentos, escolhamos veicular conteúdos de algum modo relacionados ao tema em curso.

Para perceber o valor da máxima da relação, experimente substituir o conteúdo do enunciado de B em (34) por outro, como "O Jornal Nacional será imperdível hoje". Agora essa resposta será parecida com aquelas proferidas pelo interlocutor B do diálogo em (32), que não era nada cooperativo. Mas em (34) é diferente, ao revelar que o Jornal está começando, o falante B espera que seu interlocutor seja capaz de tomar essa contribuição como relevante, de modo que passe a buscar seu sentido. Para isso, leva em consideração que ele próprio e o seu interlocutor são capazes de fazer uso de heurísticas para a interpretação de enunciados. Ele sabe que o falante A, ao perceber uma aparente violação da máxima da relevância, passará a buscar restabelecê-la, procurando uma relação possível entre o início do Jornal Nacional e sua pergunta. Ao fazê-lo, descobrirá que o falante B procurou indicar que um programa que vai ao ar há muitas décadas em um horário mais ou menos regular está começando, oferecendo, com isso, uma indicação imprecisa, mas possivelmente útil, do horário aproximado em que se encontram. O falante B faz sua contribuição, evidentemente, contando com duas coisas: com o conhecimento de A da existência do Jornal Nacional e de seu horário aproximado de início (*common ground*) e com a certeza de sua capacidade de estabelecer uma conexão produtiva entre seu próprio questionamento e esses conteúdos, ou seja, com a confiança em sua capacidade de acionar a máxima da relação em benefício do entendimento mútuo.

Além da máxima da qualidade e da relação, Grice propõe ainda dois outros tipos de máximas, da quantidade e do modo. Vamos considerar aqui apenas a máxima da quantidade, com suas duas submáximas, mas vamos nos permitir omitir a máxima do modo, com suas quatro submáximas. Ocorre que, como já referimos, o pensamento griceano tem passado por uma série de reformulações, todas propondo a descrição de fenômenos abordados por Grice via máxima do modo a partir da consideração das outras máximas. A máxima da quantidade, apresentada a seguir, tem vinculação muito direta com muito do que se disse até aqui sobre a tendência à maximização de informação no discurso verbal.

> Máxima da quantidade
> a) Faça com que sua contribuição seja tão informativa quanto o solicitado (para o propósito corrente da conversação).
> b) Não faça sua contribuição mais informativa do que o solicitado.

O que a máxima da quantidade requer é que o falante veicule, com seus enunciados, o máximo de informação exigida, mas não mais do que isso. Vamos explorar aqui mais a primeira submáxima, associada à produção de implicaturas muito regulares. O enunciado do falante B em (35), por exemplo, veicula uma implicatura de quantidade decorrente do respeito à primeira submáxima da quantidade.

(35) A: Quanto dinheiro você tem?
B: Eu tenho vinte reais.

Vista fora de contexto, ou seja, interpretada apenas literalmente, a sentença proferida por B expressa a ideia de que ele carrega consigo a quantia de vinte reais. Sendo assim, esse falante estaria sendo verdadeiro se tivesse vinte reais ou qualquer valor acima disso, já que quem tem trinta reais, por exemplo, tem vinte também. Como resposta no diálogo (35), no entanto, a sentença proferida por B parece querer dizer um pouco mais, ou seja, ninguém consideraria essa resposta compatível com uma situação em que o seu enunciador tivesse trinta reais. Sendo assim, embora o conteúdo semântico da sentença seja o de que seu enunciador carrega vinte reais consigo, o conteúdo comunicado é mais do que isso, pois inclui a ideia de que nada mais do que vinte reais pode ser encontrado com o falante B.

A inferência de que o falante B tem apenas (e não mais do que) vinte reais resulta da consideração da pergunta e da primeira submáxima da quantidade. A pergunta feita pelo falante A estabelece uma expectativa de quantidade de informação bastante precisa: ele quer saber a quantidade máxima de dinheiro do falante. Sendo assim, supõe-se que a resposta satisfaça essa expectativa oferecendo a informação máxima. Entretanto, contrariamente ao senso comum, a crença de que uma sentença como a proferida pelo falante B veicule invariavelmente a ideia de que seu enunciador não possua mais do que vinte reais é enganosa, como fica evidente no diálogo (36)[47].

(36) [Contexto: Dois amigos estão comprando ingressos para o cinema, que custam 20 reais.]
A: Puxa, esqueci o dinheiro em casa.
B: Pode ficar tranquilo. Eu tenho vinte reais.

Embora a última sentença proferida pelo falante B de (36) seja idêntica à proferida pelo falante B de (35), a inferência de que esse falante não possui mais do que vinte reais não surge. Acontece que agora o enunciado do falante B não precisa satisfazer uma expectativa precisa de informação relativa à quantidade de dinheiro que carrega consigo. Na verdade, não é isso que importa. Aqui, o enunciado do falante A torna evidente sua necessidade de uma certa quantia de dinheiro capaz de permitir-lhe comprar o ingresso do cinema, não criando qualquer expectativa sobre a quantidade total de dinheiro que o falante B tem na carteira. Nesse caso, a implicatura não surge. Ao contrário, como o interlocutor B também precisa de dinheiro para comprar seu ingresso, e como a intenção dos dois é assistir ao filme juntos, a ideia que fica é a de que tem pelo menos quarenta reais.

---

47. O exemplo é adaptado de Goldnadel (2016).

Inferências associadas a enunciados como o do falante B em (35) são implicaturas de quantidade escalares. Implicaturas escalares passaram a ser um tema relevante na literatura pragmática a partir do trabalho do linguista Laurence Horn[48], responsável pelo reconhecimento de que os vocabulários das línguas possuem conjuntos de itens lexicais que formam escalas de informatividade. Essas escalas são constituídas por vocábulos que pertencem a um mesmo eixo semântico (como o eixo dos numerais ordinais), ordenados por uma relação de acarretamento. Em (37) são apresentadas algumas escalas.

(37) (a) < ótimo, bom>
    (b) <amar, gostar>
    (c) <todos, alguns >

Em (37), todos os itens lexicais de cada escala pertencem a um mesmo eixo de sentido. Além disso, o termo à esquerda acarreta o termo da direita, mas o contrário não é verdade. Sendo assim, o termo à esquerda é mais informativo do que o termo à direita. Ou seja, diante da possibilidade de escolher entre um dos dois termos, é mais informativo o falante que escolher o da esquerda. Vejamos um exemplo.

(38) Pedro: Mariana, a gente já tá namorando há quase um ano. Eu queria saber o que você sente por mim.
Mariana: Eu gosto de ti.

No diálogo (38), parece clara a expectativa de Pedro. Numa escala de termos relativos ao afeto – a escala (b) de (37) –, Pedro quer saber em que ponto Mariana situa seu sentimento sobre ele. A rigor, se Mariana ama Pedro, terá dito uma verdade ao proferir seu enunciado em (38). Parece, no entanto, que esse não é o caso. O raciocínio (intuitivo) que Pedro faz – o mesmo que qualquer pessoa faria nessa situação – é o de que, se Mariana o amasse, teria usado em seu enunciado o membro mais forte da escala

---

48. Cf. Horn (2001).

(37b). O raciocínio é mais ou menos o seguinte. Mariana tem dois lexemas alternativos para referir o sentimento que tem por Pedro, *amar* e *gostar*. O item *amar* é mais informativo, portanto preferível (de acordo com a primeira submáxima da quantidade). No entanto, Mariana evitou escolher o item mais informativo. A razão para tanto deve ser seu desejo de respeitar a máxima da qualidade, aquela que exige que o enunciador diga apenas aquilo com cuja verdade se compromete. Se Mariana evitou usar *amar* por respeito à máxima da qualidade, então não considera verdadeiro o enunciado que se produziria com a inserção desse lexema no lugar de *gostar*. Portanto, Mariana não ama Pedro.

Ou seja, a implicatura do enunciado de Mariana em (38) é o que está expresso em (39).

(39) Mariana não ama Pedro.

Note que, tomando por base o processo inferencial explicitado no parágrafo anterior, a implicatura (39) resulta da ação de duas máximas: qualidade e quantidade. A rigor, Mariana quebrou a máxima da quantidade proferindo um enunciado menos informativo para respeitar a máxima da qualidade, já que esse enunciado proferido seria, entre os dois em consideração, o único que ela poderia considerar verdadeiro. Esse é um exemplo que ilustra bem o modo como as máximas griceanas formam, em seu conjunto, um sistema com uma capacidade muito boa de descrever conteúdos que derivamos inferencialmente do conteúdo literal dos enunciados com que tomamos contato.

Mas Mariana poderia ter adotado uma outra estratégia para deixar claro que não ama Pedro, como se pode ver em (40).

(40) Pedro: Mariana, a gente já tá namorando há quase um ano. Eu queria saber o que você sente por mim.

Mariana: Pedro, toda vez que a gente se vê é tão bom. Me sinto bem ao teu lado. A gente se diverte muito junto. Além do mais, admiro o teu caráter, a tua preocupação com os outros, o teu jeito amável com as pessoas. A cada dia que passa te admiro mais.

Bem, aqui a resposta de Mariana parece violar as duas submáximas da quantidade. Num certo sentido, ela deu menos informação do que Pedro esperava, noutro, parece que falou demais. A rigor, Mariana não deixou de listar sentimentos que poderiam ser tomados como característicos de uma pessoa que ama, mas é justamente essa opção de enaltecer um conjunto de qualidades de Pedro, evitando dizer de modo mais direto aquilo que ele espera, que produz a mesma sugestão do diálogo anterior: Mariana não ama Pedro. Temos aqui, portanto, um caso em que a violação de uma máxima (mais especificamente, a segunda submáxima da quantidade) tem um efeito expressivo interessante: serve como forma de atenuação do efeito que determinado conteúdo pode ter no interlocutor.

Mais recentemente, o respeito à segunda submáxima da quantidade tem sido visto como responsável por uma série de inferências bastante automáticas. Seria esse respeito que permitiria derivar a implicatura em (42) do enunciado (41).

(41) João e Maria casaram.
(42) João e Maria casaram um com o outro.

A rigor, seria possível considerar que (41) estivesse veiculando a ideia de que João casou com alguém e Maria também. Entretanto, o enunciado (41) sugere fortemente (42). Uma explicação possível seria considerar que esse sentido pragmático decorre do respeito à segunda submáxima da quantidade, que recomenda não dizer mais do que o necessário. Essa explicação, evidentemente, fica um pouco na dependência de determinar de modo mais preciso o que é necessário. O fato é que, assim, sem complementação, um enunciado como (41) sugere a interpretação mais estereotípica[49],

---

49. Sobre o papel das representações estereotípicas em uma abordagem que reelabora os princípios interpretativos propostos por Grice, leia-se Levinson (2000).

aquela que alude a uma união entre os indivíduos referidos pelos nomes próprios presentes no sintagma sujeito da sentença. Um enunciador que pretendesse veicular algo distinto deveria usar um enunciado com mais informação. Nesse tipo de abordagem[50], dizer mais do que o necessário equivale a acrescentar ao enunciado conteúdo excedente, para demover o ouvinte da disposição para realizar a interpretação estereotípica[51].

Voltando às escalas, a sua consideração permite ainda compreender um fenômeno bastante interessante nas línguas: a negação metalinguística. Para compreender o que é uma negação metalinguística, vamos considerar um novo diálogo entre Pedro e Mariana (agora com final feliz).

(43) Pedro: Mariana, a gente já tá junto há quase um ano. Eu queria saber o que você sente por mim.

Mariana: Eu não gosto de ti. Eu te amo.

Interpretados literalmente, os dois enunciados de Mariana em (43) são contraditórios. Se amar acarreta gostar, então não gostar acarreta não amar (lei da contraposição). Ou seja, ao proferir seu primeiro enunciado em (43), Mariana se compromete com a ideia de que não ama Pedro. Parece evidente que uma pessoa que não gosta não pode, ainda assim, amar alguém.

---

50. Explicações nessa direção para enunciados como (51), inspirada em Levinson (2000), encontram-se em Pires de Oliveira e Basso (2014).

51. Nunca é demais lembrar, no entanto, que a interpretação de enunciados como (51) é fortemente dependente de contexto. Dito a um amigo que sabe que João e Maria se detestam e que, além do mais, residem em países distintos, um enunciado como (51) dificilmente geraria a implicatura (52). Ou seja, além da máxima da quantidade, a interpretação de enunciados como (51) depende da consideração da máxima da relação. Evidentemente, fora de contexto, um enunciado como (51) produz a impressão de veicular (52) de modo invariável. Essa impressão não deixa de dar razão a quem defende que haja, em casos como esse, uma interpretação estereotípica. Mas isso não invalida a ideia de que a manutenção dessa interpretação está sujeita à consideração das efetivas condições em que o enunciado foi proferido. Este alerta é importante para prevenir um problema muitas vezes presente em formulações teóricas: a tendência de analisar enunciados fora de contexto, ignorando que a caracterização de uma sentença como um enunciado depende fundamentalmente da consideração de seu uso efetivo.

O curioso é que estamos acostumados a ouvir pessoas falando como Mariana em (43). Outro exemplo é (44).

> (44) [Contexto: Na casa de um amigo, depois do jantar, o convidado se pronuncia.]
> Convidado: Augusto, teu jantar não tava bom. Tava ótimo.

Você deve estar lembrando agora quantas vezes já ouviu ou proferiu enunciados similares ao que aparece em (44). São casos em que fazemos uma espécie de brincadeira com o interlocutor, primeiro dizendo algo desagradável, para, logo em seguida, sermos simpáticos. Até aí tudo bem, parece que é isso realmente que acontece. O curioso, nesse caso, é que, depois de que tudo é dito, não fica qualquer impressão de que houve alguma contradição. Afinal, literalmente, ao dizer que o jantar não estava bom, o enunciador em (44) transmitiu a ideia de que estava ruim. Como pôde, logo em seguida, afirmar uma contradição e, mesmo assim, ser tomado como um falante coerente e cooperativo?

Ah... Você deve estar pensando. É que a estratégia é essa mesmo. Mentir para, logo em seguida, desfazer a mentira. Mas se fosse assim, porque (45) não seria aceitável?

> (45) [Contexto: Na casa de um amigo, depois do jantar, o convidado se pronuncia.]
> Convidado: Augusto, teu jantar tava ruim. Tava ótimo.

Afinal, os dois enunciados de (45) são a expressão de uma contradição quase igual à de (44). O fato é que Augusto (o anfitrião), em (44), depois de ouvir o segundo enunciado, realiza uma reinterpretação do primeiro enunciado. Ou seja, ele desfaz a interpretação literal inicial e a substitui por uma interpretação afetada por considerações de ordem pragmática. Augusto entende que seu convidado, ao usar a negação no primeiro enunciado, não a estava direcionando para o conteúdo literal da sentença, mas sim para o conteúdo implícito. Vamos ver por que isso acontece a partir da análise de

(46), o enunciado constituído pela contraparte afirmativa da sentença que constitui o segundo enunciado de (44).

(46) Augusto, teu jantar tava bom.

Se o convidado da situação em consideração tivesse proferido (46), a implicatura de quantidade seria (47).

(47) O jantar de Augusto não estava ótimo.

Em (44), ao que tudo indica, a negação se dirige para esse conteúdo, e não para o conteúdo literalmente expresso pelo enunciado. Ou seja, ao dizer que o jantar de Augusto não estava bom, o que o convidado queria mesmo dizer é que qualificar como bom o jantar de Augusto seria muito pouco. Ou seja, ele está negando essa qualificação porque, em condições normais de uso, ela geraria a implicatura (47), com a qual o convidado não concorda. Tanto é assim que, em seguida, profere o enunciado cujo conteúdo literal é a contradição de (47). Portanto, ao proferir o primeiro enunciado de (44) o falante não está negando seu conteúdo literal, mas sim seu conteúdo implícito, sua implicatura, neste caso, o conteúdo em (47).

No caso analisado, então, a negação não é literal, é metalinguística. A negação metalinguística é aquela que tem escopo[52] sobre aquela parte do conteúdo que, na perspectiva griceana, não poderia ser considerada parte do dito. De acordo com Horn, a negação metalinguística pode operar sobre conteúdos de natureza diversa, como se pode perceber pelos exemplos abaixo.

(48) O copo não está **meio vazio**. Está **meio cheio**.
(49) Luiza não colocou a sua **rúbrica** no documento. Colocou a sua **rubrica**.
(50) Não foi ***impeachment***. Foi **golpe**.

---

52. Escopo, um termo muito usado em Semântica e Pragmática, é a mesma coisa que alvo. O escopo de uma negação é aquele conteúdo sobre o qual ela opera.

Em todos esses casos, o enunciador usa a negação para discordar de algum aspecto não literal do enunciado inicialmente proferido. O enunciado negativo em (48) costuma ser usado para marcar uma posição otimista diante do fato reportado. Aqui o que se nega, então, é uma atitude (pessimista) manifesta pela forma de referir os acontecimentos. Já (49) é um caso típico de uma iniciativa de correção gramatical. O falante não está discordando do conteúdo do primeiro enunciado, podendo inclusive com ele concordar. O que nega aqui é a prosódia, provavelmente adotada por seu interlocutor. Já em (50) o que a negação quer enfatizar é um desacordo político. Mesmo que o evento referido tenha sido, tecnicamente, um *impeachment*, o que o falante quer dizer é que referir-se a ele desse modo, nas circunstâncias do debate, seria atenuar a gravidade do que foi feito.

Nesta seção, você tomou contato com o conjunto de máximas proposto por Grice para descrever o modo como se produzem sentidos para além do conteúdo literal das sentenças proferidas. De um ponto de vista descritivo, o modelo proposto por Grice tem qualidades e problemas. Explanatoriamente, ou seja, visto em seus fundamentos, o modelo também pode ser questionado. A máxima da relação, por exemplo, parece um princípio ainda vago e carente de maior desenvolvimento. Assim com está proposta, dizer que derivamos sentidos porque procuramos a relevância dos enunciados não parece ser muito mais do que uma pessoa comum poderia dizer.

Não se pode esquecer, no entanto, da importância de Grice para a Pragmática, fundamentalmente pelo tipo de reflexão que ele propôs, que vem sendo aprofundado desde que suas ideias vieram a público. Sua sugestão de que um enunciado precisa ser relevante, por exemplo, tem sido explorada e ampliada por uma nova corrente de pensamento em Pragmática, a Teoria da Relevância, exposta em toda a sua abrangência em Sperber e Wilson (1995). Muitas das ideias expostas neste capítulo bebem na fonte dessa teoria, que, apesar das críticas que tem recebido, colaborou de modo decisivo para ampliar a compreensão dos processos pragmáticos na linguagem verbal. Por permitir, de certa forma, o surgimento de teorias novas baseadas em suas ideias, tanto aquelas que dele se afastam de modo significativo (como a Teoria da Relevância) quanto aquelas que procuram reafirmar o sistema de máximas com novas roupagens (propostas por Laurence Horn e Stephen Levinson[53]), Grice tem grande importância para a Pragmática.

6 *COMMON GROUND*, IMPLICATURAS GENERALIZADAS E IMPLICATURAS PARTICULARIZADAS

Na seção anterior, você tomou contato com alguns tipos de implicaturas conversacionais, conteúdos que se afastam em alguma medida do sentido literal dos enunciados proferidos. Foram apenas alguns exemplos, destinados a oferecer um quadro mais ou menos organizado do campo fenomenológico identificado por Grice e ao qual ele dedicou atenção especial. Ao debruçar-se sobre esses fenômenos, Grice percebeu que eles se dividem em dois grupos.

De um lado, há um conjunto de inferências que impressionam por sua regularidade. Integram esse conjunto as implicaturas de quantidade escalares. Um enunciado como (51), por exemplo, normalmente veicula a implicatura em (52).

(51) Alguns políticos são corruptos.

(52) Alguns políticos não são corruptos.

O conteúdo em (52), mesmo sendo associado ao enunciado (51) de modo bastante regular, não poderia ser considerado parte de seu sentido literal. Ou seja, a relação entre (51) e (52) não pode ser um acarretamento, uma relação semântica. Se (52) fosse um acarretamento de (51), estaríamos diante de um problema difícil de resolver, dado que (53) também acarreta (51).

(53) Todos políticos são corruptos.

---

53. Cf. Horn (2001) e Levinson (2000).

Ora, se (53) acarreta (51) e se (51) acarreta (52), então, dada a propriedade da transitividade da relação de acarretamento, (53) deveria acarretar (52). Mas isso não pode estar certo, porque isso implica aceitar que, ao dizer que todos os políticos são corruptos, o enunciador estaria acarretando que alguns políticos não são corruptos, algo que nenhum falante de português aceitaria. Sendo assim, a relação entre (51) e (52) não pode ser a de acarretamento.

Basta esse argumento para que vejamos que o conteúdo em (52) não é um acarretamento semântico de (51), mas sim uma inferência pragmática extremamente regular. Inferências desse tipo, que impressionam pela regularidade com que ocorrem, foram batizadas por Grice de implicaturas conversacionais generalizadas. Elas são inferência muito regulares, mas, mesmo assim, podem ser canceladas ou, o que é mais interessante, podem nem mesmo surgir em determinados contextos. Vejamos um acaso desses de anulação pelo contexto, que nos dará a oportunidade de refletir sobre um conceito muito importante em Pragmática (e já usado de modo intuitivo nas seções anteriores): o conceito de *common ground*.

> (54) [Contexto: Pai e filho estão no zoológico. O pai sabe que o maior desejo do filho é conhecer os esquilos e que, num dia frio como aquele, é provável que eles estejam dentro da toca, escondidos. Chegando um pouco antes que o filho à frente da jaula dos esquilos, o pai percebe que há alguns esquilos fora da toca e profere o enunciado a seguir.
> Pai: Alguns esquilos saíram da toca.

A questão que se impõe aqui é a seguinte: Com seu enunciado, o pai veicula a implicatura de que alguns esquilos estão dentro da toca? A resposta é não.

Mas, então, qual seria a diferença entre esse caso e o dos políticos? A diferença é que no primeiro caso, supõe-se que o enunciador esteja falando de um conjunto de políticos que integra o conjunto maior de todos os políticos que ele conhece. Nesse caso, a resistência de usar o item escalar *todos* indica a rejeição do enunciador à proposição que resultaria de sua utilização no lugar do item *alguns*, revelando relutância em admitir que a qualificação de desonesto se estenda a todos os membros do grupo.

Já no caso do zoológico, considera-se que o enunciador, o pai da criança ansiosa por conhecer os esquilos, não tem conhecimento da quantidade total de esquilos do zoológico. Ao dizer que alguns estão fora da toca, o pai limitou-se a proferir o único enunciado com que poderia se comprometer, dado que, por não ter conhecimento da quantidade de esquilos do zoológico, jamais poderia dizer que todos os esquilos estavam fora da toca. O que um exemplo como esse mostra é que também para a produção e implicaturas generalizadas, ou seja, implicaturas que parecem indissociáveis dos enunciados que as geram, é necessário avaliar o papel do contexto.

Mas o exemplo nos dá ainda outra lição importantíssima. A maior parte das implicaturas conversacionais conta, para a sua geração, com a presença de conteúdos pertencentes ao que se convencionou chamar de *common ground*[54], o conjunto dos conhecimentos mutuamente compartilhados pelos interlocutores. No caso dos políticos, integra o *common ground* o conteúdo de que o enunciador está emitindo uma opinião sobre todos os políticos de que tem conhecimento. Nesse caso, evitar dizer *todos* é comprometer-se com a ideia de que alguns não. No caso dos esquilos, o número total de animais abrigados pelo zoológico não é compartilhado entre pai e filho. Nesse caso, evitar dizer *todos* **não** é comprometer-se com a ideia de que alguns não.

O fato é que, na vida normal, não proferimos enunciados soltos, desconectados de conteúdos presentes no que estamos chamando de *common ground*. Na prática, quando interagimos pela comunicação, estamos imersos em situações a partir das quais acessamos conteúdos dos mais diversos tipos

---

54. O conceito de *common ground* é apresentado aqui de um modo bastante simplificado. Por falta de espaço, não será explorado o caráter de mutualidade exigido para que um conteúdo integre o *common ground*. Além disso, não serão discutidas as críticas e questões associadas a esse conceito. O leitor interessado nos problemas relacionados ao conceito encontra em Sperber e Wilson (1985) uma boa discussão.

(todos pertencentes ao estoque do *common ground*), a fim de realizarmos as inferências pragmáticas esperadas. De um modo geral, há duas fontes amplas de conteúdos que podem integrar o conjunto de conhecimentos mutuamente compartilhados pelos interlocutores. Uma delas é a via sensorial, responsável por tornar disponível a nosso processamento cognitivo sons, imagens, odores, sabores, experiências táteis. Outra é a memória. Em nossa memória, encontram-se conteúdos assimilados em um passado mais remoto ou durante a troca conversacional, entre eles, os próprios enunciados previamente proferidos e as inferências por eles produzidas. Todos esses conteúdos podem combinar-se com aquele veiculado por uma sentença proferida para produzir sentidos mais específicos, como bem ilustra o diálogo (55).

(55) Chefe: Pessoal, gostaria de marcar uma reunião de avaliação de resultados para a próxima sexta.
Funcionário: A próxima sexta é dia sete de setembro.

Brasileiros cientes de que o dia sete de setembro é um feriado nacional não teriam dificuldade de compreender o sentido do enunciado proferido pelo funcionário em (55). Nessa situação, é evidente que seu proferimento pretende alertar para a impossibilidade da reunião convocada, tendo em vista o que se sabe sobre a suspensão de atividades profissionais em feriados. Basta saber, portanto, que o dia sete de setembro é um feriado para inferir o sentido pretendido pelo funcionário. Essa implicatura, no entanto, não está vinculada necessariamente ao conteúdo da sentença proferida; ela resulta da combinação do significado da sentença, do conhecimento de mundo dos interlocutores (neste caso, a ideia de que sete de setembro é feriado) e do conteúdo do enunciado previamente proferido. Em uma situação distinta, como (56), o enunciado com o mesmo conteúdo sentencial do proferido pelo funcionário em (55) produz um inferência totalmente distinta.

(56) Pai: Pessoal, eu queria tanto passar uns dias na praia antes das férias, mas sair no sábado e voltar no domingo é tão cansativo.
Filho: A próxima sexta é dia sete de setembro.

Nessa nova situação, estamos diante de outro enunciado da mesma sentença antes considerada. Nesta circunstância, no entanto, o sentido é bem diverso. O filho, ao proferir seu enunciado, está sugerindo que o próximo fim de semana seria o momento ideal para que o pai satisfizesse seu desejo de passar alguns dias na praia. Aqui, ao que tudo indica, mantêm-se intactos o sentido mais elementar da sentença e o conteúdo a ela associado de que não haverá trabalho na sexta. O que muda é o conteúdo do enunciado prévio, alteração suficiente para produzir sentidos pragmáticos distintos. Enquanto a alusão ao feriado na sexta é motivo para repensar a data para a reunião em (55), é estímulo para ir à praia em (56).

Casos como (55) e (56) ilustram o que Grice chamou de implicaturas particularizadas. O exemplo típico de implicaturas particularizadas são aquelas geradas pelo respeito à máxima da relação, conteúdos idiossincráticos altamente dependentes de elementos contextuais para a sua produção. Implicaturas particularizadas, diferentemente das generalizadas, costumam depender de modo decisivo de elementos do *common ground*. Para ter uma dimensão dessa dependência, compare, por exemplo, o sentido do enunciado dos falantes B em (57) e (58).

(57) A: Estou pensando em oferecer um churrasco para o professor que está vindo para proferir a conferência.
B: Ele é hinduísta.

(58) A: Meu irmão encontrou o carro todo amassado ao sair do trabalho.
B: Ele deve estar furioso.
A: Ele é hinduísta.

Enquanto em (57) o falante B pretende alertar para a gafe que seria receber com um churrasco um adepto do hinduísmo (religião que considera a vaca um animal sagrado), em (58) o falante A pretende veicular a ideia de que seu irmão encarou sua desdita com menos raiva do que supõe seu interlocutor. Aqui, no entanto, a alusão ao hinduísmo estimula buscar na memória, em cada caso, conteúdos distintos. Enquanto o enunciado em

(57) conta com o acesso na memória de conteúdos relacionados aos hábitos alimentares de adeptos do hinduísmo, em (58) conta com o acesso a conteúdos relacionados às características comportamentais, relativas ao modo de encarar os fatos, desses mesmos indivíduos. Ou seja, em cada uma das trocas conversacionais consideradas, o ouvinte sentiu-se estimulado a abastecer o processo inferencial responsável pela produção de sentidos específicos com conteúdos distintos presentes no *common ground*.

Se tivéssemos tempo e energia, e uma boa quantidade de informações sobre o hinduísmo, poderíamos passar o resto de nossos dias imaginando situações em que a sentença "Ele é hinduísta" assumiria sentido particular distinto de todos os outros imaginados. Para tanto, bastaria manipular duas variáveis: os enunciados precedentes e os conteúdos associados ao hinduísmo (hábitos alimentares, convicções filosóficas, história da religião, líderes conhecidos etc.). Há casos, no entanto, que mais do que conteúdo armazenado na memória, torna-se necessário considerar conteúdo sensorialmente apreendido para compreender o sentido de um enunciado, como em (59).

(59) [Contexto: Já na hora de uma visita ir embora, todos ouvem um barulho de chuva intensa. O bairro em que estão costuma alagar em poucos minutos, impedindo qualquer tentativa de deslocamento.]
Visita: Vocês têm uma cama sobrando?

O enunciado (59), proferido pela visita, não faria muito sentido se aos interlocutores não se impusesse um barulho de chuva intensa. É a informação de que chove muito, percebida sensorialmente pela audição, combinada com o que sabem os interlocutores sobre o sistema de escoamento de água do bairro, que permite concluir que a pergunta da visita soa como um pedido de abrigo. Não seria esse o mesmo sentido se o diálogo em que aparecesse a sentença versasse sobre uma eventual dificuldade do enunciador de mobiliar sua casa nova, caso em que a pergunta soaria mais como um pedido de outro tipo.

Exemplos como esses servem para evidenciar que, diante da tarefa de interpretar um enunciado, buscamos, em um esforço inferencial, conteúdos adicionais, necessários à compreensão dos sentidos mais específicos pretendidos pelos falantes. Diante de um estímulo linguístico, portanto, partimos em busca de conteúdos "úteis" à interpretação. Esses conteúdos integram um estoque virtualmente infinito. Só o ambiente físico que nos envolve apresenta uma quantidade astronômica de informações sensorialmente acessíveis. Se acrescentarmos a isso os conteúdos (em nossa memória) que compartilhamos com nossos interlocutores, também em quantidade absurda, podemos ter uma ideia da magnitude do estoque que temos a nossa disposição para interpretar os enunciados com que nos deparamos a todo momento.

Contamos, para a interpretação de nossos enunciados, então, com a possibilidade de acesso de nossos interlocutores a certos conteúdos. Apesar da exclusão desse conjunto de certos conteúdos que não compartilhamos, aqueles que restam constituem ainda um estoque absurdamente grande. Tecnicamente, esse estoque de conteúdos que supomos compartilhar com nossos interlocutores consiste no *common ground* da situação de comunicação. O *common ground* constitui, então, um vasto conjunto de conteúdos que funciona como uma espécie de lastro da comunicação, disponível para ser usado pelos falantes nos processos inferenciais responsáveis pela produção de sentidos a partir dos estímulos linguísticos processados.

Evidentemente, cada enunciado precisa, para seu processamento ótimo, de apenas uma porção muito pequena de conteúdos pertencentes ao *common ground*. Se você parar para pensar em cada um dos exemplos apresentados nesta seção, vai perceber que, numa simulação realista, deve-se considerar que existam muito mais conteúdos compartilhados entre os interlocutores que aqueles efetivamente usados para a atribuição dos sentidos aos enunciados analisados. Ou seja, entre a quantidade astronômica de conteúdos que integram o *common ground*, os interlocutores pareceram competentes para identificar especificamente aqueles capazes de produzir algum sentido interessante. Esse punhado de conteúdos efetivamente acessados para a produção de sentido é, tecnicamente, o *contexto* do enunciado.

O *contexto*, portanto, é aquele pequeno conjunto de conteúdos que, extraídos do *common ground*, serve à interpretação do enunciado. Não é por outra razão que se diz que um enunciado só assume sentido pleno depois de contextualizado. Com isso, o que se quer dizer é que um enunciado linguístico só realiza todo o seu potencial comunicativo quando, na situação efetiva de interlocução em que ocorre, interage com outros conteúdos para produzir as inferências pretendidas. Buscamos esses conteúdos – que, como agora sabemos, integram o *common ground* – em duas fontes principais: no ambiente (através de nossos órgãos sensoriais e, é claro, de todo o complexo perceptivo que os acompanha) e na memória.

Por fim, vale sublinhar que, embora a quantidade de conteúdos que integram o *common ground* seja realmente muito grande, somos dotados de uma extraordinária capacidade de identificar quais são aqueles realmente necessários à interpretação dos enunciados que processamos. Via de regra, diante das inúmeras escolhas possíveis, interlocutores parecem optar por caminhos inferenciais semelhantes, capazes de produzir efeitos interpretativos que impressionam pela regularidade. Essa regularidade é tão expressiva que chega a passar despercebida, fazendo-nos supor ingenuamente que transmitimos conteúdos somente a partir da decodificação. O que de fato acontece, no entanto, é que, devido aos mecanismos cognitivos que compartilhamos[55], fazemos inferências similares, produzidas a partir da busca de conteúdos idênticos no estoque que o *common ground* coloca a nossa disposição.

7 CONCLUSÃO

Todos sabemos o quão rica e complexa é a linguagem verbal. Quem se empenha em aprender uma nova língua, por exemplo, percebe o quanto é preciso aprender, esforçando-se por dominar fonologia, morfologia, léxico

---

55. O leitor interessado em refletir sobre a interpretação linguística como resultado de princípios cognitivos mais gerais encontra em Sperber e Wilson (1986) uma proposta que vale a pena considerar.

e sintaxe novos. Nenhum curso de línguas usa seu tempo, contudo, para explicar muito detalhadamente os mecanismos inferenciais da linguagem. É que isso não é necessário. Diferentemente dos outros aspectos envolvidos no uso da linguagem verbal, os aspectos pragmáticos não necessitam de aprendizado explícito[56]. Depois de ter proficiência em sua língua materna, o falante já tem proficiência pragmática em qualquer língua. Talvez seja por isso mesmo que as complexas habilidades inferenciais envolvidas na interpretação de enunciados costumam passar despercebidas pelos falantes.

É preciso reconhecer, no entanto, que em torno de cada enunciado orbitam diversos sentidos, alguns mais, outros menos evidentes. Percebe-se, portanto, que um enunciado consiste em uma constelação de sentidos, sempre mais ricos quando considerados em seus contextos efetivos de produção. Sendo assim, mais correto que perguntar qual o sentido de um enunciado seria perguntar quais os sentidos (no plural). Como vimos, muitos deles são produzidos inferencialmente, mas de modo tão automático que, mal atingindo o nível da consciência, chegam a ser considerados literais. Outros são imediatamente percebidos como não literais, mas com um conteúdo mais ou menos objetivo (como quando alguém recusa uma oferta de café à noite alegando ter de acordar cedo no outro dia). Há ainda alguns mais sutis, cujo reconhecimento depende da identificação de intenções mais profundas, algumas de caráter interacional mais amplo (como os desejos e objetivos dos interlocutores). Há ainda sentidos especialmente sutis, não tratados neste capítulo, decorrentes da adjacência entre enunciados ou de sua relação com elementos compartilhados culturalmente, comuns em textos mais elaborados, como os poéticos ou os argumentativos.

O fato é que a linguagem verbal tem seu potencial expressivo, decorrente da riqueza de seu vocabulário e da complexidade de sua sintaxe, exponencialmente ampliado pela capacidade inferencial de quem a utiliza.

---

56. Há, evidentemente, aspectos pragmáticos mais ritualizados, que podem, e devem, ser ensinados em cursos de língua, como, p. ex., as formas adequadas de realizar convites, de agradecer etc.

Somos capazes não apenas de dizer frases que nunca ouvimos, mas ainda de dizer uma mesma frase inúmeras vezes com sentidos distintos. Somos especialmente dotados com habilidades inferenciais que nos permitem, a partir da busca no *input* sensorial e na memória e do reconhecimento de intenções, supor conteúdos que extrapolam em grande medida aquilo que é linguisticamente codificado.

Embora haja muito a descobrir ainda sobre essa habilidade, o que já se sabe sobre ela permite prever um futuro próspero para a Pragmática, área da Linguística que se dedica a compreender os fenômenos de sentido que, para sua compreensão, precisam de elementos que excedem em grande medida aquilo que nos colocam à disposição as análises puramente gramaticais. A pretensão deste capítulo foi a de realizar uma (entre tantas possíveis) apresentação dessa área do saber a partir de exemplos e de formulações teóricas. Em função da limitação de espaço, muitos fenômenos não puderam ser apreciados. Mesmo assim, a expectativa foi a de oferecer ao público um panorama capaz de esclarecer algumas questões centrais, de motivar uma reflexão mais aprofundada e, quem sabe, de estimular uma maior adesão de futuros pesquisadores ao fascinante estudo dos processos de produção de sentido em linguagem verbal.

8 EXERCÍCIOS

1) Que conceito não domina uma pessoa que separe como representativas da sentença (16) apenas imagens em que um cachorro está na cozinha? **(seção 3.1)**

2) Que elementos formais da sentença exercem algum papel na determinação da proposição expressa pelo enunciado? Como esses elementos interagem com aspectos extralinguísticos na determinação da proposição? **(seção 3.2)**

3) Qual o conjunto de mundos possíveis maior: Aquele em que é verdadeira a sentença ou aquele em que é verdadeira a proposição "O gato derrubou o vaso"? **(seção 3.3)**

4) Um dos hábitos do Rio Grande do Sul é o consumo de chimarrão, um chá servido em uma cuia que costuma passar de mão em mão em uma roda de amigos. Considere o enunciado "Eu ainda não tomei chimarrão" nas seguintes situações. **(seção 3.3)**

   a) Proferido por uma pessoa que está vendo o chimarrão ser servido pela segunda vez a uma pessoa em uma roda de amigos.

   b) Proferido por um turista que ainda está conhecendo os costumes do Rio Grande do Sul.

Em cada caso, a expressão *ainda* colabora para o mesmo tipo de especificação de intervalo temporal? Se a resposta for negativa, procure identificar as razões.

5) Considere o diálogo abaixo e responda às perguntas. **(seção 4)**

   A: Posso entrar, vizinho?

   B: O pitbull tá solto.

   a) O que o enunciador B quis dizer com sua resposta?
   b) Que conteúdos pertencentes ao *common ground* foram buscados para configurar o contexto que auxilia na produção do sentido identificado na resposta anterior?

6) Leia a piada abaixo e depois faça o que se pede. **(seção 5)**
   Um rapaz estava passando na rua e viu um doido subindo em um poste. Consumido pela curiosidade, ele decidiu perguntar.

   – Por que você está subindo nesse poste.

   O doido respondeu.

   – Vou comer goiaba.

   O rapaz, indignado, questiona.

– Mas isso é um poste, não um pé de goiaba.

E o doido responde.

– A goiaba está no meu bolso, é minha, e eu como onde quiser.

Tente explicar, com base na consideração do papel de *frames* cognitivos na interpretação, por que a piada é engraçada.

7) Identifique o sentido implícito nos enunciados sublinhados dos diálogos abaixo e procure descrever o modo como são produzidos usando o modelo proposto por Grice. (**seção 6**)

    a) A: A Maria está em casa?

        B: Tem luz acesa no apartamento dela.

    b) A: Como foi a reunião.

        B: Alguns gerentes compareceram.

    c) A: Como estão Carla e Moacir?

        B: Cansados. Os dois carregaram um piano.

9 SUGESTÕES DE LEITURA

A apresentação em um só capítulo de um campo da Linguística como o da Pragmática, que se debruça sobre um espectro tão amplo de fenômenos cuja compreensão já conta com tantas contribuições de relevo, precisa enfrentar o desafio de combinar amplitude e profundidade. A opção aqui foi reduzir um pouco a amplitude – escolhendo apenas parte dos fenômenos para abordar – a fim de possibilitar uma reflexão um pouco mais demorada sobre processos de produção de sentido não literais. A rigor, este capítulo tratou de modo muito sumário a dêixis temporal e pessoal e as restrições de domínios de quantificação, com o objetivo principal de chamar a atenção para a produção de sentidos muito elementares a partir do uso de sentenças e para a importante distinção entre sentença, enunciado e proposição. A partir daí, o foco foi a apresentação de fenômenos de sentido comumente chamados de implicaturas conversacionais. As sugestões de leitura aqui apresentadas refletem essas escolhas, de modo que o leitor encontra nelas um roteiro inicial, indicativo dos primeiros passos para um primeiro aprofundamento das questões aqui abordadas.

Para conhecer o debate acerca da natureza de processos bastante elementares, como a saturação de pronomes, a determinação de domínios temporais, a restrição de domínios quantificacionais, a determinação de domínios apropriados para a interpretação de descrições definidas, uma excelente leitura é Recanati (2004). O livro apresenta, de modo muito didático, as diversas posições que se confrontam no debate sobre a produção de sentidos muito próximos do significado literal, como, por exemplo, a restrição de domínio temporal que se produz de modo automático a partir de um enunciado como "Eu já tomei café". Ainda sobre o mesmo assunto vale ler Carston (2002), em que se pode tomar contato com o modo como a Teoria da Relevância encara o tema, em uma abordagem que redimensiona vários dos fenômenos classicamente abordados.

Para o leitor interessado em compreender melhor o conceito de *frame* e seu papel na interpretação, recomenda-se a leitura de Fillmore (1982), artigo originalmente publicado em *Linguistics in the morning calm*, livro de 1982 da Sociedade Linguística da Coreia, republicado no livro *Cognitive Linguistics: Basic Readings*, de 2006. O mesmo artigo pode ser lido em português no número 25 da revista *Cadernos de Tradução*, publicada pelo Instituto de Letras da Universidade Federal do Rio Grande do Sul. No artigo, Fillmore explica o conceito de *frame* semântico e apresenta uma série de fenômenos de interpretação cuja explicação depende de seu reconhecimento.

Para tomar contato com implicaturas, ainda hoje a obra introdutória mais abrangente e didática é o livro *Pragmatics*, de Stephen Levinson. Embora a publicação original date de 1983, a obra continua sendo uma bela introdução a vários tópicos da Pragmática, entre eles, o da implicatura. Isso porque o autor alia uma exposição didática das questões abordadas a considerações de caráter histórico, situando o leitor no debate sobre os temas que explora. Há uma versão do livro em português, mas o leitor precisa tomar cuidado, porque o capítulo sobre implicaturas tem alguns erros de tradução. Depois de ler Levinson, os mais interessados podem aventurar-se na leitura de Grice. De toda a sua produção, os textos do autor mais importantes para a Pragmática são *Logic and conversation*, *Further notes on logic and conversation* e *Meaning*. Todos esses textos podem ser encontrados na coletânea *Studies in the way of words*, uma publicação de 1991 da Universidade de Harvard. É possível que algumas partes desses textos sejam um pouco enigmáticas para o leitor ainda não iniciado, mas todo aquele que desejar seguir na área deve, já no início de seus estudos, ler esses artigos. A razão é que muitas das ideias de Grice inicialmente menos digeríveis vão ganhando sentido à medida que se avança nos estudos em Pragmática. Sempre é possível retornar aos textos daquele que pode ser considerado um dos fundadores da disciplina e perceber que certas reflexões estavam desde sempre ali, esperando algum amadurecimento intelectual para ganhar algum sentido.

O leitor interessado em acompanhar o modo como o pensamento griceano foi sendo reformulado por autores empenhados em aprimorar o modelo original conta com o trabalho de dois pesquisadores bastante influentes. Em Horn (1984) encontra uma interessante redução de todas as máximas griceanas a dois princípios mais gerais. Outra releitura do modelo de Grice pode ser encontrada em Levinson (2000), obra em que o autor reformula as heurísticas griceanas amparado na ideia de que são, na verdade, a expressão de modos de operar que caracterizam a cognição humana. Uma obra recente em português, o livro *Arquitetura da conversação: teoria das implicaturas*, de autoria de Roberta Pires de Oliveira e Renato Miguel Basso, é outra indicação bastante útil para quem quer compreender melhor o pensamento griceano. Trata-se de um livro relevante não apenas por expor de modo didático a Teoria das Implicaturas, mas ainda por explorar, na terceira e quarta parte, tópicos bastante recentes da discussão em Pragmática.

Por fim, não se pode deixar de mencionar o livro *Relevance: Communication and Cognition*, de Dan Sperber e Deirdre Wilson. A obra, que tem recebido elogios e críticas igualmente fortes, merece ser reconhecida por representar uma tentativa articulada de superar o que talvez seja a maior limitação do modelo griceano: a explicação do processo subjacente à produção de implicaturas de relação. Em seu empreendimento teórico, os autores assumem um princípio cognitivo geral de relevância como a força motriz para a geração de explicaturas (mais ou menos o que, na perspectiva griceana, estaria incluído no dito) e implicaturas. Essa redução explanatória radical conta com uma fundamentação de base cognitiva que vale a pena considerar, uma vez que estimula a reflexão acerca de uma série de aspectos envolvidos na interpretação de enunciados.

**Parte III
ENUNCIAÇÃO**

Capítulo 3

Teoria da Enunciação

VALDIR DO NASCIMENTO FLORES

1 INTRODUÇÃO

Este capítulo apresenta uma possibilidade de interpretação da Teoria Enunciativa do linguista Émile Benveniste (1902-1976). Trata-se de uma apresentação que tem propósito didático e que busca subsidiar análises iniciais em diferentes *corpora* da Língua Portuguesa.

Reiteramos tratar-se de uma interpretação o que mostramos a seguir, porque Émile Benveniste não propôs, propriamente, um modelo da análise enunciativa da linguagem em que se explicitam categorias, método e procedimentos. Apesar de o linguista ser reconhecido como um dos maiores expoentes do estudo enunciativo – talvez até seu principal criador – não podemos dizer, com convicção, que Benveniste tenha desenvolvido um método da análise enunciativa.

Em cada texto em que Benveniste aborda a enunciação, encontramos possibilidades diferentes de encaminhamento metodológico. Essa é, sem dúvida, a principal dificuldade que encontra o jovem pesquisador, quando pretende depurar das ideias de Benveniste um método de análise.

Em função dessa situação singular do pensamento do autor acerca da enunciação, este capítulo está estruturado em duas grandes partes: *Noções gerais*, em que são apresentadas as questões mais amplas cuja função é instrumentalizar a leitura dos textos que servem de fonte à Teoria Enunciativa de Benveniste; *Noções operacionais*, em que são propostos categorias e procedimentos de análise, incluindo o item *Análises da enunciação*, em que são dados alguns exemplos de análises enunciativas que, em nossa opinião, subsidiam a resolução dos *Exercícios*, colocados ao final do capítulo.

2 NOÇÕES GERAIS

2.1 Um percurso de leitura da Teoria Enunciativa, de Émile Benveniste

Normalmente, atribui-se ao linguista sírio, naturalizado francês, Émile Benveniste, a paternidade dos estudos enunciativos, ou do que se convencionou chamar Teoria da Enunciação. Tal atribuição, mesmo que não possa ser considerada, em tese, errada, simplifica demasiadamente o contexto de surgimento dos estudos acerca da enunciação na linguística do século XX.

Em primeiro lugar, é preciso considerar que, na verdade, Benveniste jamais utilizou a expressão "Teoria da Enunciação" para nomear seus estudos. Em um texto de 1969, "Semiologia da língua", ele utiliza a expressão "semântica da enunciação", o que já é um indicativo importante do entendimento que Benveniste tinha acerca de seus estudos enunciativos.

Em segundo lugar, é preciso compreender que a dita "Teoria da Enunciação" de Benveniste não é, propriamente falando, uma teoria, no sentido que se atribui à palavra "teoria" na história da ciência contemporânea. Ou seja, não se pode dizer que Benveniste tenha feito um estudo metódico, organizado, sistemático, de caráter hipotético e sintético da enunciação.

Na realidade, Benveniste publicou, entre os anos de 1930 e 1970, um conjunto de artigos que propõem, juntos, um modo de ver a linguagem que poderia inspirar uma "teoria" de estudo da enunciação, no sentido amplo da palavra. Esses textos estão reunidos nos dois volumes de *Proble-*

mas de linguística geral[57] – o primeiro publicado em 1966 e o segundo, em 1974, ambos na França – na segunda parte, intitulada "A comunicação", e na quinta parte, intitulada "O homem na língua". Em outras palavras, a "Teoria da Enunciação" de Benveniste é mais uma consequência *a posteriori* da leitura da reunião dos artigos nos livros do que propriamente de uma atitude deliberada de Benveniste de fazer uma teoria.

Esse ponto é muito importante para compreender o pensamento de Benveniste: quando lemos os *Problemas de linguística geral* como se fossem livros cujos capítulos são escritos sincronicamente, muitos problemas de interpretação se apresentam ao leitor desavisado.

Por exemplo, é fácil encontrar nos artigos termos que, apesar de idênticos do ponto de vista da expressão, são completamente distintos quanto ao seu significado (uso homonímico). Há, também, termos que são diferentes do ponto de vista da expressão, mas que dizem respeito ao mesmo conceito (uso sinonímico). Há, ainda, termos que adquirem nuança de sentido em diferentes momentos de reflexão do autor (uso polissêmico). Tais relações conceituais podem ser encontradas comparando alguns textos entre si e mesmo dentro um único texto[58].

Em resumo, cada texto de Benveniste tem uma lógica própria, uma rede específica de conceitos, uma terminologia singular, além de propor uma análise dos fatos linguísticos que não necessariamente se repete em outros artigos. Na verdade, não podemos ler os artigos que integram os *Problemas de linguística geral* como se fossem contemporâneos um do outro: há uma diacronia entre os textos que deve ser respeitada.

Daremos dois exemplos aqui. O primeiro vem do célebre artigo "O aparelho formal da enunciação", publicado originalmente em 1970. Nele,

---

57. Utiliza-se, para favorecer ao leitor o acesso a maiores informações, as versões brasileiras dos dois volumes de *Problemas de linguística geral* (cf. Bibliografia). No entanto, sempre que necessário, recorreu-se às edições francesas.

58. Uma análise detalhada dessas relações terminológicas e conceituais pode ser encontrada em FLORES, V.N. *Introdução à Teoria Enunciativa de Benveniste*. São Paulo: Parábola, 2013a.

Benveniste propõe diversas concepções de "enunciação" que, embora não se oponham entre si, circunscrevem aspectos diferentes do fenômeno. No início do artigo, aparece a definição mais famosa: "a enunciação é este colocar em funcionamento a língua por um **ato** individual de utilização" (BENVENISTE, 1989, p. 82, grifo nosso). Logo em seguida, ele afirma: "o que em geral caracteriza a enunciação é a *acentuação da relação discursiva com o parceiro*" (BENVENISTE, 1989, p. 87, grifos do autor). Ora, é evidente que há, nessas duas ocorrências do termo "enunciação", a delimitação de dois aspectos do fenômeno: a enunciação como *ato* e a enunciação como *diálogo*. Observe-se que não são aspectos que se opõem, mas também não são inteiramente sinônimos. Dizer que a enunciação é *um ato individual de utilização da língua* não é o mesmo que dizer que a enunciação é uma *relação discursiva com o parceiro*. No primeiro caso, a ênfase da definição recai sobre o locutor; no segundo, sobre os interlocutores.

Um último exemplo ilustrativo encontra-se, ainda, em "A natureza dos pronomes", texto publicado originalmente em 1956. Nele, Benveniste assim define o termo "instâncias do discurso": "**atos** discretos e cada vez únicos pelos quais a língua é atualizada em palavra pelo locutor" (BENVENISTE, 1988, p. 277, grifo nosso). Observe-se que essa definição de 1956 de "instâncias de discursos" é praticamente igual à de "enunciação" em 1970. Em ambas há a noção de ato de utilização.

Então, frente a essa flutuação terminológica e conceitual, como proceder para ler Benveniste? Cremos que o mais adequado é o leitor adotar as seguintes medidas:

a) dar prioridade a uma leitura que respeite a lógica interna de cada texto. Com isso, ficam resguardadas as especificidades conceituais e terminológicas de cada texto;

b) levar em conta a diacronia do pensamento de Benveniste. Assim, são preservadas as alterações conceituais perceptíveis no decorrer da obra;

c) evitar fazer comparações entre textos. No máximo, há aproximações de temas entre os artigos.

Além desses cuidados, cabe ao estudioso da Teoria Enunciativa de Benveniste selecionar uma espécie de *corpus textual de pesquisa*, quer dizer, um conjunto de textos que, por proximidade teórica, podem subsidiar as análises a serem feitas.

Sobre esse último ponto, vale uma consideração. Em Flores (2013a), é proposto que a Teoria Enunciativa de Benveniste seja vista a partir de três momentos temáticos: o momento da elaboração da distinção pessoa/não pessoa; o momento da distinção semiótico/semântico e, finalmente, o momento da elaboração da noção de "aparelho formal da enunciação". A cada um desses momentos corresponderia, ainda conforme Flores (2013a), um conjunto de textos publicados em *Problemas de linguística geral*, assim distribuídos:

a) 1º momento – pessoa/não pessoa: "Estrutura das relações de pessoa no verbo" (1946), "A natureza dos pronomes" (1956), "Da subjetividade na linguagem" (1958), "As relações de tempo no verbo francês" (1959), "A linguagem e a experiência humana" (1965), "O antônimo e o pronome em francês moderno" (1965) e "Estrutura da língua e estrutura da sociedade" (1968);

b) 2º momento – semiótico/semântico: "Os níveis da análise linguística" (1962/1964), "A forma e o sentido na linguagem" (1966/1967) e "Semiologia da língua" (1969);

c) 3º momento – aparelho formal da enunciação: "O aparelho formal da enunciação" (1970).

Sobre essa sugestão de encaminhamento de leitura, importa fazer mais um comentário: não se trata de tomar esses momentos nem como "fases" da teoria em que haveria uma superação entre elas, nem como blocos estanques sem relações entre si. Trata-se apenas de um método de leitura de um conjunto de textos que, tomados aleatoriamente, podem, dada a heterogeneidade que os caracteriza, mais confundir do que apresentar um pensamento que é, em sua origem, complexo.

2.2 O tratamento do sentido

Quando se está estudando a Teoria Enunciativa de Benveniste, é importante ter em mente dois pontos: a) ela não é algo separável da teoria da linguagem de Benveniste; b) ela não é uma semântica, no sentido estrito da palavra, embora sua análise priorize o sentido. Vamos explicar cada um desses pontos.

Em primeiro lugar, é preciso reconhecer que a teoria da enunciação de Benveniste é apenas uma parte do que poderíamos chamar de a "teoria da linguagem de Benveniste". Esta, por sua vez, compreende os trabalhos presentes nos *Problemas de linguística geral* e os demais produzidos pelo linguista[59], incluindo aí os ligados à linguística comparativa, às reflexões sobre literatura, à cultura etc. A teoria da enunciação é uma parte dessa reflexão, talvez uma parte de grande importância, mas não a única.

Em linhas gerais, o que caracteriza a teoria da linguagem de Benveniste é uma espécie de tríade epistemológica que funda uma antropologia da linguagem: homem, linguagem e cultura. Essa tríade é mobilizada em todas as análises que ele faz da linguagem, sejam as comparativistas, sejam as de linguística geral, sejam as da enunciação[60]. Benveniste chega a usar a expressão "homem na língua" para nomear a quinta parte dos *Problemas de linguística geral*, título este que pode ser estendido ao conjunto de sua obra. Para Benveniste, há inúmeras possibilidades de "presenças" do *homem na língua*, e essas "presenças", juntas, configuram uma antropologia da linguagem.

Em segundo lugar, é preciso compreender que, de um lado, é correto dizer que a teoria da enunciação faz uma análise do sentido da linguagem,

---

59. O conjunto da obra é formado por cerca de 18 livros, quase 300 artigos, mais de 300 resenhas e 34 comunicações, entre outras publicações (cf. DJAFAR, M.M. *Bibliographie des travaux d'Emile Benveniste*. In: *Mélanges linguistiques offerts à Émile Benveniste* Lovaina: Peeters. (Collection Linguistique publiée par la Société de Linguistique de Paris LXX, 1975). Há também um grande número de manuscritos. Cf. "Fonds Émile Benveniste" apresentado por Emilie Brunet em http://www.item.ens.fr/index.php?id=200861. Cf. tb. "Anexo 2 – Os papéis de Émile Benveniste". In: BENVENISTE, É. *Últimas aulas no Collège de France (1968 e 1969)*. São Paulo: Unesp, 2014 [Trad. Daniel Costa da Silva et al. Ed. estabelecida por Jean-Claude Coquet e Irène Fenoglio].

60. Para um exemplo dessa reflexão, no campo enunciativo, no Brasil, cf.: TEIXEIRA, M.L. "O estudo dos pronomes em Benveniste e o projeto de uma ciência geral do homem". In: *Desenredo*, vol. 8, 2012, p. 71-83 [PPGL/UPF].

uma análise que poderíamos chamar, amplamente, de *semântica*; porém, de outro lado, isso não implica que essa semântica possa ser equiparada a uma ideia clássica de semântica, tal como a encontramos em campos como semântica lexical e semântica frasal, entre outras[61].

A Teoria Enunciativa benvenistiana estuda o sentido que decorre da enunciação em todos os níveis da análise linguística – lexical, sintático, morfológico, fonológico, entre outros. Assim, podemos estudar a enunciação em qualquer fenômeno linguístico. Em outras palavras, podemos fazer Teoria Enunciativa, um estudo do sentido da enunciação, com a fonologia, com a sintaxe, com a morfologia etc.

Em função disso, não devemos considerar a enunciação um nível da análise linguística, como consideramos que há os níveis sintático, lexical, fonológico. A enunciação, na medida em que é uma perspectiva que privilegia o sentido, atravessa todos os níveis. Ela está presente em todos os níveis. Afinal, se a enunciação é o ato individual de utilização da língua pelo locutor, não poderíamos conceber que o locutor utilizasse apenas um nível para o ato de enunciar. Na verdade, ele enuncia em todos os níveis da língua.

Enfim, *grosso modo*, a teoria da enunciação de Benveniste faz um estudo de toda a língua de um ponto de vista que leva em conta o sentido, o que não implica que possa ser considerada estritamente uma semântica.

3 NOÇÕES OPERACIONAIS

3.1 O aparelho formal da enunciação

O título desta seção faz referência ao artigo "O aparelho formal da enunciação", último trabalho publicado pelo autor. Poderíamos indagar: por que começar pelo último texto de Benveniste para apresentar a sua teoria da enunciação? Vários são os motivos que nos levam a isso.

---

61. Para maiores informações sobre *Semântica*, Cf. a primeira parte deste livro. Cf. tb. CANÇADO, M. & AMARAL, L. *Introdução à semântica lexical* – Papéis temáticos, aspecto lexical e decomposição de predicados. Petrópolis: Vozes, 2016 [Coleção de Linguística].

Inicialmente, porque esse artigo, por ser o último publicado por Benveniste, reúne os mais de quarenta anos de reflexão sobre a enunciação, o que o promove a um momento-síntese da Teoria Enunciativa de Benveniste (ONO, 2007, p. 20), permitindo encontrar, de maneira condensada, todas as discussões feitas nos textos anteriores – pessoa/não pessoa, forma/sentido e semiótico/semântico, entre outras.

Em seguida, porque esse texto é o único que apresenta o termo *enunciação* já em seu título. Finalmente, porque é um texto escrito para um público de linguistas. Logo, espera-se que apresente, ao menos em linhas gerais, os aspectos teórico-metodológicos da enunciação que são pertinentes à reflexão linguística *stricto sensu*. Por esses motivos, vamos, a seguir, estudá-lo de perto, o que nos situa, de imediato, no terceiro momento da teoria, definido acima.

3.1.1 Emprego das formas X emprego da língua

O emprego das formas, segundo Benveniste, é primeiramente o estabelecimento de um conjunto de regras que fixam as condições *sintáticas* de aparecimento das formas e das escolhas possíveis arroladas no paradigma. Em outras palavras, estudar o emprego das formas é descrever as combinações possíveis de unidades do paradigma na combinação sintagmática.

Para Benveniste, no entanto,

> as condições de emprego das formas não são [...] idênticas às condições de emprego da língua. São, em realidade, dois mundos diferentes, e pode ser útil insistir nesta diferença, a qual implica uma outra maneira de ver as mesmas coisas, uma outra maneira de as descrever e de as interpretar (BENVENISTE, 1989, p. 81).

O emprego da língua é "um mecanismo total e constante que, de uma maneira ou de outra, afeta a língua inteira" (BENVENISTE, 1989, p. 82). A enunciação somente pode ser estudada no emprego da língua, logo não se limita ao estudo do emprego das formas.

3.1.2 A enunciação

Conforme o autor, "a enunciação é este colocar em funcionamento a língua por um ato individual de utilização" (BENVENISTE, 1989, p. 82). A enunciação é o ato de produzir um enunciado. O ato coloca em destaque a mobilização que o locutor faz da língua. Essa mobilização determina as marcas linguísticas da enunciação.

3.1.3 Os aspectos da enunciação

Para Benveniste, podemos estudar diversos aspectos da enunciação. Ele lista três: realização vocal da língua, conversão da língua em discurso (semantização) e quadro formal de realização da enunciação.

Desses três aspectos, interessa sobremaneira, aqui, o terceiro, que, como bem destaca o autor, é *o objeto próprio* do artigo "Aparelho formal da enunciação". Por esse motivo, trataremos, a seguir, detidamente desse aspecto da enunciação. Antes, porém, cabe fazer alguns comentários sobre os dois primeiros.

Quanto à "realização vocal da língua", Benveniste é bastante sucinto. Ele se limita a dizer que é o aspecto *mais imediatamente perceptível e o mais direto*. Para ele, os sons têm origem nos atos individuais que, inclusive, manifestam diferenças individuais específicas de cada sujeito. O linguista até pode obter uma média atenuando esses traços individuais, "mas cada um sabe que, para o mesmo sujeito, os mesmos sons não são jamais reproduzidos exatamente, e que a noção de identidade não é senão aproximativa mesmo quando a experiência é repetida em detalhe" (BENVENISTE, 1989, p. 82-83). As diferenças "dizem respeito à diversidade das situações nas quais a enunciação é produzida" (BENVENISTE, 1989, p. 83).

Cabe observar que Benveniste, ao não se estender sobre o que entende ser esse aspecto "vocal" da enunciação, lega para a posteridade um campo de pesquisas ainda não devidamente desenvolvido.

Quanto à "conversão da língua em discurso", Benveniste, a exemplo do que faz acerca do primeiro aspecto, é também bastante sucinto em "O aparelho formal da enunciação". Atém-se à consideração de que "a enunciação supõe a conversão da língua em discurso" (BENVENISTE, 1989, p. 83). No entanto, o leitor deve ficar atento a uma nota de rodapé colocada ao fim da passagem que afirma que "é a semantização da língua que está no centro deste aspecto da enunciação, e ela conduz à teoria do signo e à análise da significância" (BENVENISTE, 1989, p. 83). Nessa nota, encontramos o seguinte: "tratamos disso particularmente num estudo publicado pela revista *Semiótica*, I, 1969 (p. 43-66)" (BENVENISTE, 1989, p. 83). As páginas às quais Benveniste remete são as do artigo "Semiologia da língua", publicado em 1969.

O que isso pode indicar ao leitor? Que o segundo aspecto da enunciação está ligado a uma reflexão de natureza semiológica que Benveniste desenvolve em outro momento de sua teorização. Nessa "semiologia da língua", têm lugar termos e noções como *semiótico, semântico, frase, signo, sintagmação, semantização, metassemântica* etc.

Embora não se possa negar que o segundo aspecto da enunciação, o da conversão da língua em discurso, seja de grande interesse aos linguistas da enunciação, não podemos também ignorar que é o próprio Benveniste quem o exclui da continuidade das formulações de "O aparelho formal da enunciação"[62]. Em função disso, nós, a seguir, limitamo-nos a tratar apenas do terceiro aspecto da enunciação. No entanto, cabe sublinhar que o segundo aspecto merece atenção dos estudiosos, pois ele é objeto de grande reflexão de Benveniste não somente no artigo "Semiologia da língua", mas também em suas últimas aulas no *Collège de France*, recentemente publicadas[63].

---

62. Se lemos bem Benveniste, cremos que o segundo aspecto da enunciação é mais bem abrigado no que o autor denomina de "metassemântica", ao fim do artigo "Semiologia da língua".
63. Cf. BENVENISTE, É. *Últimas aulas no Collège de France (1968 e 1969)*. São Paulo: Unesp, 2014 [Trad. Daniel Costa da Silva et al. Ed. estabelecida por Jean-Claude Coquet e Irène Fenoglio].

Sobre esse último ponto, cabem, ainda, alguns esclarecimentos. Os dois primeiros aspectos da enunciação, lembrados por Benveniste no artigo "O aparelho formal da enunciação" – o da "realização vocal" e o da "conversão da língua em discurso"–, não parecem ser a tônica do artigo, uma vez que o próprio Benveniste afirma, após ter apresentado os dois primeiros aspectos: "Pode-se, enfim, considerar uma outra abordagem, que consistiria em definir a enunciação no quadro formal de sua realização. É o objeto próprio destas páginas" (BENVENISTE, 1989, p. 83). Em outras palavras, "o objeto próprio" das páginas de "O aparelho formal da enunciação" é o quadro formal de realização da enunciação. Isso, evidentemente, não minimiza a importância dos outros aspectos; no entanto, impõe diferenças entre os aspectos que não podem ser negligenciadas. Entre essas diferenças, gostaríamos de lembrar duas.

A primeira é que o estudo do aspecto vocal da enunciação, além de incluir o quadro formal esboçado no artigo – já que esse quadro formal é, como veremos adiante, amplo o suficiente para se aplicar a qualquer aspecto da enunciação –, exigiria um conjunto de definições e procedimentos não esclarecidos por Benveniste em sua obra. Assim, ele configura mais um tema de pesquisa anunciado prospectivamente por Benveniste do que propriamente algo ao que ele tenha dado prioridade em seus estudos.

A segunda é que o aspecto da *conversão da língua em discurso*, como a própria nota de rodapé colocada no texto por Benveniste indica ao remeter ao artigo "Semiologia da língua", exige referência ao caráter semiológico da língua, tema este não tratado diretamente em "O aparelho formal da enunciação"[64].

---

64. Para maiores esclarecimentos sobre o aspecto semiológico da teoria de Benveniste cf. ROSÁRIO, H.M. *Um périplo benvenistiano*: o semiólogo e a semiologia da língua. Porto Alegre: Programa de Pós-Graduação em Letras, Instituto de Letras/Universidade Federal do Rio Grande do Sul, 2018 [Tese de doutorado em Letras].

3.1.4 O quadro formal de realização da enunciação

Enfim, após ter falado sobre o aspecto vocal da enunciação e sobre o aspecto da semantização da língua, isto é, da conversão da língua em discurso, Benveniste destaca, então, *o objeto* de seu texto: o quadro formal de realização da enunciação. Ele diz: "tentaremos esboçar, no interior da língua, os caracteres formais da enunciação a partir da manifestação individual que ela atualiza" (BENVENISTE, 1989, p. 83). A isso, o autor soma uma interessante observação: "estes caracteres são, uns necessários e permanentes, os outros incidentais e ligados à particularidade do idioma escolhido" (BENVENISTE, 1989, p. 83).

O que há de interessante nessas passagens do artigo "O aparelho formal da enunciação"? Em primeiro lugar, o fato de Benveniste admitir que os caracteres formais da enunciação pertencem à língua, ao interior da língua; não são algo portanto que se acrescente à língua. Em segundo lugar, o fato de considerar que existem os caracteres "necessários e permanentes" e os "incidentais"; quer dizer, há marcas da enunciação que são sempre as mesmas e há marcas que dependem de cada língua.

A partir daqui, Benveniste passa a dar um verdadeiro caminho metodológico para a análise da enunciação: "na enunciação consideraremos, **sucessivamente**, o próprio **ato**, as **situações** em que ele se realiza, os **instrumentos** de sua realização" (BENVENISTE, 1989, p. 83, grifos nossos). *Grosso modo*, é assim que deve proceder o linguista quando quer estudar a enunciação: primeiro descrever o ato, após, a situação em que esse ato se dá e, finalmente, os recursos linguísticos, os instrumentos, que permitem realizar o ato.

E o que é o ato? Benveniste responde: "O ato individual pelo qual se utiliza a língua introduz em primeiro lugar o locutor como parâmetro nas condições necessárias da enunciação" (BENVENISTE, 1989, p. 83). Em seguida, acrescenta: "desde que ele [o locutor] se declara locutor e assume a língua, ele implanta o *outro* diante de si, qualquer que seja o grau de presença que ele atribua a este outro. Toda enunciação é, explícita ou implicitamente, uma alocução, ela postula um alocutário" (BENVENISTE, 1989, p. 84).

O ato, então, é formado por um *quadro figurativo*. Há duas figuras necessárias: o locutor e o alocutário: "uma, origem, a outra, fim da enunciação" (BENVENISTE, 1989, p. 87). Trata-se do diálogo: "Duas figuras na posição de parceiros são alternativamente protagonistas da enunciação. Este quadro é dado necessariamente com a definição da enunciação" (BENVENISTE, 1989, p. 87). Em síntese, para descrever o ato é necessário situar os interlocutores (locutor e alocutário), ou, como explica o próprio autor: "toda a enunciação é, explícita ou implicitamente, uma alocução, ela postula um alocutário" (BENVENISTE, 1989, p. 84).

E a situação? Segundo Benveniste, "na enunciação, a língua se acha empregada para a expressão de uma certa relação com o mundo" (BENVENISTE, 1989, p. 84). Quer dizer, a situação diz respeito à necessidade de o locutor referir e de o alocutário correferir pelo discurso.

É importante notar que Benveniste fala em "uma certa relação com o mundo". Esse tema – a relação entre a língua e o mundo – é de grande importância nas abordagens semânticas. Em Benveniste, não se trata de uma relação da língua com o mundo, mas de uma "certa relação", isto é, uma relação que está na dependência da enunciação. Isso implica aceitar que, na Teoria Enunciativa, a referência não é o referente. A referência é um sentido construído na interlocução.

Em outras palavras, o locutor e o alocutário que, como vimos, constituem o ato de enunciação, referem e correferem pelo discurso, ou seja, constroem um sentido singular acerca do que falam. É por isso que Benveniste afirma ainda que "a referência é parte integrante da enunciação" (BENVENISTE, 1989, p. 84), pois ela não está dada no mundo, mas é construída na enunciação.

Esse sentido construído na enunciação depende de um mecanismo específico, qual seja: o ato individual (a enunciação) introduz a instância de discurso – e não o mundo, como se dá em algumas semânticas referenciais – como centro de referência. E o que é a instância de discurso? É o conjunto das circunstâncias que inclui a situação de discurso, isto é, as coordenadas de tempo, espaço e pessoa.

Finalmente, temos os instrumentos de realização da enunciação:

> Enquanto realização individual, a enunciação pode se definir, em relação à língua, como um processo de *apropriação*. O locutor se apropria do aparelho formal da língua e enuncia sua posição de locutor por meio de índices específicos, de um lado, e por meio de procedimentos acessórios, de outro (BENVENISTE, 1989, p. 84).

É preciso entender bem o que Benveniste quer dizer nessa passagem. Vamos destacar os pontos fundamentais para compreender o que Benveniste está apresentando.

Primeiro ponto: Benveniste utiliza a expressão *aparelho formal da língua* e não *aparelho formal da enunciação*. Aliás, não há nenhuma ocorrência da expressão *aparelho formal da enunciação* no texto, exceção feita ao título, obviamente. No texto, encontramos apenas a expressão próxima "aparelho linguístico da enunciação" (BENVENISTE, 1989, p. 88).

Essas diferentes expressões mostram que Benveniste quer mesmo chamar a atenção para o fato de que o locutor se apropria da língua, do *aparelho formal da língua*, e que, com ela, constrói um *aparelho linguístico da enunciação*. Ou seja, o locutor constrói um aparelho formal de enunciação, que é linguístico, a cada vez que enuncia, com base no aparelho formal da língua.

E como o locutor faz isso? Como "ele enuncia a sua posição de locutor"? (BENVENISTE, 1989, p. 84). Benveniste explica: "por meio de índices específicos, de um lado, e por meio de procedimentos acessórios, de outro" (BENVENISTE, 1989, p. 84). Logo, o dito *aparelho formal de enunciação* não é algo que está pronto aprioristicamente e que caberia ao locutor acessar, tomar posse, mas é algo construído a cada enunciação a partir dos recursos da língua em uma dada situação.

Segundo ponto: o que são os *índices específicos* e os *procedimentos acessórios*?

Os índices específicos são o que Benveniste chamou um pouco antes de "caracteres necessários e permanentes" da enunciação. São as categorias de pessoa, espaço e tempo. É Benveniste quem autoriza essa interpretação que fazemos, quando afirma, em nota de rodapé nessa altura de "O aparelho formal da enunciação": "os detalhes dos fatos de língua que apresentamos aqui de um modo sintético estão expostos em muitos capítulos de nossos *Problemas de linguística geral I* (BENVENISTE, n. 2, 1989, p. 85). Nesses capítulos, encontramos seus estudos sobre as categorias de pessoa/não pessoa, de tempo e, muito mais resumidamente, de espaço.

Os índices específicos listados em "O aparelho formal da enunciação" são os índices de pessoa (eu-tu), os índices de ostensão de espaço (este, aqui) e as formas temporais (do presente da enunciação).

E os *procedimentos acessórios*? Embora Benveniste não seja explícito sobre isso, podemos concluir, em consonância com seu raciocínio, que eles estão ligados à singularidade que cada enunciação evoca, portanto, à língua toda[65]. Em outras palavras, todos os mecanismos que o locutor utiliza para construir a referência de seu discurso fazem parte dos procedimentos acessórios[66]: recursos sintáticos, lexicais, prosódicos etc. Para encontrar os procedimentos acessórios da enunciação de um dado enunciado, deveríamos poder responder a pergunta: como o locutor/alocutário fez para dizer

---

[65]. Aresi (2011) apresenta, a esse propósito, uma hipótese que, em nossa opinião, valeria ser explorada. Diz o autor: "Quais são os procedimentos acessórios da enunciação? Haveria a possibilidade de listá-los exaustivamente? Evidentemente que não, já que, como diz Benveniste em *Os níveis da Análise Linguística* (1964): 'Um inventário dos empregos de uma palavra poderia não acabar; um inventário dos empregos de uma frase não poderia nem mesmo começar' (BENVENISTE, 1964/2005, p. 139). Porém, creio que é possível responder, ao invés de 'quais', 'o que' são os procedimentos acessórios da enunciação, tendo em mente a seguinte passagem de *A forma e o sentido na linguagem* (1966): '[...] indo além das palavras, a ideia deve sofrer a restrição de leis de seu agenciamento' (BENVENISTE, 1966/2006, p. 232, grifo meu). É assim que entendo esse conceito: como processo de agenciamento das formas" (ARESI, 2011, p. 272). Não discordamos da tese geral do autor segundo a qual não haveria como listar exaustivamente os procedimentos acessórios da enunciação. Porém, tanto índices específicos como procedimentos acessórios sofrem igualmente restrições do agenciamento. Caberia ver qual a especificidade dessas restrições, quando aplicadas aos ditos procedimentos acessórios da enunciação.

[66]. A palavra "acessórios" não tem sentido hierárquico. Não se trata de considerá-los algo de natureza suplementar, adicional, anexa. Na verdade, os procedimentos acessórios são tão relevantes para o estudo enunciativo quanto os índices específicos. Seu caráter acessório deve-se ao fato de não serem procedimentos que possam ser considerados exclusivamente indicadores da enunciação. Estes são apenas as categorias de pessoa, tempo e espaço.

o que disse? Observe que não é propriamente "o que" foi dito que interessa à análise enunciativa, mas os mecanismos utilizados para dizer. É isso que nos faz crer que a teoria da enunciação situa-se no âmbito do *dizer* e não do *dito*.

Em resumo, o quadro formal da enunciação é constituído:

a) Pelo ato no qual estão implicados locutor e alocutário.
b) Pela situação na qual se constitui a referência construída no discurso.
c) Pelos instrumentos de realização (específicos e acessórios).

Como forma de tornar mais explícito o "percurso de análise" que propomos derivar do pensamento de Émile Benveniste acerca da enunciação, e com um intuito didático, apresentamos, a seguir, uma figura que permite visualizar o caminho sugerido.

Figura 1 Percurso de análise do quadro formal de realização da enunciação

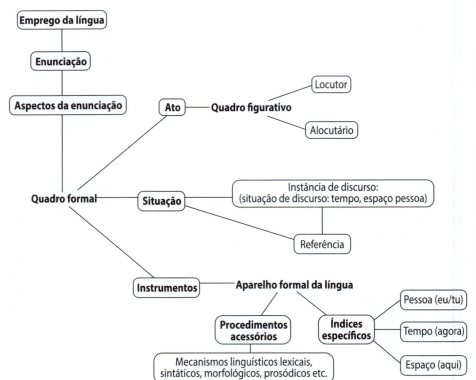

A esse quadro, gostaríamos de acrescentar, a propósito da análise enunciativa, uma passagem de um texto de Claudine Normand que, em nossa opinião, é luminosa: "Para Benveniste, é evidente que uma particularidade formal somente tem valor linguístico se estiver ligada a uma particularidade de sentido; no que ele é saussureano [...]" (NORMAND, 2009, p. 175). Ou seja, a análise enunciativa deve, exatamente, associar a particularidade de sentido à forma linguística. O linguista, então, faz um "[...] comentário sobre a situação cada vez mais particular da enunciação (tal sujeito, tal tempo, tal referente, tal interação, [...])" (NORMAND, 2009, p. 182), associando esse comentário às marcas formais. Analisar a enunciação é, então, conjugar às marcas formais o uso que delas fazem os locutores. A linguística enunciativa de Benveniste, "[...] uma vez admitidos os princípios gerais que apresentam o quadro da enunciação, conduz à descrição do particular, da diversidade do que a língua permite a serviço de sujeitos vivos e falantes na interação subjetiva [...]" (NORMAND, 2009, p. 182).

3.2 Análises da enunciação

Em "O aparelho formal da enunciação", Benveniste, como indica a segunda nota de rodapé do artigo à qual fizemos referência acima, considera que seus estudos acerca da categoria da pessoa pronominal, da pessoa verbal e da categoria do tempo nos verbos explicitam, em detalhe, o que ele considera a análise de fatos de língua que permitem ilustrar a descrição enunciativa.

Trata-se, então, em primeiro lugar, dos índices de pessoa, ou seja, da relação *eu-tu*. Essa relação somente se produz na enunciação: "o termo *eu* denotando o indivíduo que profere a enunciação, e o termo *tu*, o indivíduo que aí está presente como alocutário" (BENVENISTE, 1989, p. 84). A discussão em torno da categoria de pessoa diz respeito ao que denominamos acima o "Primeiro momento" da Teoria Enunciativa, de Benveniste (cf. FLORES, 2013).

Em um conjunto de textos, escritos[67] principalmente entre os anos 1940 e 1960, Benveniste elabora aquela que seria a dupla conceitual mais célebre de seu pensamento: pessoa/não pessoa. Essa distinção decorre da análise feita a propósito dos pronomes. Inicialmente, dos pessoais; em seguida, dos demais.

Na tradição dos estudos da linguagem, a noção de pessoa é tratada simetricamente. Há a pessoa que fala (eu), a com quem se fala (tu) e a de quem se fala (ele). Essa simetria é criticada por Benveniste. Para ele, essas "três pessoas" não têm o mesmo estatuto e nem podem ser consideradas sob o mesmo rótulo.

Com base no uso da língua, ou seja, no discurso, Benveniste estabelece uma oposição entre "eu", "tu" e "ele". Inicialmente, ele opõe a "primeira pessoa" e a "segunda" à "terceira" – *eu, tu/ele*. A "primeira pessoa" e a "segunda" estão implicadas no discurso; a "terceira" não.

A enunciação permite traçar, via oposição, a diferença entre as três "pessoas": "eu" e "tu" são pessoa; "ele" é não pessoa (1ª oposição); no interior da noção de pessoa há uma diferença entre "eu" e "tu" (2ª oposição).

A primeira oposição estabelece uma correlação de pessoalidade, que opõe as pessoas "eu" e "tu" à não pessoa "ele"; a segunda oposição estabelece uma correlação de subjetividade, que opõe a pessoa subjetiva "eu" à pessoa não subjetiva "tu".

São três as diferenças entre pessoa ("eu" e "tu") e não pessoa ("ele"):

1) Unicidade específica: "eu" e "tu" são sempre únicos: "o 'eu' que enuncia, o 'tu' ao qual 'eu' se dirige são cada vez únicos. 'Ele', porém, pode ser uma infinidade de sujeitos – ou nenhum" (BENVENISTE, 1988, p. 253);

2) Inversibilidade: "eu" e "tu" são inversíveis entre si. O "ele" não pode ser invertido com os dois primeiros;

---

67. Os textos em que se encontra essa reflexão são, principalmente: "Estrutura das relações de pessoa no verbo" (1946), "A natureza dos pronomes" (1956), "Da subjetividade na linguagem" (1958), "As relações de tempo no verbo francês" (1959), "A linguagem e a experiência humana" (1965) e "Estrutura da língua estrutura da sociedade" (1968).

3) Predicação verbal: "A 'terceira pessoa' é a única pela qual uma *coisa* é predicada verbalmente" (BENVENISTE, 1988, p. 253). Tudo o que não pertence a "eu-tu" recebe como predicado a forma verbal de terceira pessoa.

São duas as diferenças entre "eu" e "tu":

1) Interioridade: "eu" é *interior* ao enunciado e *exterior* a "tu". É o "eu" que propõe a existência do "tu" pelo ato de produzir o enunciado.

2) Transcendência: "eu" é transcendente em relação a "tu". É a partir do "eu" que o "tu" pode ser compreendido na enunciação.

Os pronomes pessoais "eu" e "tu", além de diferentes do pronome "ele", são muito diferentes dos demais pronomes (demonstrativos, possessivos, interrogativos, indefinidos etc.).

O "ele" (e as demais formas como "o", "isso" etc.) são substitutos abreviativos, como na frase "*Pedro* está doente; *ele* está com febre". As formas do paradigma do "ele" substituem um ou outro dos elementos materiais do enunciado ou revezam com eles. O "ele" pertence à sintaxe da língua e é considerado não pessoa.

O "eu" e o "tu" pertencem à instância de discurso e são considerados pessoa. Esses pronomes são diferentes de todos os outros signos da linguagem. O "eu" se refere a algo de muito singular, que é exclusivamente linguístico: "eu" se refere ao ato de discurso individual no qual é pronunciado e lhe designa um locutor. A realidade à qual "eu" remete é a realidade do discurso (BENVENISTE, 1989, p. 288). Ao designar um locutor, "eu" institui "tu" como alocutário, que também terá como referência o ato de discurso no qual é pronunciado.

> Assim, pois, é ao mesmo tempo original e fundamental o fato de que essas formas "pronominais" não remetam à "realidade" nem a posições "objetivas" no tempo ou no espaço, mas à enunciação, cada vez única que as contém, e reflitam assim o seu próprio emprego (BENVENISTE, 1989, p. 280).

A distinção entre os signos que pertencem à sintaxe da língua e aqueles que têm como referência constante e necessária a instância de discurso aparece na análise dos pronomes demonstrativos, possessivos etc. Os pronomes que têm como referência a situação de discurso participam do mesmo estatuto de "eu" e de "tu".

Os demonstrativos ("este", "esse" etc.) se organizam correlativamente com "eu" e "tu" (perto da pessoa que fala; perto da pessoa com quem se fala)[68]. O indicador de ostensão é concomitante à instância de discurso que contém o indicador de pessoa "eu". Por exemplo: "este" é o objeto designado por ostensão simultânea à presente instância de discurso que contém "eu" em "Este livro é meu". Os possessivos ("meu", "teu" etc.) se definem referencialmente em torno do locutor. Por exemplo: "Meu carro estragou" e "Tua casa é bonita".

Sobre os índices de ostensão, Benveniste acrescenta: "este" e "aqui", por exemplo, são termos que "implicam um gesto que designa o objeto ao mesmo tempo que é pronunciada a instância do termo" (BENVENISTE, 1989, p. 84-85). Em outras palavras, Benveniste não entende os índices de ostensão como a semântica e a pragmática fazem ao estudar a dêixis[69].

Não seria absurdo dizer que Benveniste não se interessa pela dêixis. Para ele, não há dêixis, há relação de concomitância entre o indicador de ostensão e o indicador de pessoa. "Não adianta nada definir esses termos e os demonstrativos em geral pela *dêixis,* como se costuma fazer se não se acrescenta que a *dêixis* é contemporânea da instância de discurso que contém o indicador de pessoa" (BENVENISTE, 1988, p. 279-280).

Assim, os demonstrativos, na medida em que se organizam correlativamente com os indicadores de pessoa, têm referência à instância de

---

68. Sobre isso cabe uma observação: estudos recentes do português do Brasil explicam que, na contemporaneidade, não se justifica "a associação entre as pessoas gramaticais e a seleção dos demonstrativos" (CASTILHO, 2012, p. 498). Descreve-se, p. ex., o uso equivalente entre "esse" e "este", e a inexistência de distinção decorrente da adesão, ou não, às pessoas do discurso. No entanto, essa observação – sem dúvida, correta, do ponto de vista da sincronia do português brasileiro – não minimiza a força argumentativa da tese de Benveniste. Em outras palavras, do ponto de vista enunciativo, os demonstrativos se organizam em relação aos interlocutores, mesmo que, formalmente, possam se sobrepor. Cf. CASTILHO, A. *Gramática do português brasileiro.* São Paulo: Contexto, 2012.

69. Conforme, neste volume, a parte dedicada à *Pragmática.*

discurso de "eu". Ou seja, há identificação do objeto por um indicador de ostensão concomitante com a instância de discurso que contém o indicador de pessoa.

Sobre os índices de pessoa e os índices de ostensão, Benveniste sintetiza:

> As formas denominadas tradicionalmente "pronomes pessoais", "demonstrativos", aparecem agora como uma classe de "indivíduos linguísticos", de formas que enviam sempre e somente a "indivíduos", quer se trate de pessoas, de momentos, de lugares, por oposição aos termos nominais, que enviam sempre e somente a conceitos. Ora, o estatuto destes "indivíduos linguísticos" se deve ao fato de que eles nascem de uma enunciação, de que são produzidos por este acontecimento individual e, se se pode dizer, "semel-natif". Eles são engendrados de novo cada vez que uma enunciação é proferida, e cada vez eles designam algo novo (BENVENISTE, 1988, p. 85).

Além dos índices de pessoa e dos índices de ostensão, Benveniste trata, também em "O aparelho formal da enunciação", dos tempos verbais que se determinam por relação ao "eu":

> Uma terceira série de termos que dizem respeito à enunciação é constituída pelo paradigma inteiro – frequentemente vasto e complexo – das formas temporais, que se determinam em relação a *EGO*, centro da enunciação. Os "tempos" verbais cuja forma axial, o "presente", coincide com o momento da enunciação, fazem parte deste aparelho necessário (BENVENISTE, 1988, p. 85).

Na verdade, para entendermos bem o que diz Benveniste sobre o tempo, é preciso associá-lo à noção de espaço, e associar essas duas noções, por sua vez, à noção de pessoa, antes apresentada. O ato de enunciação cria a noção de pessoa, que se renova a cada ato, e instaura a noção de *espaço-tempo*, o espaço-tempo da enunciação.

Considerando-se a enunciação e sua relação com espaço e tempo, vemos que há sempre e somente o tempo "presente", que é sucessivamente renovado na e pela enunciação. A enunciação instaura o "aqui" e o "agora".

O "presente" da enunciação é diferente do presente gramatical. O "presente" da enunciação indica que há concomitância entre o ato de dizer e o que é dito: "Da enunciação procede a instauração da categoria do presente, e da categoria do presente nasce a categoria do tempo. O presente é propriamente a origem do tempo" (BENVENISTE, 1989, p. 85).

Tanto a atribuição de referência a acontecimentos passados como a projeção de acontecimentos futuros colocam em destaque o "presente", pois ele é o eixo para todas as relações espaciais e temporais, ele é "gerador" dessas relações, promovendo deslocamentos no espaço e no tempo. O "aqui" e o "agora" estabelecem coordenadas para as expressões espaciais e temporais e, como estas expressões estão vinculadas a "eu-tu", é o locutor que "temporaliza" os acontecimentos e os "espacializa".

Aquele a quem o "eu" se dirige, o "tu", assume a temporalidade e a espacialidade indicadas no discurso e por elas regula seu dizer, ao propor-se como locutor.

Em outras palavras, o tempo da enunciação é sempre um tempo "presente" em um espaço "aqui". Mesmo que formulemos um enunciado no passado, o mais banal ("ontem fui viajar"), trata-se de um passado que se define em relação ao presente da fala do enunciado ("ontem fui viajar" é passado em relação ao momento que digo "ontem fui viajar").

Em resumo, em todas as análises da enunciação que sumariamente apresentamos aqui, Benveniste observa peculiaridades, sutilezas semânticas, rupturas com paradigmas formais aparentemente homogêneos. A ruptura operada em cada um desses paradigmas deve-se fundamentalmente à presença da subjetividade na linguagem ou, mais precisamente, à categoria de pessoa, em primeiro lugar, e as de espaço-tempo também. A descrição feita por Benveniste apoia-se fundamentalmente na instância de discurso, no uso da língua, enunciada por um locutor.

4 CONCLUSÃO

Chegamos ao fim de nosso texto e queremos brevemente considerar algumas questões que dizem respeito à análise enunciativa. Qualquer fenômeno linguístico "pode receber o olhar da linguística da enunciação, basta que para isso seja contemplado com referência às representações do sujeito que enuncia, à língua e a uma dada situação" (FLORES & TEIXEIRA, 2005, p. 58).

O que a proposta que fizemos aqui apresenta não é um modelo, nem uma norma, nem tampouco uma regra, mas um olhar diferente sobre a materialidade da língua, vendo-a como produtora de sentido e referência em relação a locutores, espaço e tempo.

A análise enunciativa tem o intuito de exibir a diferença que se estabelece em relação ao sentido de elementos que canonicamente se enquadrariam no emprego das formas, mas, vistas pelo viés enunciativo, adquirem novo estatuto no emprego da língua.

O sentido emana da língua em funcionamento e não pode ser determinado um sentido *a priori*, porque a situação enunciativa é singular e corresponde a um sempre novo aqui-agora do locutor. Nossa pretensão, portanto, é a de apresentar a possibilidade de uma análise da língua-discurso. Para que isso se efetive, é preciso considerar um pressuposto importante: o sentido de um elemento, de qualquer nível, é seu emprego no discurso de um locutor.

Podemos perceber, então, que na teoria da enunciação o sentido não pode ser fixado nem previsto. É o ato de enunciação que confere sentido aos enunciados em uma dada situação de enunciação. Somente é possível estudar enunciativamente questões linguísticas colocando o locutor em um quadro intersubjetivo da linguagem, no qual ele se constitui pela dialética com o outro. Uma análise da língua-discurso trataria, portanto, dos aspectos envolvidos no uso da língua em uma dada situação.

5 EXERCÍCIOS

Observação geral

Após a leitura deste capítulo você certamente concluiu que não existe um método pronto para fazer a análise enunciativa. Portanto, não se trata de buscar uma mera aplicação. Isso significa que você deve construir o seu modo de analisar a enunciação de um dado texto, entendido aqui como um enunciado, ou seja, o produto do ato de enunciar. Tal construção pode dar origem a análises diferentes[70], dependendo de quem as elabora, dos objetivos que tem com a análise, da natureza do enunciado etc.

Isso, porém, não quer dizer que podemos propor qualquer análise. O estudo enunciativo é, sobretudo, um ponto de vista sobre a língua, entendida como discurso, que coloca em relevo o sentido que têm os elementos pertencentes ao quadro formal de realização da enunciação. Portanto, a análise enunciativa deve sempre estar em conformidade com os parâmetros gerais estabelecidos por Benveniste.

Com base nessa observação geral, propomos, a seguir, um conjunto de atividades acerca de um texto, que visam à análise enunciativa. Desnecessário dizer que, com tal atividade, não esperamos fornecer um método que possa ser aplicado indistintamente. Nosso objetivo é fornecer mais indicações sobre questões que podem ser consideradas em uma prática de análise da linguagem com base nos fundamentos enunciativos da teoria de Benveniste.

Considere o texto abaixo:

O preconceito nosso de cada dia

Jaime Pinsky*

Preconceito, nunca. Temos apenas opiniões bem-definidas sobre as coisas. Preconceito é o outro quem tem...

Mas, por falar nisso, já observou o leitor como temos o fácil hábito de generalizar (e prova disso é a generalização acima) sobre tudo e todos? Falamos sobre "as mulheres", a partir de experiências pontuais; conhecemos "os políticos", após acompanhar a carreira de dois ou três; sabemos tudo sobre os "militares" porque o síndico do nosso prédio é um sargento aposentado; discorremos sobre homossexuais (bando de sem-vergonhas), muçulmanos (gentinha atrasada), sogras (feliz foi Adão, que não tinha sogra nem caminhão), advogados (todos ladrões),

---

70. Neste sentido, vale examinar as seguintes propostas de análise enunciativa, derivadas de Benveniste: Mello (2012), Knack (2012), Toldo; Flores (2015), Silva (2018).

professores (pobres coitados), palmeirenses (palmeirense é aquele que não tem classe para ser são-paulino nem coragem para ser corintiano), motoristas de caminhão (grossos), peões de obra (ignorantes), sócios do Paulistano (metidos a besta), dançarinos (veados), enfim, sobre tudo. Mas discorremos de maneira especial sobre raças e nacionalidades e, por extensão, sobre atributos inerentes a pessoas nascidas em determinados países.

Afinal, todos sabemos (sabemos?) que os franceses não tomam banho; os mexicanos são preguiçosos; os suíços, pontuais; os italianos, ruidosos; os judeus, argentários; os árabes, desonestos; os japoneses, trabalhadores, e por aí afora. Sabemos também que cariocas são folgados; baianos, festeiros; nordestinos, miseráveis; mineiros, diplomatas etc. Sabemos ainda que o negro não tem o mesmo potencial que o branco, a não ser em algumas atividades bem-definidas como o esporte, a música, a dança e algumas outras que exigem mais do corpo e menos da inteligência. Quando nos deparamos com uma exceção admitimos que alguém possa ser limpo, apesar de francês; trabalhador, apesar de mexicano; discreto, apesar de italiano; honesto, apesar de árabe; desprendido do dinheiro, apesar de judeu; preguiçoso, apesar de japonês e também por aí afora. Mas admitimos com relutância e em caráter totalmente excepcional.

O mecanismo funciona mais ou menos assim: estabelecemos uma expectativa de comportamento coletivo (nacional, regional, racial), mesmo sem conhecermos, pessoalmente, muitos ou mesmo nenhum membro do grupo sobre o qual pontificamos. Sabemos (sabemos?) que os mexicanos são preguiçosos porque eles aparecem sempre dormindo embaixo dos seus enormes chapelões enquanto os diligentes americanos cuidam do gado e matam bandidos nos faroestes. Para comprovar que os italianos são ruidosos achamos o bastante frequentar uma cantina no Bixiga. Falamos sobre a inferioridade do negro a partir da observação empírica de sua condição socioeconômica. E achamos que as praias do Rio de Janeiro cheias durante os dias da semana são prova do caráter folgado do cidadão carioca. Não nos detemos em analisar a questão um pouco mais a fundo. Não nos interessa estudar o papel que a escravidão teve na formação histórica de nossos negros. Pouco atentamos para a realidade social do povo mexicano e de como ele aparece estereotipado no cinema hollywoodiano. Nada disso. O importante é reproduzir, de forma acrítica e boçal, os preconceitos que nos são passados por piadinhas, por tradição familiar, pela religião, pela necessidade de compensar nossa real inferioridade individual por uma pretensa superioridade coletiva que assumimos ao carimbar "o outro" com a marca de qualquer inferioridade.

Temos pesos, medidas e até um vocabulário diferente para nos referirmos ao "nosso" e ao do "outro", numa atitude que, mais do que autocondescendência, não passa de preconceito puro. Por exemplo, a nossa é religião, a do outro é seita; nós temos fervor religioso, eles são fanáticos; nós acreditamos em Deus (o nosso sempre em maiúscula), eles são fundamentalistas; nós temos hábitos, eles vícios; nós cometemos excessos compreensíveis, eles são um caso perdido; jogamos muito melhor, o adversário tem é sorte; e, finalmente, não temos preconceito, apenas opinião formada sobre as coisas.

Ou deveríamos ser como esses intelectuais que para afirmar qualquer coisa acham necessário estudar e observar atentamente? Observar, estudar e agir respeitando as diferenças é o que se espera de cidadãos que acreditam na democracia e, de fato lutam por um mundo mais justo. De nada adianta praticar nossa indignação moral diante da televisão, protestando contra limpezas raciais e discriminações pelo mundo afora, se não ficarmos atentos ao preconceito nosso de cada dia.

* Historiador, doutor e livre docente pela USP. Texto originalmente publicado em *O Estado de S. Paulo* (20/05/1993) e no livro *Brasileiro(a) é assim mesmo – Cidadania e preconceito*, 1993, da Editora Contexto.

I – Com base no texto acima, responda às seguintes perguntas:

1) Explicite e comente o sentido global que o texto veicula.

2) Formule enunciados que, em sua opinião, sintetizariam o(s) sentido(s) do texto em seu conjunto.

3) Em seu conjunto, como você caracterizaria o texto? Liste expressões que, em sua opinião, caracterizariam o texto.

4) Segmente o texto em partes que, em sua opinião, constituem unidades de sentido que contribuem para o sentido global. Após, associe tais partes às características listadas na resposta à questão anterior.

5) Selecione expressões do texto que você considera nucleares das unidades de sentido.

6) Que contribuição tais expressões fazem para a unidade de sentido da qual fazem parte? E para o sentido do texto em seu conjunto?

7) Mostre como cada unidade de sentido destacada se relaciona com o conjunto do qual faz parte. As relações são de que tipo? Explicação? Consequência? Causa? Tempo? Oposição? Progressão? Interrupção?

8) Considerando que o locutor de um texto pode ser definido, de um modo geral, como aquele que fala em uma dada situação e, ao falar, se mostra no texto através de marcas, quais marcas (palavras, expressões, sinais de pontuação, recursos tipográficos etc.) identificam o locutor do texto acima?

9) Com base nessas marcas, o que podemos dizer a respeito desse locutor?

10) Quais suas características?

11) Sugira relações entre elementos do texto que permitem você chegar a essa conclusão?

12) Considerando que o interlocutor de um texto pode ser definido, de um modo geral, como aquele sobre quem o locutor age via discurso, quais marcas (palavras, expressões, sinais de pontuação, recursos tipográficos etc.) identificam o interlocutor pretendido do texto?

13) Que elementos do texto fazem você chegar a essa conclusão?

14) Que tipo(s) de relação(ões) há entre locutor e interlocutor?

15) Como você pode perceber isso?

II – Após responder às questões acima, elabore uma análise de conjunto que explicite como tais questões permitem identificar o ato de enunciação (quadro figurativo), a situação (instância de discurso e referência) e os instrumentos de realização da enunciação (procedimentos acessórios e índices específicos).

6 SUGESTÕES DE LEITURA

Para que a leitura deste capítulo e a resolução dos exercícios sejam mais produtivas, sugerimos que seja acompanhado dos seguintes artigos de Benveniste: "A natureza dos pronomes", "Da subjetividade na linguagem", de *Problemas de linguística geral I*, e "O aparelho formal da enunciação", de *Problemas de linguística geral II*.

Livros de Émile Benveniste em português

BENVENISTE, É. *Últimas aulas no Collège de France 1968 e 1969*. São Paulo: Unesp, 2014 [Trad. de Daniel Costa da Silva et al.].

_____. *O vocabulário das instituições indo-europeias* – Vol. II: Poder, direito, religião. Campinas: Unicamp, 1995 [Trad. Denise Bottmann].

_____. *O vocabulário das instituições indo-europeias* – Vol. I: Economia, parentesco, sociedade. Campinas: Unicamp, 1995 [Trad. Denise Bottmann].

_____. *Problemas de linguística geral II*. Campinas: Pontes, 1989 [Trad. Eduardo Guimarães et al.].

_____. *Problemas de linguística geral I*. Campinas: Pontes, 1988 [Trad. Maria da Glória Novak e Maria Luiza Neri].

Bibliografia de introdução à linguística da enunciação

BRAIT, B. (org.). *Estudos enunciativos no Brasil*: histórias e perspectivas. Campinas/São Paulo: Pontes/Fapesp, 2001.

FLORES, V.N. Semântica da enunciação. In: FERRAREZI JUNIOR, C. & BASSO, R. (orgs.). *Semântica, semânticas*: uma introdução. São Paulo: Contexto, 2013b, p. 89-104.

FLORES, V.N. & TEIXEIRA, M. *Introdução à Linguística da Enunciação*. São Paulo: Contexto, 2005.

FLORES, V.N. et al. *Dicionário de Linguística da Enunciação*. São Paulo: Contexto, 2009.

FUCHS, C. As problemáticas enunciativas: esboço de uma apresentação histórica e crítica. *Alfa*. São Paulo: Unesp, 1985, p. 111-129.

GUIMARÃES, E. *Os limites do sentido*: um estudo histórico e enunciativo da linguagem. Campinas: Pontes, 1995.

LAHUD, M. *A propósito da noção de dêixis*. São Paulo: Ática, 1979.

Bibliografia de introdução à Teoria Enunciativa de Benveniste

ARESI, F. Os índices específicos e os procedimentos acessórios da enunciação. In: *Revista Virtual de Estudos da Linguagem*, vol. 9, n. 16, 2011.

FLORES, V.N. As teorias enunciativas e a linguística no Brasil: o lugar de Émile Benveniste. In: *Antares*: Letras e Humanidades, vol. 8, 2016, p. 2-14.

_____. *Introdução à Teoria Enunciativa de Benveniste*. São Paulo: Parábola, 2014.

FLORES, V.N. & TEIXEIRA, M. As perspectivas para o estudo das formas complexas do discurso: atualidades de Émile Benveniste. In: *Revista Virtual de Estudos da Linguagem*, vol. 11, 2013, p. 1-14.

_____. Linguística da enunciação: uma entrevista com Marlene Teixeira e Valdir Flores. In: *Revista Virtual de Estudos da Linguagem*, vol. 9, 2011, p. 406-425.

FLORES; V.N. et al. *Enunciação e gramática*. São Paulo: Contexto, 2008.

NORMAND, C. *Convite à linguística*. São Paulo: Contexto, 2009 [Trad. Cristina Birk et al.].

_____. Os termos da enunciação em Benveniste. In: OLIVEIRA, S. et al. *O falar da linguagem*. São Paulo: Lovise, 1996 [Trad. Eduardo Guimarães].

ONO, A. *La notion d'énunciation chez Émile Benveniste*. Limoges: Lambert-Lucas, 2007.

Bibliografia sobre a Teoria Enunciativa e análise de texto

FLORES, V.N. A enunciação escrita em Benveniste: notas para uma precisão conceitual. In: *Delta*, vol. 34, n. 1, 2018, p. 395-417.

KNACK, C. *Texto e enunciação*: as modalidades falada e escrita como instâncias de investigação. Porto Alegre: Instituto de Letras, Programa de Pós-Graduação em Letras/Universidade Federal do Rio Grande do Sul, 2012 [Dissertação de mestrado em Estudos da Linguagem].

MELLO, V.H.D. *A sintagmatização-semantização*: uma proposta de análise de texto. Porto Alegre: Instituto de Letras/Universidade Federal do Rio Grande do Sul, 2012 [Doutorado em Letras].

SILVA, C.L.C. O estudo do texto em uma perspectiva enunciativa de linguagem. In: *Delta*, vol. 34, n.1, 2018, p. 419-433.

TOLDO, C. & FLORES, V.N. Esboço de uma abordagem enunciativa do texto. In: TOLDO, C. & STURN, L. *Letramento*: práticas de leitura e escrita. Campinas: Pontes, 2015, p. 37-49.

Capítulo 4

Teoria das Operações Enunciativas

MÁRCIA ROMERO

> *O dado linguístico é um resultado, e é preciso procurar-lhe a origem. Uma reflexão um pouco mais atenta ao modo pelo qual uma língua – pelo qual toda língua – se constrói ensina que cada língua tem para resolver um certo número de problemas, que se reduzem todos à questão central da "significação". As formas gramaticais traduzem, com um simbolismo que é a marca distintiva da linguagem, a resposta dada a esses problemas; estudando essas formas, a sua seleção, o seu agrupamento, a sua organização próprios, podemos induzir a natureza e a forma do problema intralinguístico a que respondem. Todo esse processo é inconsciente, difícil de ser atingido, mas essencial. [...] É preciso começar a ver além da forma material [...]* (BENVENISTE, 1995, p. 124-125).

1 INTRODUÇÃO

Reafirmando a necessidade apontada por Benveniste de se ir, qualquer que seja a língua, para além da materialidade linguística dos enunciados – da "forma material" – a fim de compreender os princípios que permitem explicá-los, a Teoria das Operações Predicativas e Enunciativas, ou *Teoria das Operações Enunciativas* (TOE), fundada por Antoine Culioli e continuamente em elaboração por estudiosos inscritos nesse referencial, sustenta ser a variação, interlíngua ou intralíngua, passível de ser reduzida "às diversas figuras de um mesmo jogo" (1995, p. 118), para fazer uso da bonita imagem empregada por Benveniste para se referir à *linguagem*.

Definida por seu fundador como atividade significante da espécie humana que consiste, não "em veicular sentido, mas em produzir e reconhecer formas enquanto traços de operações" (CULIOLI, 1990, p. 26), a linguagem se vê alçada a objeto primordial da Teoria das Operações Enunciativas quando Culioli propõe-se a apreendê-la por meio da diversidade das línguas, defendendo ser este o objeto da linguística:

> [...] de um lado, estou dizendo que o objeto da linguística é a atividade de linguagem [...]; de outro, que só temos como apreender essa atividade, a fim de estudar seu funcionamento, por meio de configurações específicas, agenciamentos em uma dada língua. A atividade de linguagem remete a uma atividade de produção e reconhecimento de *formas*; ora, essas formas não podem ser estudadas independentemente dos textos, e os textos não podem ser independentes das línguas. (CULIOLI, 1990, p. 14, grifos do autor).

Decorrem daí duas questões norteadoras do programa culioliano, que busca entender: "(1) como articular linguagem e línguas, (2) como tratar da relação entre a materialidade do texto e a imaterialidade da atividade significante dos sujeitos" (CULIOLI, 1999a, p. 7). São essas questões e algumas das noções teóricas[71] nelas imbricadas que abordamos a seguir, retomando, no decorrer da discussão, o conjunto de colocações ora feitas.

---

71. Selecionamos um conjunto de noções teóricas diretamente vinculadas às noções operacionais tratadas no decorrer do capítulo. Tais noções não esgotam a apresentação do quadro referencial em questão, que se fundamenta em um rico leque de operações que não têm como ser integralmente abordadas aqui. Notemos, ademais, que o referencial apresentado dialoga com os referenciais estudados em capítulos anteriores de muitas maneiras, e isso pelo fato de o livro, voltado aos estudos da significação, se interessar pela relação entre cognição, linguagem, língua e produção linguística sob diferentes aspectos. Deixamos ao leitor estabelecer os pontos de convergência e/ou divergência entre as noções examinadas por cada campo.

2 NOÇÕES GERAIS

Nesta seção, discutimos noções gerais a partir das quais se elabora o referencial teórico ora apresentado, sendo elas as de *níveis de representação, invariância, enunciado, enunciação, noção, ocorrência* e *atividade epilinguística*. Noções operacionais que lhe são relacionadas aparecem na seção subsequente.

2.1 Níveis de representação

Uma das noções teóricas fundamentais para esse quadro referencial postula a existência de diferentes *níveis de representação* necessários à compreensão da articulação entre a linguagem e as línguas. Trata-se, portanto, de entender como as representações mentais são desencadeadas e apreendidas pelas línguas.

O primeiro nível de representação, nível I, é aquele em que a representação é de ordem cognitiva, devendo ser a cognição entendida de modo amplo, visto o afeto nela se encontrar igualmente integrado. Este nível, também chamado de *nocional*, refere-se à elaboração de *noções*, "representações que organizam experiências elaboradas desde nossa primeira infância, que construímos a partir de nossas relações com o mundo, com os objetos, com os outros, de nosso pertencimento a uma cultura, do interdiscurso no qual estamos imersos. [...]" (CULIOLI, 1990, p. 21). Em outra explicação, vê-se que:

> Esse nível é o de nossas representações mentais, relacionadas à nossa atividade cognitiva e afetiva, quer se trate de nossa atividade sensório-motora no mundo físico ou de nossas elaborações culturais. Na verdade, não existem noções, enquanto feixe de propriedades, que não sejam de ordem físico-cultural. Em outras palavras, não existe separação radical entre as propriedades físicas, fora da cultura, e as propriedades oriundas de uma cultura. Esta última se encontra, ela mesma, frequentemente imbricada com práticas técnicas, nas quais o gesto e a ferramenta se combinam nas condutas significantes, ritualizadas ou não [...] (CULIOLI, 1999a, p. 161-162).

Não há, no entanto, como acessar o primeiro nível de representação a não ser por meio do segundo nível de representação, nível II, de ordem linguística.

No nível II há representantes das representações do nível I, ou seja, há o "texto oral ou escrito, em produção ou em compreensão, em uma língua natural" (CULIOLI, 1999a, p. 161), concebido como traços da atividade de representação cognitiva (nocional). Vale notar que se deve ler *texto*, em Culioli, como *enunciado*, um agenciamento de marcadores em que se têm, de um lado, um arranjo de formas que não é qualquer (daí *agenciamento*), de outro, traços de operações cognitivas (daí *marcador*, que abrange, inclusive, mudanças na prosódia, na entonação etc.). Ao falar em produção e reconhecimento de formas por meio de *formas empíricas*, o autor evidencia que, para cada um de nós, e para o linguista em particular:

> [...] fundamentalmente, tem-se *texto*. Este último caracteriza-se por uma forma, por um agenciamento de marcadores que não é qualquer e que é complexo, um posicionamento de termos, uma forma melódica, uma recolocação contextual. [...] É graças aos traços formais das operações que produziram a forma empiricamente atestada que posso re-construir essas operações (CULIOLI, 1990, p. 24-25).

Concordando com De Vogüé (2013, p. 219):

> [...] nada mais banal à primeira vista: as línguas (nível II) falam do saber do mundo (nível I). O que não é banal entre o nível I e o nível II é que, precisamente, não se trata de uma relação de coincidência: não é dito que o cognitivo funda o linguístico e também não é dito que o linguístico fabrica o cognitivo, pela simples razão de que não há jamais coincidência. O nível II só faz tentar reformular o cognitivo: a língua é uma reconstrução do cognitivo.

Logo, tais representantes do nível II não apresentam vínculo direto com as representações do nível I: as formas empíricas não são etiquetas, não estabelecem uma relação na qual haveria "um marcador – um valor", em suma, não são uma tradução de representações do nível I que delas seriam independentes ou que lhes preexistiriam. Em outras palavras, tem-se que:

> [...] os textos e os arranjos de unidades morfolexicais que os constituem não são considerados como a tradução de um sentido que lhes preexistiria ou que existiria independentemente desse material. A linguagem é *constitutiva* de uma

forma de pensamento específica que não tem as mesmas propriedades que as que correspondem a outros sistemas de representações comunicáveis (desenho, imagem) ou não [...] (FRANCKEL, apud DE VOGÜÉ; FRANCKEL & PAILLARD, 2011, p. 16).

Como nota Culioli, a dificuldade reside justamente aqui; mas onde reside a dificuldade, reside certamente o que consideramos o mais belo achado desta teoria, posto que é a não adequação entre o nível I e II que faz com que se verifiquem fenômenos que são, simultaneamente, estáveis e plásticos, dotados de uma estabilidade deformável[72] que abarca a variação, o ajustamento intersubjetivo, o jogo em todas as suas formas:

> [...] há sempre, no sentido mais forte, construção interpretativa dos fenômenos de superfície pelos enunciadores; há sempre proliferação da linguagem a partir de si mesma; temos sempre um jogo de formas e um jogo de significações. A comunicação se dá nesse ajustamento mais ou menos bem-sucedido, mais ou menos desejado [...]. Assim, compreende-se melhor porque um texto não tem sentido fora da atividade significante dos enunciadores, e porque a ambiguidade (e o mal-entendido) são não apenas explicáveis, mas ainda parte integrante do modelo [...] (CULIOLI, 1999a, p. 48).

Percebe-se, assim, que *forma* é um termo que faz referência não apenas às formas empíricas, aos enunciados, ao *texto* (nível II), mas às operações das quais se originam os agenciamentos de marcadores, denominadas, estas, *forma abstrata*. A estabilidade deformável que caracteriza os fenômenos de linguagem "requer que trabalhemos sobre formas. Mas trata-se aqui de formas abstratas que nós construímos a partir de uma forma empírica" (CULIOLI, 1990, p. 129). E é nesse ponto que entra o terceiro e último nível de representação, denominado nível III.

O terceiro nível é específico ao trabalho do linguista, em que se formalizam representações que visam a simular a relação existente entre os níveis I e II. Nele, elabora-se "um sistema de representação metalinguístico enquanto tal, *i.e.* construído a partir de descrições teóricas de fenômenos

---

72. Vale observar que *deformável* não implica em absoluto nenhum julgamento de valor. Seu emprego atesta exclusivamente a plasticidade dos fenômenos, alguns dos quais serão ilustrados a seguir.

linguísticos, pelos procedimentos canônicos de abstração e de formalização" (CULIOLI, 1990, p. 22). Tais procedimentos, que põem em prática uma multiplicação do empírico de modo controlado, conduzem a uma crescente abstração, a uma construção teórica incessantemente confrontada a novos dados empíricos.

Na figura abaixo, visualizamos as articulações existentes entre os níveis I, II e III:

Resumindo o que a articulação entre os três níveis dá a ver e indo além, temos que os marcadores, em uma língua, são traços das operações cognitivas que os constituem (operações que se dão simultaneamente ao processo de produção e reconhecimento enunciativos). Também dito, não existe equivalência entre os marcadores próprios ao nível dos enunciados (nível II, linguístico) e as representações mentais (nível I, cognitivo) às quais esses enunciados conferem acesso e dão corpo.

Ainda sobre a linguagem, como explicam De Vogüé, Franckel e Paillard (2011, p. 10-11), ela é considerada "apenas por meio do que as formas dela permitem dizer": há "formas que *traçam* a atividade dos sujeitos (sob a ótica que essas formas lhes conferem). A presença dos sujeitos não tem nada de heterogênea ou de transcendente às formas: ela lhes é inerente" (grifos dos autores).

A representação é uma das atividades fundamentais intrínsecas à linguagem, ao lado das atividades de referenciação e regulação, abordadas mais à frente.

2.2 Invariância

Estudar a linguagem como atividade da espécie humana implica buscar a invariância, a *estabilidade deformável* subjacente a essa atividade, quaisquer que sejam as línguas consideradas. A problemática à qual essa busca se vincula decorre da inexistência de uma relação biunívoca entre os níveis I e II, logo, da inexistência de uma relação em que poderia se verificar "um marcador – um valor" ou uma "correspondência termo a termo entre, de um lado, marcadores em uma dada língua e, de outro, categorias [...] que encontraríamos através das línguas" (CULIOLI, 1990, p. 15).

Um dos exemplos trazidos por Culioli aborda a passiva, exemplo que vale a pena reproduzir para melhor cernir o que está em jogo quando se fala em invariância:

> Como definir a passiva? Por uma caracterização morfológica (ser + particípio passado)? Mas isso é suficiente? Como equivalente da ativa? Mas tudo depende do que se chama equivalente. Pensemos no exemplo deveras conhecido: *Todos os livros nessa biblioteca foram lidos por alguém*, com relação a *Alguém leu todos os livros nessa biblioteca*. No primeiro enunciado, nota-se que "alguém" pode ser distributivo (não houve livros sem leitor, qualquer que seja esse leitor), que pode haver vários referentes para "alguém". No segundo enunciado, "alguém" remete a "um certo alguém", a uma certa pessoa que leu todos os livros. Isto tem a ver com a função de "alguém" e a relação entre o termo de partida da relação, a tematização e a determinação. Constatamos que, ao fazer a conversão de uma relação, não se obtém uma proposição estritamente equivalente (no sentido de intercambiável) à proposição da qual se parte. [...] De qualquer maneira, o problema da unidade da passiva se coloca: em certas línguas, a passiva simplesmente não existe; em outras, temos uma única forma, mas marcadores de

orientação vão indicar a orientação da relação predicativa[73]. Em outras línguas intransitivo e reflexivo serão aparentados e poderão marcar a diátese passiva [...] Gradualmente, percebe-se que o que parecia, de modo ingênuo, a partir de uma língua, como uma operação bem estabelecida e clara [...], torna-se complexo, disseminado em uma multiplicidade de fenômenos específicos e, à primeira vista, irredutíveis (CULIOLI, 1990, p. 15-16).

Falar em invariância ou em invariantes não significa, assim, instituir uma categoria primitiva (*a passiva*, como no exemplo acima) ou princípios inatos, ambos primeiros em relação às línguas, que deles nos dariam exemplares. A abordagem da Teoria das Operações Enunciativas, para a qual a invariância é fundamental, diferencia-se de referenciais em que os universais de natureza da linguagem são vinculados a uma estruturação mental geral[74] ou a um conjunto de princípios estabelecidos que se manifestam nas línguas de um modo particular[75].

Para compreender a invariância que se encontra no fundamento da variabilidade linguística, seja a observada de uma língua para outra ou em uma mesma língua, e o que assegura a existência de reformulações inter e intralínguas (a tradução, a paráfrase etc.), Culioli se atém a explorar o próprio fenômeno da variação. E isso por ser graças à análise do que é a cada vez único e singular que se reconstituem as operações ou os mecanismos gerais da linguagem. Como observam Paillard e Robert:

[...] postulamos que o que é compartilhado pelas línguas não é passível de ser definido nem em termos de universais, nem sob uma forma de arquitetura comum que sustentaria as diferentes realizações, mas como mecanismos simples,

---

73. Remetemos ao exemplo da língua khmer, trazido em nota mais adiante.
74. Cf., neste manual, a seção destinada à "Semântica", que traz um posicionamento teórico distinto deste por nós apresentado, o da abordagem da Semântica Conceitual.
75. A Teoria das Operações Enunciativas, nos termos de Fuchs (1997, p. 16), "[...] vai na contramão do modularismo, a linguagem sendo abordada, não como um (ou vários) módulo(s) específico(s) e autônomo(s), mas como uma propriedade emergente que procede dos mecanismos gerais da cognição; vai na contramão também da concepção computacional do espírito, [visto existir] um processo de **construção** de "formas" significantes emergentes [...]; em suma, os instrumentos de modelização seriam procurados no plano, não lógico-algébrico, mas topológico-dinâmico" (grifos do autor).

em número reduzido, que se agenciam e se combinam de modo infinito e não determinista. [...] Dado seu estatuto primeiro, esses mecanismos não são diretamente acessíveis a partir dos marcadores; é a variação, tanto no nível de um termo quanto no de língua a língua, que permite reconstruir esses mecanismos (PAILLARD & ROBERT, 1995, p. 137).

De Vogüé (2006) acrescenta, ainda, que a invariância consiste nas diferentes maneiras pelas quais as línguas apreendem o nível I, o que evidencia uma proliferação que não se dá, contudo, aleatoriamente. Com efeito, no conjunto de fenômenos linguísticos específicos a cada língua, observam-se operações elementares, encadeamento de operações, esquemas que os engendram, "*invariantes* que fundam e regram a atividade de linguagem tal como ela aparece por meio das configurações das diferentes línguas" (CULIOLI, 1999a, p. 96). A invariância consiste em um conjunto de relações (entre termos) que se mantêm estáveis sob diferentes transformações.

Sendo assim definida, a invariância é igualmente entrevista em fenômenos no seio de uma mesma língua. Encontramos, na escola culioliana, o emprego desse termo em pesquisas sobre a identidade semântica[76] das unidades morfolexicais (FRANCKEL, 2002; CAMUS & DE VOGÜÉ, 2004; FRANCKEL & PAILLARD, 2007; ASHINO & DE PENANROS, 2016). Trata-se, nesse caso, de compreender como se organiza a variação de uma dada unidade, independentemente dos valores semânticos que lhe são atribuídos (de sua polissemia) ou de seu papel em diferentes construções.

Para dar alguns exemplos, interessa a essas pesquisas mostrar que, por trás dos inúmeros empregos do verbo *romper* em português do Brasil (PB), que o aproximam semanticamente e localmente de *quebrar* em *A enxurrada rompeu o cano*; de *começar*, em *Rompeu a guerra do Paraguai*; de *acabar*, em *A amizade entre eles rompeu-se definitivamente*, para mencionar apenas uma ínfima quantidade de seus usos e construções, há uma *forma invariante*, constitutiva de sua identidade, capaz de explicar não só sua

---

[76]. *Identidade semântica* faz referência ao que identifica e constitui o semantismo de uma dada unidade linguística.

especificidade enquanto unidade linguística distinta de outras e sua variação semântica, mas, ainda, seu emprego como auxiliar em *Uma cigarra rompeu a cantar*.

Do mesmo modo que a identidade de *romper* se manifesta sem que ela seja afetada por sua função de verbo principal ou auxiliar, no caso de uma unidade como *por*, o fato de ela poder compor relações intra ou interproposicionais ou introduzir diferentes funções sintáticas também não interfere na sua forma invariante, que deve, pelo contrário, dar conta dessa variação. Logo, interessa, na análise, explorar a unidade em si (o *marcador*), seja em seu papel de preposição em *Olhe por ela* ou *Passamos por Porto Seguro*, seja em seu papel de integrante de locução conjuntiva, como no exemplo *Por mais simples que seja o gesto, ele tem a ver com o conjunto*, ou de conjunção, como elemento presente na morfologia de *por que/porque*. Em outras palavras, a forma invariante constitutiva da identidade de *por* deve contribuir para que se entenda como o mecanismo enunciativo que lhe é próprio atua nesses diferentes empregos, independentemente da classificação recebida[77]. Deve ainda contribuir para que se proponha um formato de descrição unitário no caso em que compõe sintagma preposicional adquirindo diferentes funções sintáticas (*argumento, adjunto, predicativo* etc.).

Há, em suma, uma invariância específica à unidade linguística em uma dada língua (uma invariância que consiste em sua *identidade semântica*) e uma invariância responsável por mecanismos enunciativos gerais, invariâncias que interagem entre si, como veremos logo mais. Mas, em última análise, como afirma De Vogüé, "é sempre do jogo entre os níveis I e II que se trata" (2006, p. 329).

---

77. Ou ainda, como explicam Paillard e Robert, procuramos "estudar as unidades de uma língua fora de toda categorização *a priori*, como unidades transcategoriais, em toda a riqueza de sua variação polissêmica" (1995, p. 127). Isso não significa que não existam especificidades próprias ao funcionamento das categorias gramaticais, como *nome, verbo, preposição* etc.

2.3 Enunciado e enunciação

Enunciado é uma forma empírica, material, comportando os traços de operações (inacessíveis) próprias ao trabalho linguageiro: produzi-lo ou reconhecê-lo consiste em (re)construir agenciamentos de marcadores, o que faz dele "um acontecimento que, por meio do traço que o materializa, ajusta as representações de um locutor às de um interlocutor" (CULIOLI, 1999b, p. 9). Essa definição vincula-se ao postulado que concebe o dado linguístico como resultado de operações subjacentes.

Nessa perspectiva, a *enunciação* corresponde a mecanismos operatórios de linguagem implicados na (re)construção do processo de significação próprio aos enunciados – o que, afinal, a condição de "traços" à qual são alçadas as formas empíricas sugere.

Culioli tematiza, portanto, o modo pelo qual "um enunciado se enuncia (pelo qual tem a forma [o agenciamento] que tem)" (DE VOGÜÉ, apud DE VOGÜÉ; FRANCKEL & PAILLARD, 2011, p. 59), sustentando ser o sentido dele decorrente e por ele regulado. O sentido é (re)construído – e não dado – nos enunciados: a atividade de linguagem, vale lembrar, não veicula sentidos.

Em entrevista a Ducard (2004), Culioli recupera a definição de tais termos, explicando que, em relação a:

> [...] *enunciação*, ele deve ser entendido em um sentido bem preciso. Antes de mais nada, não é o simples proferir, no sentido em que se fala de enunciação de algo. [...] Um enunciado é um construto teórico. Entendo, portanto, por enunciação, essa atividade, e ao mesmo tempo esse acontecimento para o observador, que consiste para um sujeito humano em produzir texto, escrito ou oral, que vai ser agenciado, isto é comportar regularidades, com marcadores que são traços de operações, de tal modo que esse enunciado vai ser apreendido, ou seja, captado sensorialmente e analisado por meio de seus traços de marcadores, e não em sua significação [...]. A enunciação supõe, em primeiro lugar, que essa atividade não seja conduzida a um esquema emissor/receptor, em segundo lugar, que se assuma a dissimetria entre um primeiro sujeito e um segundo sujeito, com um hiato entre os dois (CULIOLI, apud DUCARD, 2004, p. 9-10).

Considerando essa questão sob outro aspecto, os mecanismos de linguagem, ou enunciativos, são diretamente responsáveis por restrições no que diz respeito ao próprio emprego que fazemos das formas empíricas, e que são conhecidas como "regras de boa formação enunciativa":

> [...] As regras de boa formação enunciativa não são necessariamente idênticas às regras de boa formação da frase. Assim, *O gato come doces* é uma frase bem formada, que pode ser encontrada em um manual de leitura como título de uma história ou acompanhando uma ilustração. Para torná-la um enunciado bem formado, é preciso, por exemplo, um localizador como *Tem*, que marca sua delimitação em relação a uma situação singular: (*Mãe! Tem*) *o gato (que) come doces*, ou ainda: (*Olha!*) *o gato (que) come doces* (CULIOLI, 1999a, p. 129).

Diz ainda o autor que considerações a respeito da boa formação, com as quais se relacionam "a estabilidade das reações e a regularidade dos fenômenos", "por si só, permitirão dar conta da abundância das derivações, e das impossibilidades (que não são aleatórias, como se pode mostrar)" (CULIOLI, 1990, p. 20).

A noção de boa formação relaciona-se ao custo enunciativo para a interpretação – e não a julgamentos de aceitabilidade de uma dada forma. A ideia de custo enunciativo aponta para os raciocínios a serem efetuados para que uma dada produção linguística seja interpretada ou semanticamente estabilizada. E tais raciocínios, por sua vez, apontam, como bem disse Culioli, para a regularidade dos fenômenos.

Se tomarmos como ilustração o verbo *quebrar*, vemos que ele se enuncia com inúmeros argumentos, sem qualquer custo para a sua interpretação: *quebrou o relógio, a máquina, o ritmo, a promessa* etc. Já, para se enunciar com *o ar* ou *a luz*, serão desencadeadas contextualizações nas quais *o ar* deve ser interpretado, entre outras possibilidades, como um mecanismo (*o ar-condicionado*), e *a luz*, como a direção de um feixe de luz, também entre outras possibilidades. Se examinarmos, dessa vez, o verbo *mudar*, vemos que inúmeros de seus empregos, para se estabilizarem semanticamente, põem em jogo uma relação estreita com a determinação dos argumentos. Assim, *Mudei o sofá* é bem formado, podendo ser interpretado, de imediato, ora como *Coloquei outro mais alegre no lugar*, ora como *Mandei trocar seu tecido por um mais vistoso*. Por sua vez, se, ao invés de *o sofá*, tivermos *o carro*, percebe-se que a boa formação enunciativa está para além da presença ou não do artigo *o*, já que *Mudei o carro* é mais dificilmente interpretado como a substituição de um carro por outro (note-se, aliás, que, neste caso, é mais natural dizer *Mudei de carro*). Encontra-se, com maior frequência, *Mudei o carro pra diesel, de vaga*, do que *por outro modelo* ou *por um mais novo*.

Essas manipulações dão indícios das regularidades que se encontram no fundamento do funcionamento enunciativo dos verbos (sua *invariância*), regularidades que desencadeiam diferentes ajustamentos quando se observam empregos cuja interpretação não é tão evidente ou deixa a desejar.

2.4 Noção e ocorrência

Retomemos o que vem a ser a *noção*, que, para Culioli, têm "propriedades formais invariantes" (CULIOLI, 1999a, p. 164) e é, em si, inacessível. Representação constitutiva do nível I, a noção surge da insatisfação relacionada a "classificações das palavras, campos semânticos, traços sêmicos, sintaxe separada da semântica (e do restante...), conceitos, que tiram sua força de sua rigidez [...]" (CULIOLI, 1997, p. 10):

> [...] o estudo dos textos mostra que não podemos nos ater a um jogo classificatório e hierárquico, em que representações fixas são encadeadas de modo linear. De que maneira conciliar a plasticidade das representações, dos ajustamentos intersubjetivos, a polissemia etc. e a necessária estabilidade de um sistema robusto, que deve ter as propriedades de todo sistema ao mesmo tempo fechado (daí o previsível) e aberto (daí os escalonamentos e deformações que comportam uma parte de imprevisível)? Nesse sentido, podemos fazer nossa a formulação de Hegel, por meio de Wahl, modificando-a para fins linguísticos: "A noção é 'a multiplicidade desenvolvida' [...] e ao mesmo tempo a unidade reencontrada (op. cit., p. 5)" (CULIOLI, 1997, p. 13).

Retomando, se o objetivo é melhor compreender a atividade de linguagem, esta só pode ser analisada por meio dos enunciados em diferentes línguas. Esses enunciados constituem o nível linguístico (nível II), que permite aceder ao nível cognitivo (nível I), nível simultâneo em que se dá uma representação nocional (noção) que jamais é integralmente apreendida pelo enunciado no qual ela toma corpo.

Essa não apreensão integral da noção pelo enunciado se explica pelo fato de aquilo que constitui a noção (sua "realidade qualitativa", nos termos da teoria) não ser estabilizado ou fixado, posto que a representação nocional não consiste em conteúdos estocados na memória: "em lugar de representação de ordem classificatória, mantidas em estoque, inertes e inalteradas, percebemos que lidamos com representações que não cessam de se reorganizar e de se deformar" (CULIOLI, 1997, p. 10). Explica-se também pelo fato de todo e qualquer enunciado apreendê-la sempre de modo parcial. A representação metalinguística constituindo o nível III visa a mostrar como a noção se configura no enunciado, sem ser, portanto, jamais apreendida por ele em sua integralidade.

Para ilustrar, falar em noção é falar de um conjunto de representações que podemos exprimir, em uma dada língua por "ler; leitura; livro; leitor; biblioteca etc." (CULIOLI, 1990, p. 54), representações por nós elaboradas desde criança e para as quais, como já dito, tanto a atividade simbólica quanto o meio físico-cultural colaboram.

A noção não se resume, no entanto, nem a unidades lexicais já categorizadas (em verbo e nome, p. ex.), e sequer a unidades linguísticas: "é algo virtual e produtivo. Ela não se encontra dada em todas as suas acepções, e é por isso que ela não pode corresponder a uma unidade lexical. Ela é um gerador de unidades lexicais" (BRESSON, apud CULIOLI, 1990, p. 54). Como explica ainda Culioli, se na tradição de determinadas línguas, como a francesa, se está habituado a ter "em um conjunto nocional termos que aparecem como separados, o mesmo não ocorre para tantas outras línguas em que as relações são bem mais evidentes" (CULIOLI, 1990, p. 54)[78].

---

78. Observemos que a distinção entre o lexical e o gramatical comumente feita em português ou em francês não se observa em numerosas línguas, caso, p. ex., das línguas do sudeste asiático, o que nos conduz a sustentar a posição de que a identidade semântica de uma unidade é independente de seu valor lexical ou gramatical. Trazemos aqui, como

Refinando a explicação, ao falar de noção, referimos a um conjunto de representações, mais especificamente a propriedades que constituem uma realidade de cunho qualitativo, não vinculadas a uma classe específica (verbo, nome etc.), *i.e.* referimos a um elemento pré-verbal indicado por <ser P>. Assim, <ser PART>[79] vai evocar representações que se fazem presente, de diferentes maneiras, em *partir* (o bolo, os laços, de casa...), *partida* (a tão esperada partida, uma partida difícil, seja a do jogo, seja a de quem se foi...), *parte* (seja a parte do bolo ou uma das partes do contrato...), *partilha* etc., para não falar de *repartir, partilhar, compartilhar, participação, partidário* e de tantas outras unidades lexicais em PB em que essa noção se instancia, ao tomar corpo em um enunciado.

Foi dito também que a noção é algo virtual e produtivo. A virtualidade da noção, ao permitir à unidade linguística ser empregada de modo original, nos faz compreender a criatividade e a singularidade constitutivas

---

ilustração da evidência dessa característica relacional à qual faz menção Culioli, o caso de *trəv*, unidade da língua khmer (PAILLARD, 2015) que funcionaria como (1) verbo, (2) o que indica diátese passiva, (3) o que indica um valor detrimental, entre outros empregos. Esse exemplo não é simples, mas vale a pena se deter nele para entender o que está em jogo. Assim, em alguns dos exemplos trazidos pelo autor, em (1) *koat vay* **trəv** *kbaal kɲom* (*koat* [3ª p. do sg.] *vay* **trəv** *kbaal* [cabeça] *kɲom* [1ª pessoa]), traduzido em francês por *Il m'a heurté à la tête* e em português por *Ele me atingiu na cabeça*, a presença de *trəv* faz com que o ato de bater seja entendido de modo involuntário. Notemos que se *vay* pode ser traduzido, em francês, por *frapper*, e em português, por *bater*, *vay trəv* será traduzido, em francês, por *heurter*, e em português, por *atingir*. Já em (2) *Phnom Penh* **trəv** *kmaŋ vay baek thnay tii* (*Phnom Penh* **trəv** *kmaŋ* [inimigo] *vay* [bater] *baek* [quebrar] *thnay tii* [data]), traduzido em francês por *Phnom Penh a été pris par l'ennemi tel jour* e em português por *Phnom Penh foi tomada pelo inimigo tal dia*, vê-se a indicação de uma diátese passiva: *trəv* inscreve o GN *Phnom Penh* em uma relação predicativa construída independentemente dele. Nesse caso, entendemos a colocação de Culioli sobre a passiva, feita anteriormente. Para outros exemplos mais detalhados, remetemos ao trabalho do autor, que mostra de que maneira, no fundamento do conjunto de empregos de *trəv*, pode se observar um mesmo mecanismo de funcionamento (uma invariância) capaz de explicar seus diferentes valores. Remetemos, ainda, à entrevista concedida por Paillard (ROMERO & FLORES, 2016), na qual essa questão é igualmente tratada.

79. Conforme Culioli (1999b, p. 82-83), "a notação <ser P> busca captar o caráter predicativo e estritamente qualitativo das noções".

dos falares, da criança, do jovem ou de qualquer locutor[80], bem como a impossibilidade, para os dicionários, de abarcar um conjunto finito e fixo de definições. Se empregos originais só são possíveis graças à produtividade, à deformabilidade da noção reconfigurada pelas unidades linguísticas, essa mesma deformabilidade, por não significar liberdade irrestrita, impõe limites. A criança em fase de aquisição, por exemplo, entende bem esses "limites", e quando os ultrapassa, é por se encontrar, normalmente, em um movimento específico, em que as próprias noções estão sendo (re)elaboradas, caso de Be., 2 anos, ao contar para o pai, apontando a própria mão machucada, que "o garfo picou"[81], ou por, deliberadamente, brincar com esses mesmos limites, explorando sua deformabilidade inerente.

A ideia de instanciação da noção em um enunciado permite, por sua vez, abordar o que vem a ser uma *ocorrência*. A ocorrência consiste em uma *ocorrência da noção*. Trata-se de apreender a noção por meio da unidade linguística contextualizada, logo, por meio da integração da unidade em um enunciado. A instanciação da noção diz que a noção toma corpo (se

---

80. O olhar que se tem sobre o falar do jovem é, na maioria das vezes, o oposto disso. Em Romero e Vóvio (2011), pode-se observar como as produções linguísticas juvenis, com sua criatividade e produtividade inerentes, são rotuladas. A experimentação característica da condição juvenil evidenciada em termos de língua é comumente tachada como um "falar à parte", que, embora qualificado como "variante linguística", não se vê necessariamente incluído nessa língua que, no entanto, é a nossa – e isso quando não é tratado como "linguagem marginal". De certa forma, a postura diante do falar da criança e do jovem é idêntica, pois toma como parâmetro uma língua não deformável, e, por isso, repleta de construções tidas por "estáveis" em relação às quais ocorrem diferentes movimentos: no caso das crianças, esses movimentos são avaliados positivamente, porque entendidos como "ajustamentos naturais" em direção ao uso da língua; no caso dos jovens, os movimentos nem sempre são bem avaliados, porque entendidos como desajustes em relação a esse mesmo uso. Ressaltemos ainda que, em relação à fala da criança, apesar da avaliação positiva, poucos são os que concebem esses movimentos como frutos de uma língua cuja natureza é intrinsecamente deformável e aberta a possibilidades variadas.

81. O exemplo nos foi dado pelo pai da criança. Segundo seu relato, Be., dias antes, vivenciou o emprego desse verbo por ter amanhecido "picado" por pernilongos em várias partes do corpo.

configura) por meio do enunciado que dá a vê-la, *i.e.* por meio das relações que a unidade linguística estabelece uma vez enunciada[82].

Essa instanciação não se faz, porém, sem perdas. Se voltarmos ao exemplo de <ser PART>, ao dizer *Ele partiu sem olhar para trás*, acessamos, sem dúvida, a noção <ser PART>, mas sempre sob uma determinada ótica, aquela que se configura no enunciado. O enunciado delimita, portanto, a noção. No nosso exemplo, tem-se o *partir* da *partida de alguém*. Em suma, uma vez verificada a enunciação, a noção é configurada, não pela unidade e, sim, pelas relações das quais a unidade toma parte no enunciado e que a estabilizam semanticamente.

Para fazer um primeiro apanhado, a contextualização da unidade linguística faz dela uma ocorrência, construto teórico que guarda uma ambivalência constitutiva por ser, simultaneamente, conforme a noção (da qual é ocorrência) e singular, singularidade esta oriunda do enunciado no qual a noção se configura. A ocorrência reflete, pois, a própria dualidade da unidade.

Tal ambivalência sustenta o jogo irredutível existente entre os níveis I e II, sem que se pregue a sua separação. Com efeito, se, por um lado, a noção em si é "indizível", se ela não existe sem um enunciado que a configure, e se esta configuração, por sua vez, lhe serve de acesso, por outro, a noção jamais se resume a essa configuração. Ademais, vale lembrar que a noção não se define como um conjunto de representações (propriedades, qualidades) fixas que possa ser completamente abarcado. Uma configuração assinala que a noção, ao ser apreendida, só o é sob um dado aspecto, o definido pelas relações estabelecidas pela unidade ao se enunciar.

A partir da unidade linguística constroem-se relações que lhe conferem a condição de ocorrência, o que, dada a articulação variável entre seus dois

---

[82]. A ocorrência não consiste, contudo, em cada emprego decorrente de uma dada unidade linguística. Não se trata assim de dizer que, a cada emprego, se tem uma ocorrência. Um grupo de empregos que apresentam valores semânticos distintos pode originar uma mesma ocorrência, e isso pelo fato desse grupo se definir por relações equivalentes, por uma mesma configuração. Isso será visto na seção 3.2.2.

modos de ser (*conforme a noção* e *singular*), se desdobra diversamente. Citando Culioli:

> [...] as noções permitem, portanto, por seleção e combinação, reagrupamentos de propriedades; esses reagrupamentos são variáveis e fornecem uma multiplicidade de caminhos possíveis entre o nível I e o nível II. As variações produzem essa especificidade das línguas das quais temos experiência: de I a II, é necessário ativar ao menos um caminho, dentre os caminhos *possíveis*. Uma vez o caminho I→II traçado e estabilizado, construímos e nos apropriamos de um sistema de marcadores que, na troca enunciativa, desencadeia, graças ao texto enunciado, operações de nível I naquele que reconhece a forma do enunciado [...] (1999a, p. 164).

2.5 Atividade epilinguística

Para explicar a atividade mental, Culioli toma habitualmente como exemplo os gestos que uma criança faz ao colocar em sua cabeça uma vasilha como se fosse um chapéu ou os que um adulto faz ao juntar as mãos em forma de concha para beber água em uma fonte. Em tais gestos, percebe-se a operação de uma racionalidade, por ele qualificada de "nova" e "silenciosa", em referência à recuperação de uma racionalidade anteriormente existente e que seria "uma maneira de conduzir os pensamentos que busca uma certa coerência e não passa pela linguagem" (CULIOLI & NORMAND, 2005, p. 22). Essa racionalidade, de natureza cognitiva, nem por isso deixa de estar relacionada ao corpo e aos gestos: trata-se de "formas", de um raciocínio que não passa necessariamente pela verbalização. A compreensão da atividade de linguagem toca igualmente nessa questão, que é a de dar conta de uma racionalidade que, embora não passe pelo dizível, é apreendida por meio das línguas, desde que se considerem as reduções que necessariamente ocorrerão.

A atividade epilinguística envolve essa "racionalidade silenciosa" – que não é a da comunicação, a da estabilidade linear necessária às trocas – em sua relação com o nível II. Manifestando-se sob uma ordem aparente, o nível II oculta o caos epilinguístico próprio ao modo como se apreende o nível I, como esclarece Culioli, "uma atividade permanente da qual não temos consciência e que nos fornece representações que se entrecruzam, se entrechocam etc." (CULIOLI & NORMAND, 2005, p. 111), que projeta caminhos possíveis a serem estabilizados no nível II. Para Normand, o epilinguístico é o que permite explicar porque "há língua e de que maneira ela funciona" (CULIOLI & NORMAND, 2005, p. 111).

A origem do termo, segundo Culioli, apoia-se em três fontes: a primeira é proveniente de seu incômodo de não poder designar o fenômeno acima relatado; a segunda, de F. Bresson, especialista em psicologia cognitiva, que, ao perceber do que se tratava, lhe sugeriu o termo; e a terceira, de suas leituras a respeito de epigênese e de caminhos estabilizados entre os caminhos possíveis. Na sua opinião, cada um de nós traça caminhos no nível mental, em uma espécie de conexão – de certo modo aleatória porque imprevisível – que não é qualquer.

Atividade interna não consciente, o epilinguístico abarca a atividade de linguagem, uma forma que permite ao empírico (o enunciado) proliferar e que é apreendida em termos de esquemas de operação: uma *forma abstrata*. Assim, ele é:

> toda essa proliferação [...], uma deformabilidade que faz com que possamos passar de um a outro. É como uma anamorfose permanente que age de tal maneira que, em um dado momento, para uma dada língua, haverá decisões, isto é, **trajetos**, escolhas necessárias e, neste momento, você está no **linguístico**. E se, como linguista, você refletir explicitamente colocando-se em uma posição exterior, você cai no **metalinguístico**, o que faz com que naturalmente o metalinguístico esteja, em alguns casos, na língua – a metalinguagem está na língua – mas, por outro lado, tenha um custo, tenha sempre uma redução, se empregarmos metalinguístico no sentido estrito (CULIOLI & NORMAND, 2005, p. 110, grifos do autor).

Postular uma forma da atividade de linguagem que promova a atividade epilinguística não significa, contudo, que exista uma ideia primeira: trata-se, sim, de um jogo de relações, do intrinsecamente constituído de relações sem materialidade que permite construir objetos perceptíveis quando há verbalização. De uma atividade interna, passa-se a uma atividade externa, linear, que se torna pública, *i.e.*, que vem à tona sem que essa exteriorização corresponda efetivamente à atividade interna que se manifesta.

Essa colocação recupera o caráter inacessível da racionalidade de nível I: por trás de toda exteriorização – logo, de cada enunciado –, existem operações que se fazem sempre presentes e que nele deixam traços. O metalinguístico, como já apontado, corresponde a uma tentativa de formalizar o que é, por natureza, não formulável, inacessível.

A distinção feita por Culioli entre a atividade mental constitutiva do nível cognitivo (nível I) e a metalinguística (nível III) é fundamental, e marca a diferença entre a "racionalidade do locutor", a silenciosa, e "a racionalidade do linguista", do analista. Daí o raciocínio metalinguístico consistir em uma "representação-simulação" (CULIOLI & NORMAND, 2005, p. 193) do que se passa na fonte, aquém da superfície linear exteriorizada, e que ocorre simultaneamente a essa exteriorização. São nos traços depreendidos dessa racionalidade silenciosa no nível linguístico (nível II) que se tem, nas palavras de Normand:

> [...] a face sensível do que se passa em outro lugar, nesta zona intermediária do epilinguístico, domínio informulável em que se misturam pensamentos, afetos, produção e reconhecimento de formas... formas imateriais, mas sensíveis, isto é, [domínio] de toda esta atividade que resiste à estabilização, uma estabilização entretanto necessária à comunicação... (CULIOLI & NORMAND, 2005, p. 193-194).

O traço, por jamais explicitar nada, está necessariamente associado a uma opacidade intrínseca. Ir para além da estrutura visível traz a necessidade de desintrincar esses traços por meio de manipulações, por meio de "glosas", um tipo particular de reformulação, controlada pelo linguista, e não assimilável a uma definição, nem a uma retomada com o propósito de melhor esclarecer algo anteriormente dito. Concebida por Culioli como uma explicação de texto, a glosa adquire um estatuto particular ao implicar um procedimento que supõe necessariamente um trabalho de abstração:

> Podemos considerar a glosa de um enunciado como proveniente de um nível intermediário no vai e vem entre o empírico e o formal. Essa abstração não impede sua ancoragem na interpretação empírica do enunciado que ela formula,

> mas, ao permitir escapar à evidência ofuscante da compreensão imediata, ela visa a estabelecer uma desintricação do papel desempenhado na construção do sentido desse enunciado pelas unidades que o constituem (FRANCKEL, apud DE VOGÜÉ; FRANCKEL & PAILLARD, 2011, p. 121).

A glosa constrói-se ao tentar tornar consciente um saber não consciente, este próprio à "racionalidade silenciosa". Tal tentativa passa, de um lado, por comentários, por explicações e percepções a respeito do papel desempenhado pelo termo que se quer analisar nas interações por ele promovidas, de outro, por uma formalização desse papel por meio de uma metalinguagem.

Em suma, trata-se sempre de um procedimento que se desdobra: a glosa faz proliferar os fenômenos por meio de procedimentos experimentais, manipulações, o que, por sua vez, dá origem a uma representação metalinguística que diz, por meio de relações, o modo como a linguagem funciona. A glosa fundamenta-se na própria atividade epilinguística, que se integra, por sua vez, à própria atividade de linguagem.

3 NOÇÕES OPERACIONAIS

A seguir, trazemos um conjunto de noções operacionais mobilizadas por este referencial, sendo estas a de *glosa* (ou *prática de reformulação controlada*), *forma esquemática*, *figura nocional* e *operações de determinação QNT-QLT*.

Tais noções são algumas das que fundamentam a metodologia de análise da atividade de linguagem por meio da diversidade das línguas para a Teoria das Operações Enunciativas.

3.1 A glosa ou prática de reformulação controlada

Retomando e aprofundando o que vem a ser a prática de glosa, os procedimentos analíticos fundamentam-se nesse modo específico de reformulação que visa a desvelar e formalizar os mecanismos enunciativos em jogo no processo de construção da significação. Por exemplo, no estudo lexical, isso se dá por meio da identificação e análise minuciosa dos contextos linguísticos que a unidade a ser estudada convoca para funcionar discursivamente, *i.e.* da identificação, de um lado, dos termos que com ela interagem e tendem a estabilizá-la semanticamente, de outro, da verificação do modo como ela apreende esses termos, conferindo-lhes determinações não quaisquer. Essas determinações mobilizam representações a cada vez únicas, que evidenciam características de seu mecanismo enunciativo invariante.

Vejamos algumas ilustrações. No caso de *O cano quebrou* e *O cano rompeu*, embora se afirme intuitivamente que o termo *o cano* mobiliza a representação de um objeto, o fato é que cada verbo lhe confere determinações deveras específicas, que fazem com que este termo, na produção e no reconhecimento de enunciados que contemplem essas sequências, desencadeie representações muito mais elaboradas, que manifestam propriedades constitutivas dos verbos em si. É assim que *o cano*, com *quebrar*, remete pura e simplesmente a uma representação estrutural, a tal ponto de se poder evocar, com *O cano quebrou*, um cenário enunciativo no qual o cano quebrado seja apenas um cano de uma obra ainda em construção, um cano que se encontra fora de uso. Esse cenário enunciativo seria inadmissível com *O cano rompeu*, uma vez que *romper* desencadeia obrigatoriamente uma representação do cano em funcionamento. Na compreensão deste enunciado, mobiliza-se a representação de um cano que continha algo (*água, gás* etc.) e que não é mais capaz de exercer essa função. A determinação operada por *romper* faz com que *o cano* seja apreendido como *elemento limitador*, visto que *um cano rompido* implica conferir curso livre ao que estava sob seus limites (*a água se espalha, jorra; o gás vaza* etc.).

Observa-se, aqui, um procedimento que esmiúça o papel do verbo ao analisar o modo como ele opera sobre o termo que convoca para se enunciar, conferindo-lhe determinações precisas, não quaisquer. É assim que, examinando detalhadamente outros enunciados nos quais *romper* se faz presente, verifica-se o que, da elaboração proposta, permanece, a ponto de recuperar sua invariância.

Para dar mais um exemplo, vê-se que em *A corda de* bungee jump *se rompe e provoca acidente*, *romper* convoca, desta vez, a representação de uma corda em uso como o que estabelece um limite espacial à distância a ser atingida pelo salto. *Romper* marca o curso livre daquele que, antes, tinha seu salto limitado pela corda distendida.

Importa evidenciar que esse tipo de procedimento, ao buscar recuperar o raciocínio que sustenta a forma empírica – o enunciado –, promove, antes de tudo, uma atividade reflexiva acerca dos fatos da língua, e que, por isso mesmo, é absolutamente proveitoso no campo do ensino-aprendizagem de línguas[83]: "o que está em jogo é o estabelecimento de procedimentos controláveis, que passam por uma argumentação e que se apoiam em fatos da língua reproduzíveis [...]" (FRANCKEL, apud DE VOGÜÉ; FRANCKEL & PAILLARD, 2011, p. 107).

3.2 Forma esquemática e figura nocional

Do que dissemos, fica o fato de a busca por invariantes passar por uma metodologia analítica que explora o fenômeno de variação e que a invariância se apoia em um número de operações ou mecanismos reduzidos, que se combinam de modo complexo.

Vale, aliás, retomar o que é dito por Fuchs (1997, p. 16), "os instrumentos de modelização seriam procurados no plano, não lógico-algébrico, mas topológico-dinâmico". Sobre essa questão, Culioli acrescenta que o nível I, que "conduz às formas deformáveis, [...] impede que se recorra a um aparelho metalinguístico lógico-algébrico. Não operamos sobre o classificatório ou cristalizado, mas sobre o dinâmico e processos, em que a geometria é de ordem topológica" (1997, p. 10).

Para entender o alcance de se postular uma formalização de ordem topológica, tomamos como exemplo inicial o verbo *partir*, com o objetivo

---

83. Cf. Rezende (2000, 2006, 2008) e Lima (2013).

de: a) entender os conceitos de *forma esquemática* e *figura nocional*, que remetem a ordens de invariância distintas, o primeiro relacionado ao que identifica o mecanismo enunciativo do verbo em uma dada língua, no caso, em PB; e b) mostrar como, dessas invariâncias, decorrem configurações não quaisquer que estão no cerne das ocorrências enunciativas; tais configurações, por sua regularidade, relacionam-se às operações de linguagem que estão no fundamento da variação semântica.

Propomos, dessa vez, um movimento inverso, do empírico ao formal, das análises à discussão dos conceitos[84].

3.2.1 Forma esquemática e parâmetros de integração à proposição

O verbo *partir*, escolhido para ilustrar inicialmente a problemática, apresenta ampla variação de usos, o que o faz poder ser parafraseado ora por *cortar* (*Ele partiu o bolo*), ora por *ir-se embora* (*Ele partiu sem olhar para trás*), ora por tantos outros verbos cujos valores são considerados próximos, a depender do emprego. Além disso, verifica-se *partir* em diferentes construções: nas transitivas diretas (*Ele partiu a estatueta em mais de cem*

---

84. Apoiamo-nos, nessa seção, em muitas das reflexões trazidas por De Vogüé (1989, 1999), trazendo um novo desenvolvimento a algumas das colocações feitas pela autora sobre a organização própria à variação verbal. No que se refere à discussão apresentada, ela é resultado de pesquisa iniciada em 2008, ainda em andamento por contemplar diferentes unidades linguísticas do Português do Brasil, e que integra parte de nossos orientandos de Mestrado e Doutorado, a quem expressamos nossa imensa gratidão. Agradecemos, em particular, a *Camili Alvarenga, Elisabeth Rocha, Juliana Kiihl, Soraia Garcia, Suzana Almeida, Thatiana Vilela, Vanessa Trauzzola*. Os enunciados apresentados nas análises foram extraídos de fontes lexicográficas usuais e da web. Em relação ao verbo *partir*, retomamos a discussão que tivemos com E. Contieri e que resultou no texto "Ensino do léxico em língua materna: usos e sistematização de funcionamento enunciativo", publicado nos *Anais do Sielp*, vol. 2, n. 1, 2012, p. 1-10. Uberlândia: Edufu. Destacamos, contudo, o aprofundamento teórico-analítico observado no estudo que apresentamos nesse capítulo e que lhe confere uma natureza original. Em relação ao verbo *quebrar*, este está no cerne de nossa pesquisa desde 2008. Análises anteriores desse lexema podem ser vistas em artigos por nós publicados, como em Romero (2010). Tais análises foram igualmente aprofundadas, resultando no estado atual que aqui se tem.

pedaços, Ele partiu o bolo etc.), nas intransitivas ou, segundo determinadas classificações gramaticais, em transitivas adverbiais (*Gauguin parte [para o Taiti]*), em construções indicando estado, com sujeito inativo e complemento de origem (cf. BORBA, 1990, p. 977, *A ideia partiu de alunos de gastronomia*), nas construções com pronome *se* (*A voz do rapaz se partia em mágoa*), em expressões vistas como gíria, uso informal, caso do emprego relativamente recente de *partir* em *Partiu!, #partiu (#partiuteste, #partiuvidanova*) etc.

Consideremos, inicialmente, os enunciados abaixo, representativos de seus diferentes empregos. Neles, focalizamos, não a polissemia do verbo, *i.e.* os valores semânticos que *partir* adquire, nem as construções em que aparece, mas o mecanismo enunciativo por ele posto em jogo. Para cada um descrevemos brevemente o modo como o verbo apreende e concebe o termo sobre o qual incide.

1) *Em 1978, um homem partiu a estatueta [da virgem] em mais de 100 pedaços.*

Tem-se o termo *a estatueta*, antes concebido como uma unidade inteira, concebido como elementos distintos, desunidos, como *pedaços* que não deixam de referir a *estatueta* (são *pedaços* de)[85].

2) *Use a espátula para partir os ovos mexidos em pedaços pequenos.*

Tem-se o termo *os ovos mexidos*, antes concebido como uma unidade trazida pela uniformidade de sua substância (a da gema integrada à clara), concebido como elementos distintos, desunidos, como *pedaços* que não deixam de ser *ovos mexidos*.

3) *As células partem-se na mitose.*

Tem-se o termo *as células*, antes concebido como algo dotado de uma unidade original, como desdobramento de células que fazem

---

85. Os enunciados fazem referência às representações elaboradas. Assim, a explicação "o termo *a estatueta*, antes concebido como uma unidade inteira" deve ser lida como "o termo *a estatueta*, inicialmente evocando uma representação na qual se observa a propriedade de ser uma unidade inteira". Isso vale para o conjunto das análises.

referência às originais: a composição genética da célula formada é idêntica à da célula da qual se originou.

4) *Não parta! Essa é a hora de todos os que amam Angra ficarem por aqui...*
Tem-se um sujeito, concebido em referência a um lugar (*Angra*), que estaria em ruptura com o lugar que o localiza se não fosse a solicitação que lhe é feita (*Não parta*).

5) *Estudantes criam ovos nutritivos, mas sem perder o sabor. A ideia partiu de alunos de gastronomia...*
Tem-se o termo *a ideia*, concebido em referência aos alunos de gastronomia (ela os tem por origem) e como o que ganha autonomia por ter sido realizada.

6) *Parto de um princípio simples: a cada ato, uma consequência.*
Tem-se o termo *um princípio simples* concebido como uma proposição que é assumida por alguém e está na origem primeira de algo, que dele decorre.

7) *Sempre juntas de alguma forma, cada uma seguiu seu caminho sem partir o nó que já havia se formado.*
Tem-se o termo *o nó* concebido como o que une de modo estreito pessoas, união que poderia ter deixado de se verificar.

8) *Ele que partiu os laços da prepotência de uma faraônica ditadura, e sonhou com uma Nova República.*
Tem-se o termo *os laços* concebido como o que, antes, unia a nação ao governo ditador (a nação formava um corpo único com o governo pelo fato de ser enlaçada pela prepotência da ditadura) e como uma união que deixa de se verificar.

9) *Partiu-se o vínculo que nos prendia*[86].
Tem-se o termo *o vínculo* concebido como o que une de modo estreito, união que deixa de se verificar.

---

86. Os termos *o nó* e *o vínculo*, descritos como *o que une de modo estreito*, certamente apresentam modos diferenciados de conceber essa união. Mas, para fins de análise do funcionamento enunciativo do verbo, falar em *união estreita* já nos basta.

Esses exemplos são suficientes para discutir os mecanismos enunciativos que sustentam a organização da variação verbal, que não é qualquer.

Comecemos pela *forma esquemática* (note-se FE), que remete à identidade semântica do verbo. Espera-se, de uma FE, que descreva o conjunto dos empregos do verbo por ela caracterizado, sem que o faça por meio de uma descrição "assimilável a algum sentido específico [...]. A FE não é o sentido da palavra, a identidade que constitui não é uma substância autônoma, não é o menor denominador semântico comum dos empregos de uma palavra" (FRANCKEL, apud DE VOGÜÉ; FRANCKEL & PAILLARD, 2011, p. 26).

Trata-se de uma *forma abstrata invariante* elaborada graças à análise, de um lado, das contextualizações desencadeadas pelo verbo e do modo como o verbo em si concebe, *determina* os termos presentes nessas contextualizações, de outro, do modo como o verbo é concebido, *determinado* por essas mesmas contextualizações.

Uma ilustração de tais determinações pode ser vista em *partir o ovo*. Em PB, *partir* apreende o termo *o ovo* como UNIDADE ora sob a ótica da uniformidade de sua substância, caso em que a gema se mistura à clara (*ovos mexidos*), ora sob a ótica de um dado ponto de cozimento (*ovos cozidos*). Isso mostra que os qualificativos *mexidos, cozidos* tendem a ser solicitados por *partir* para que se enuncie com *o ovo* em PB.

A forma esquemática representa o modo do verbo se integrar à proposição. Para *PARTIR*, propomos a seguinte definição em termos de *forma esquemática*:

> Dada uma UNIDADE (X), em que UNIDADE se lê como elementos unidos (Y), PARTIR exprime a UNIDADE desunida.

A formalização metalinguística proposta manifesta-se segundo três grupos de funcionamento, a depender de como a UNIDADE é mobilizada.

Voltando aos enunciados, tem-se um 1º grupo em que, de uma UNIDADE (X) inteira, única, originam-se partes, comumente materializadas no enunciado pelos termos *pedaço*, *metade* etc. A característica principal desse grupo é que (X) é intrinsecamente passível de ser partido, de originar partes (relação todo-parte): há um termo representado como dotado de UNIDADE marcada por sua inteireza (X) e, simultaneamente, como aquele do qual se originam partes (Y).

Os exemplos pertencentes a esse grupo são: (1) *Em 1978, um homem partiu a estatueta [da virgem] em mais de 100 pedaços*, em que o termo *a estatueta* refere à UNIDADE marcada por sua inteireza (X) e ao elemento passível de originar partes (Y) (*mais de 100 pedaços*); (2) *Use a espátula para partir os ovos mexidos em pedaços pequenos*, em que o termo *os ovos mexidos* refere à UNIDADE marcada pelo que é homogêneo (*ovos* qualificado por *mexidos*) (X) e às partes que o constituem (Y) (*pedaços pequenos*); (3) *As células partem-se na mitose*, em que o termo *as células* refere ao conjunto no qual cada célula é uma UNIDADE (X) e ao que se desdobra (Y).

Para mencionar alguns outros enunciados do 1º grupo, temos *Depois de desossar o carré, é preciso partir as costelas em pedaços individuais*[87], em que o termo *as costelas* refere a uma peça única (X) e ao que é capaz de originar elementos individuais (Y), *pedaços individuais*; temos ainda *Enquanto os macacos podem partir um galho para utilizá-lo para pegar insetos*, em que se mobiliza a representação de uma árvore como UNIDADE (X) do qual o galho faz parte (Y), sendo este passível de se tornar um elemento individual (*um galho partido*) etc.

Tem-se, ainda, um 2º grupo, em que (X) integra uma *partida* (*parte* como o que evoca *partida*). (X) apresenta-se como UNIDADE marcada por uma relação circunstancial de localização, localização esta tida por origem primeira: há, de um lado, *um termo localizado*, de outro, *um sítio que o*

---

87. É interessante notar que, em PB, usamos o verbo *quebrar* para representar um osso que teve sua estrutura danificada (*quebrar as costelas*). Os exemplos com *partir as costelas* em que se representa um osso com tais características são verificados, segundo pesquisa feita, apenas no português europeu. Daí o interesse desse exemplo, que mostra uma característica própria ao funcionamento do verbo *partir* em PB. Para que esse verbo funcione enunciativamente com *as costelas*, é preciso apreender o termo como uma peça única, a partição incidindo paralela ao osso, o que explicar o seu emprego em contextos culinários.

localiza e com o qual forma uma unidade. A partição, ao cessar a relação de localização, faz com que *o termo localizado* se manifeste no espaço-tempo (o que notamos em Y), deixando sua origem primeira. Nesse grupo, (X) não é passível de ser intrinsecamente partido (não há relação todo-parte): *o termo localizado* é o que parte, o que integra uma partida quando se perde a relação circunstancial que o localizava. A partida se mostra como manifestações espaçotemporais (trajetos) de natureza variada (de um ponto a outro no espaço, do campo subjetivo para o efetivado, relações de causa-efeito etc.).

Pertencem ao 2º grupo os enunciados: (4) *Não parta! Essa é a hora de todos os que amam Angra ficarem por aqui...* Com *Não parta!*, é o interlocutor instituído em sujeito sintático ("você") que evoca uma dupla representação: de um lado, ele é (X), alguém integrado a um dado lugar considerado de origem (*Angra*); de outro, é (Y), alguém passível de atualizar um percurso, uma partida, ao deixar esse lugar; (5) *Estudantes da UCB criam ovos nutritivos, mas sem perder o sabor. A ideia partiu de alunos de gastronomia...* Apreende-se o termo *a ideia* por meio de uma dupla representação: a ideia localizada por alunos (a ideia tem *alunos de gastronomia* por origem) e ainda não materializada; a ideia realizada (a ideia deixa o campo subjetivo e se materializa no espaço-tempo, se realiza). (X) e (Y) remetem, respectivamente, à ideia localizada e à ideia realizada, que não deixa de fazer referência aos alunos dos quais se originou; (6) *Parto de um princípio simples: a cada ato, uma consequência.* Aqui, (X) é o *princípio* que mobiliza o sujeito como sede (*assume-se o princípio simples*) e (Y), *o princípio* como o que se manifesta por meio do que dele decorre (seus efeitos).

Além desses enunciados, mencionemos alguns outros que fazem parte do 2º grupo: *O evento teve início com uma caminhada que partiu da Praça João Chaves*, em que se tem o termo *as pessoas* localizado por *Praça João Chaves* (X) e como o que atualiza um percurso (Y) (*uma caminhada*); *A ordem de assassinato partiu do governo*, em que se tem *a ordem de assassinato* como o que tem *o governo* por origem (X) e *a ordem (de assassinato) atualizada*, manifestada no espaço-tempo, ganhando autonomia em relação a quem ordenou (Y).

Por fim, no 3º grupo, (X) é constituído de partes que não existem fora de (X) em si (*parte* como *indivíduo: as partes envolvidas*). Em outras palavras, (X) apresenta-se como UNIDADE cujas partes só existem pela união estabelecida (não há X passível de ser intrinsecamente partido, como no 1º grupo, nem X integrando uma partida, como no 2º grupo). Nesse grupo, só há *parte* enquanto houver união. A partição não resulta nem em possíveis partes restantes (como no 1º grupo), nem em partidas (como no 2º grupo), mas no fato de se invalidar o estatuto de *parte*.

Os enunciados analisados que fazem parte do 3º grupo são: (7) *Sempre juntas de alguma forma, cada uma seguiu seu caminho sem partir o nó que já havia se formado.* Nesse enunciado, tem-se o termo *o nó* como união estreita entre duas pessoas, que são vistas como partes unidas pelo próprio vínculo que as une (X) e *o nó* como passível se ser desfeito, levando à inexistência da união (e do estatuto de *partes*); em (8) *Ele que partiu os laços da prepotência de uma faraônica ditadura, e sonhou com uma Nova República*, tem-se *os laços* como o que une partes (X), a *nação* ao *governo ditador*, e *os laços desfeitos*, a união deixando de existir (Y); em (9) *Partiu-se o vínculo que nos prendia*, é o próprio termo *o vínculo* que é convocado pelo verbo, como o que marca a união entre partes antes presas que deixam de se verificar enquanto *parte*.

Os exemplos desse grupo não são poucos, mas se assemelham aos aqui descritos, nos quais se fazem ainda presentes termos como *sentimento* (*Eu só queria partir sem partir ao meio o pouco de sentimento que nos resta*), *fio* (*De repente partiu-se o fio que ligava um lado ao outro. Um fio tênue, transparente... frágil como meus olhos... Frágil como um fio de nylon pode ser... Cansou.*) etc.

Vale, aqui, fazer uma importante observação: a forma esquemática apresentada integra parâmetros (X) e (Y) que, no caso do verbo, passam pela relação predicativa por ele instaurada, sem que tais parâmetros correspondam, no entanto, estritamente a seus argumentos. Com efeito, por exemplo, em (4) *Não parta!*, é o sujeito sintático que é, simultaneamente, (X), e isso por constituir UNIDADE com o lugar ao qual se vê integrado (seu sítio localizador), e (Y), *i.e.* aquele que, ao manifestar circunstancialmente um trajeto (uma partida), cessaria sua união ao sítio que o localiza.

Para encerrar essa primeira análise, vê-se que a identificação do verbo se dá por meio de "uma escritura que diz a forma esquemática dos diferentes parâmetros que ele mobiliza. É bem de parâmetros que se trata: de entidades a serem fixadas para que o valor (semântico) se construa; de entidades cuja escritura precisa e restringe a forma e as relações que as vinculam" (DE VOGÜÉ, 2011, p. 18).

Tomemos um outro exemplo, o do verbo *quebrar*, cuja identidade remete, não ao que é sólido, como poderia se pensar, mas ao que se encontra em uma relação estreita de dependência recíproca ou causalidade com o outro, por nós denominada de *solidaridade*[88].

A formalização do funcionamento desse lexema em termos de *solidaridade*, de uma unidade *coesa*, *integrada*, que se desfaz recupera, novamente, uma relação de parâmetros variáveis (o que é dotado de *solidaridade*, é coeso, integrado, e *os constituintes interdependentes* que formam a *solidaridade*). Essa relação permite compreender a proliferação de sentidos que lhe atribuímos em seus diferentes usos, alguns dos quais analisamos a seguir:

1) *Quebrou o relógio com raiva.*

Tem-se o termo *o relógio* concebido como mecanismo dotado de *solidaridade*, como peças antes integradas em seu funcionamento e cuja integração não mais se observa.

2) *No fim do pregão, OGX divulgará prejuízo recorde. Ele quebrou a empresa?*

Tem-se o termo *a empresa* concebido como estrutura econômica, como sistema consolidado de atividades, e que se vê como algo passível de ser destruído.

---

88. Preferimos empregar *solidaridade*, forma pouco usual, para expressar a referida propriedade.

3) *Tem muita gente suando a camisa para quebrar qualquer código criptográfico.*

Tem-se o termo *código criptográfico* concebido como sistema de símbolos (como relações ordenadas representando uma informação) passível de ser desfeito.

4) *[...] caracterizado pela grande onda que se quebrou sobre a embarcação.*

Tem-se o termo *a onda* concebido como repetição periódica ordenada de oscilações (entre cristas e vales) e como movimento ondulatório interrompido (há rebentação da onda).

5) *O cara fez tudo: saiu do tom várias vezes, errou o tempo, quebrou o ritmo da música.*

Tem-se o termo *o ritmo* concebido como repetição periódica ordenada de intervalos (em uma composição musical) e como fenômeno cuja constância de intervalos musicais é interrompida.

6) *A terapia do riso quebrou a rotina do Centro de Hemodiálise de Patos.*

Tem-se o termo *a rotina* concebido como práticas constituídas pela repetição de um esquema invariável em um dado período e como um esquema cuja regularidade é interrompida.

7) *O Papa Francisco quebrou o protocolo, saiu do papamóvel e dirigiu-se aos fiéis.*

Tem-se o termo *o protocolo* concebido como um conjunto de regras cerimoniais a ser respeitado (e nas quais se engajam as partes envolvidas na cerimônia) e como o que é invalidado pelo descumprimento de uma das regras que o constitui.

8) *Ele quebrou a promessa de não voltar a se casar quando a conheceu.*

Tem-se o termo *a promessa* concebido como um contrato verbal firmado (consigo ou outrem) instituindo um compromisso entre partes e como o que não é mais válido.

9) *[...] a começar pela adoção da previdência complementar, o maior golpe contra o funcionalismo federal, porque [...] quebrou a solidariedade entre os servidores...*

Tem-se o termo *a solidariedade* concebido como compromisso que integrava os servidores em uma unidade integrada, coesa (uma classe com os mesmos direitos) e como o que não é mais válido.

Para QUEBRAR, propomos a seguinte forma esquemática:

>Dada uma SOLIDARIDADE (X), em que SOLIDARIDADE se lê como interdependência entre constituintes (Y), QUEBRAR exprime a SOLIDARIDADE desfeita[89].

Uma vez mais, verifica-se uma organização da variação verbal segundo o modo pelo qual a relação de *solidaridade* se manifesta nos enunciados.

No 1º grupo, (X), a SOLIDARIDADE, apresenta-se como um todo intrinsecamente composto de constituintes interdependentes (Y). *Quebrar* incide sobre termos passíveis de serem apreendidos como *mecanismos, estruturas, sistemas, organismos,* a quebra resultando em uma destruição de ordem interna que se manifesta de várias maneiras: há o que não funciona, o que sofre destruição estrutural etc.

Fazem parte desse grupo: (10) *Quebrou o relógio com raiva.* Tem-se o termo *o relógio* como mecanismo (X) cujos constituintes são peças (Y) que, antes, funcionavam de modo integrado; (11) *No fim do pregão, OGX divulgará prejuízo recorde. Ele quebrou a empresa?* Tem-se o termo *a empresa* como estrutura econômica (X), como sistema consolidado de atividades (Y) (relacionadas, p. ex., à produção, distribuição, troca e consumo de bens e serviços), que resulta, com a quebra, em uma estrutura (econômica) destruída; (12) *Tem muita gente suando a camisa neste momento para quebrar qualquer código criptográfico.* Tem-se o termo *código criptográfico* como sistema de símbolos (X) em que (Y) remete às relações que compõem o sistema. A quebra evoca a destruição do código.

Alguns outros exemplos do 1º grupo são: *Foi o peso do gelo que quebrou minha perna...*, em que o termo *minha perna* pode ser concebido ora

---

89. A escolha do termo *solidaridade* deve-se ao fato de ser o que de melhor encontramos para descrever uma relação na qual se observa uma dependência mútua entre elementos (uma relação *interdependente*).

como (Y), como o que se integra à estrutura do corpo (X) (e que, com a quebra, afeta seu funcionamento), ora como (X), como *o osso* (da perna) cuja estrutura é, em si, afetada, nos dando (Y) pedaços, cisões etc.; *Técnico admite que quebrou a cabeça dois dias para vencer o Corinthians*, em que se tem o termo *a cabeça* concebido como cérebro, conjunto integrado (X) de funções (Y) próprias ao trabalho intelectual, e cuja perda de solidariedade (a *quebra*) resulta no que não funciona como se espera, na exaustão de raciocínio *etc.*

No 2º grupo, (X), a SOLIDARIDADE, apresenta-se como o que é dotado de uma regularidade, sistematicidade espaçotemporal. Tem-se, aqui, uma SOLIDARIDADE extrínseca, pois nela se veem implicados constituintes de natureza circunstancial: é no espaço-tempo que se elabora a relação de interdependência entre os constituintes. *Quebrar* incide sobre termos passíveis de serem apreendidos, no espaço-tempo, como fenômenos ordenados, práticas sistemáticas, elementos sequenciais, entre outros, tais como *onda, ritmo, rotina, tradição* etc., para exprimir o que não se perpetua, se interrompe.

Fazem parte desse grupo: (13) *[...] caracterizado pela grande onda que se quebrou sobre a embarcação.* Nesse caso, (X) é o termo *a grande onda*, concebido como movimento ondulatório dotado de regularidade, e (Y), um fenômeno dependente circunstancialmente de outro e sem o qual a regularidade não existiria (*a oscilação entre cristas e vales*). *Quebrar* diz a interrupção do fenômeno (há rebentação de sua crista); (14) *O cara fez tudo: saiu do tom várias vezes, errou o tempo, quebrou o ritmo da música.* (X), aqui, é *o ritmo*, concebido como repetição periódica ordenada de intervalos (Y) em uma composição musical. *Quebrar* diz a interrupção da constância, da ordenação de intervalos observada. (15) *A terapia do riso quebrou a rotina do Centro de Hemodiálise de Patos.* Tem-se o termo *a rotina* (X) concebido como conjunto de *práticas* (Y) constituído por um esquema invariável ordenado no espaço-tempo. *Quebrar* diz a interrupção do esquema.

Para dar outros exemplos do 2º grupo, temos: *Sua cabeça quebrou-se para trás*, em que (X) é o alinhamento harmônico entre *cabeça-corpo* no seu modo de se movimentar, *sua cabeça* (Y) fazendo referência à atualização de um movimento distinto daquele do corpo ao qual se integra; em *Quem quebrou o fio da conversa poderia ainda informar...*, (X) é o *fio da conversa* como troca verbal que se desenrola de forma encadeada no tempo, *quebrar* remetendo à atualização de *uma colocação* (Y) que não responde à sequência observada; A esses enunciados, somem-se: *Quebrou-se o corpo, desviando do golpe*; *O sono é quebrado por períodos de sono REM.*, entre outros.

No 3º grupo, (X), a SOLIDARIDADE, apresenta-se por meio de vínculos entre constituintes, sendo que não se pode falar em *constituintes* fora dos vínculos observados. *Quebrar* incide sobre termos que tendem a evocar prescrições legais, morais, engajamentos entre partes, entre outros, tais como *protocolo, regra, contrato, promessa, palavra* etc., para marcar violação, transgressão, vínculos invalidados.

São exemplos desse grupo: (16) *O Papa Francisco quebrou o protocolo, saiu do papamóvel e dirigiu-se aos fiéis.* Tem-se o termo *o protocolo* como conjunto interdependente (X) de regras cerimoniais (Y) a ser cumprido, o próprio protocolo como regra não existindo fora de quem nele se engaja, de seu cumprimento. A quebra do protocolo o torna nulo; (17) *Ele quebrou a promessa de não voltar a se casar quando a conheceu.* Tem-se o termo *a promessa* como contrato verbal firmado e que institui um vínculo (X) entre partes (Y), não existindo *promessa* fora daquele a quem se promete; (18) *[...] a começar pela adoção da previdência complementar, o maior golpe contra o funcionalismo federal, porque [...] quebrou a solidariedade entre os servidores com esses direitos [...]* Aqui, tem-se o termo *a solidariedade* como vínculo (X) entre servidores (Y) pelo benefício comum que lhes diz respeito, vínculo que não existe fora do benefício que o institui.

Por fim, para mencionar alguns outros enunciados do 3º grupo, temos: *Na hora da conversa a pessoa conseguiu quebrar o encanto e deu vontade de você sair correndo?*, em que *o encanto* é visto como vínculo (X) do sujeito, sob o efeito do charme de outrem, a um outro (*sujeito* e *outro* sendo as partes vinculadas pelo *encanto*), não existindo encanto como estado a não ser pelo charme que o motiva; *A iniciativa quebrou a regra número 1 da cracolândia: É proibido filmar!",* vê-se *a regra número 1* como pertencente a um conjunto ordenado (X) de regras (Y) e como o que não o que não existe fora da própria organização instituída etc.

3.2.2 Figura nocional e operações de determinação QNT e QLT

Essas duas análises nos dão fundamentos, por sua vez, para explicar o que vem a ser a *figura nocional* e *as operações de determinação QNT-QLT*.

Vale, antes, dizer que essa seção demanda um maior tempo de estudo. Ela tem por objetivo trazer uma primeira familiarização com alguns dos mecanismos de ordem da linguagem que, para este referencial, permitem ver que a polissemia responde a uma regularidade, que a variação não é, portanto, aleatória. Tais mecanismos não são simples, mas, uma vez compreendido o raciocínio que os fundamenta, abre-se uma nova forma de se olhar para a proliferação de sentidos que constitui a beleza das línguas.

Para tanto, vamos nos ater, primeiro, ao verbo *partir*. Sua forma esquemática permite fazer a hipótese de três configurações (grupos) que sustentam não apenas seus usos, mais também os de termos como *partida, parte* etc. Isso mostra que a noção <ser PART>, enunciada, responderia a uma configuração oriunda de uma dada figura.

Para compreender a figura nocional, voltemos à noção, objeto de cunho qualitativo topologicamente concebido como um domínio de propriedades, a ser notado pela sigla QLT. Daí ser a noção muitas vezes representada por <ser P>, como fizemos com <ser PART>, o que deve ser lido como o domínio de propriedades evocado por *partir, partida, parte* etc.

O *domínio nocional* consiste em um objeto que não é um campo semântico. De Vogüé (1989), em um dos primeiros textos em que trata da representação topológica característica da noção, utiliza igualmente *domínio* para remeter ao que é concernido por uma dada realidade de cunho qualitativo.

Falar, portanto, em *noção* é falar desse domínio de propriedades; já falar em *ocorrência da noção*, é apreender a noção instanciada em um enunciado, é situá-la espaçotemporalmente. A ocorrência, ao conferir uma delimitação à noção por instanciá-la, é caracterizada pela sigla QNT.

QNT-QLT são dois importantes conceitos no referencial da Teoria das Operações Enunciativas vinculados à operação de determinação: QNT de quantitativo, do espaço enunciativo que, por meio de uma instanciação, delimita uma qualidade, conferindo à noção uma espessura espaçotemporal; QLT, da dimensão qualitativa, do material nocional ao qual se tem acesso[90]. Diz, a esse respeito, Culioli:

> Digamos, simplesmente, que toda operação de determinação abrange a construção de "algo", situado no espaço-tempo por um enunciador [...], isto é um "quantum" (daí a designação metalinguística QNT), que é uma "ocorrência de", ou *de* indica que não existe ocorrência que não seja ocorrência de uma noção. Assim, toda ocorrência é *qualificada* nocionalmente. [...] O símbolo metalinguístico da operação de Qualificação é QLT (1999b, p. 62, grifos do autor).

Isso nos permite melhor entender porque a unidade linguística apresenta uma dualidade ontológica que se traduz no próprio conceito de ocorrência. Se um enunciado construído com *partir* não deixa de evocar a noção <ser PART>, cada emprego seu a delimita, dado o modo como essa noção vai ser configurada pelos elementos constitutivos do próprio enunciado.

O que nos interessa, agora, é mostrar que há, no entanto, um amplo entrelaçar entre as dimensões QNT-QLT, amplo por haver, na própria noção, uma dimensão quantitativa constitutiva:

---

90. Culioli assinala sua preferência pela notação QNT-QLT por ser mais neutra, já que "quantitativo" e "qualitativo" tendem a desencadear representações não pertinentes relacionadas ao número, no caso do quantitativo, e à apreciação como tal, no caso do qualitativo, o que não deixa de ser um grande incômodo (CULIOLI, 1992, p. 13). No que se refere ao QNT, De Vogüé (1999, p. 2) observa que "[tal] conceito não deve ser entendido no seu sentido usual, no qual designa uma medida. É preciso voltar à tradição lógica, mas também ao uso científico do termo para compreender a que ele se refere na terminologia culioliana: a quantidade [...] não é uma medida, mas a própria coisa que é suscetível de ser medida". Em Romero (2018), contribuímos com as discussões trazidas por De Vogüé sobre os efeitos semânticos do jogo entre QNT e QLT, trazendo alguns novos desenvolvimentos à questão.

> Sustentaremos aqui que a passagem do qualitativo das noções ao quantitativo das ocorrências é possível porque as próprias noções, na verdade, já têm uma dimensão quantitativa. [...] Isso nos parece de fato ser constitutivo do conceito de noção, ao menos tal como o empregamos, isto é para conseguir caracterizar o tipo de material semântico que os lexemas de uma língua mobilizam (DE VOGÜÉ, 1999, p. 3).

Ora, é justamente a figura nocional que diz esse entrelaçar ao ser definida como uma determinada *configuração qualitativa de quantidades*.

Examinemos, dessa vez, não a forma esquemática de *partir*, em que há parâmetros (X) e (Y) em jogo, mas o que descrevemos, sucintamente, por A UNIDADE DESUNIDA, figura nocional à qual <ser PART> remete e que se vê formalizada na Tabela 1.

Tabela 1: <ser PART>

Figura nocional		
A UNIDADE DESUNIDA e suas diferentes configurações		
Figurativização: 1º grupo	Figurativização: 2º grupo	Figurativização: 3º grupo
QNT-QLT	QNT	QLT
Um homem partiu a estatueta [da virgem] em mais de 100 pedaços.	*Não parta!*	*Partiu-se o vínculo que nos prendia.*
1ª CONFIGURAÇÃO UNIDADE interna: elementos unidos (parte, pedaço) formam a UNIDADE.	**2ª CONFIGURAÇÃO** UNIDADE externa: um sítio localizador e um localizado formam circunstancialmente a UNIDADE.	**3ª CONFIGURAÇÃO** UNIDADE e parte não se dissociam.

continua

Na figurativização, (1) representa a UNIDADE, e (2), a parte, forma interna que diz a UNIDADE.	Na figurativização, (1) é o sítio que localiza (2), que, nesse caso, evoca a partida. (1) e (2) formam circunstancialmente a UNIDADE.	Na figurativização, (2) não é interno a (1): representa-se a indissociabilidade de ambos. a UNIDADE desunida não conduz a partes, mas à sua invalidação (não existem mais partes).
Ou: A qualidade própria à noção (a UNIDADE) compreende de modo interno a forma (parte) que exprime a UNIDADE.	Ou: A qualidade própria à noção (a UNIDADE) compreende de modo externo a forma (parte) que exprime a UNIDADE.	Ou: A qualidade própria à noção (a UNIDADE) não compreende forma interna, nem externa (não há parte unida).
O enunciado exprime a desunião interna (divisão que dá a ver as partes).	O enunciado exprime a desunião externa (separação, afastamento que dá a ver a partida).	O enunciado exprime a não-união (ruptura, perda da união que invalida o estatuto de parte).

Fonte: produção do autor

A figura nocional é ao mesmo tempo única e deformável, e isso por articular QLT e QNT diferentemente. As figurativizações e configurações referem-se a funcionamentos referenciais[91] descritos em termos topológicos,

---

91. A Teoria das Operações Enunciativas propõe, assim, uma outra abordagem da referência. O fato de não existir sentido separado da língua, mais precisamente, sentido fora de uma atividade de produção e reconhecimento linguísticos, faz com que uma determinada unidade linguística só adquira valores semânticos quando enunciada. As unidades linguísticas deixam, portanto, de corresponder a objetos semanticamente constituídos para corresponder a objetos construídos, *i.e.* a objetos destituídos de autonomia semântica, objetos cuja estabilização é necessariamente local, relativa à contextualização decorrente do enunciado. Tem-se, aqui, funcionamentos referenciais, ou melhor, que dão origem a um *valor referencial*. O valor referencial diz que a referência, normalmente entrevista como externa à língua, encontra-se vinculada a operações de determinação QNT-QLT constituindo o enunciado, sendo o produto destas operações específicas à atividade de linguagem. É justamente sobre esse valor que incide grande parte de nossos interesses, valor necessaria-

posto que a noção é apreendida como um domínio: tem-se QNT-QLT (1º grupo) quando a noção apresenta uma forma interna capaz de dizer que há *partes*; tem-se QNT (2º grupo) quando a noção apresenta uma forma externa: o que exprime a *parte* é circunstancial; e tem-se QLT quando a noção não apresenta forma, nem interna, nem externa: a UNIDADE e a parte são indissociáveis.

Mais precisamente:

• tem-se QNT-QLT quando a estabilidade da ocorrência se fundamenta em uma forma interna ao domínio nocional. A noção (QLT) traz internamente a forma (QNT) que identifica a *parte*;

• tem-se QNT quando o domínio nocional não apresenta forma interna à qual a ocorrência possa se identificar. A forma externa, circunstancial, *i.e. a parte* decorre da própria instanciação, da construção da ocorrência (QNT);

• tem-se QLT quando o domínio nocional é dotado de uma tal estabilidade que, sair da qualidade que o define, sair da UNIDADE, é cair no exterior, é passar a <ser não-P>. Daí a ocorrência dizer a não-UNIDADE, ou melhor, a não-união[92].

Passemos, agora, à figura nocional à qual <ser QUEB> remete.

---

mente construído e estruturado pela atividade enunciativa, e que, por ser iterável, origina sistematizações que estão no fundamento da polissemia.

92. Sugerimos, para aprofundamento da questão, a leitura do artigo "Structuration d'une notion et typologie lexicale", que consta da coletânea *Pour une linguistique de l'énonciation: domaine notionnel* (CULIOLI, 1999b). Nele, são apresentados os conceitos de "tipo" e "atrator", que não abordamos aqui por demandar um desenvolvimento teórico que está para além do escopo deste capítulo. Sugerimos, ainda, a leitura de Romero (2018).

Tabela 2: <ser QUEB>

Figura nocional		
A SOLIDARIDADE DESFEITA e as suas diferentes configurações		
Figurativização: 1º grupo	Figurativização: 2º grupo	Figurativização: 3º grupo
QNT-QLT	QNT	QLT
Quebrou o relógio com raiva.	*Uma grande onda se quebrou sobre a embarcação.*	*Ele quebrou a promessa.*
1ª CONFIGURAÇÃO SOLIDARIDADE interna: constituintes interdependentes formam a unidade dotada de SOLIDARIDADE.	**2ª CONFIGURAÇÃO** SOLIDARIDADE externa: constituintes interdependentes formam circunstancialmente a unidade dotada de SOLIDARIDADE.	**3ª CONFIGURAÇÃO** A unidade dotada de SOLIDARIDADE e o constituinte não se dissociam.
Na figurativização, (1) representa a unidade dotada de SOLIDARIDADE, e (2), o constituinte, a forma interna que diz a SOLIDARIDADE.	Na figurativização, (1) representa a unidade dotada de uma SOLIDARIDADE constituída de fenômenos ordenados e (2), um fenômeno circunstancial dependente de outro fenômeno que o precede.	Na figurativização, (2) não é interno a (1): representa-se a indissociabilidade de ambos. A unidade dotada de SOLIDARIDADE, quando desfeita, não conduz a constituintes, mas à sua invalidação (não existem mais constituintes).

continua

Ou: A qualidade própria à noção (a SOLIDARIDADE) compreende de modo interno a forma (constituinte interdependente) que exprime a SOLIDARIDADE.	Ou: A qualidade própria à noção (a SOLIDARIDADE) compreende de modo externo a forma (constituinte interdependente) que exprime a SOLIDARIDADE.	Ou: A qualidade própria à noção (a SOLIDARIDADE) não compreende forma interna, nem externa (não há constituinte interdependente fora da relação de SOLIDARIDADE).
O enunciado exprime a dessolidarização interna (tem-se destruição estrutural).	O enunciado exprime a dessolidarização externa (têm-se fenômenos ordenados interrompidos, que cessam).	O enunciado exprime a não solidaridade (ruptura, perda de vínculo que invalida o estatuto de constituinte interdependente).

Fonte: produção do autor

Em relação à Tabela 2, tem-se QNT-QLT (1º grupo) quando a noção apresenta uma forma interna capaz de dizer que há *constituintes interdependentes*; tem-se QNT (2º grupo) quando a noção apresenta uma forma externa: o que exprime o *constituinte interdependente* é circunstancial; e tem-se QLT quando a noção não apresenta forma, nem interna, nem externa: a unidade dotada de SOLIDARIDADE e o constituinte interdependente são indissociáveis.

Voltemos aos objetivos apresentados, a saber: a) entender o que vem a ser uma figura nocional; b) mostrar qual a relação entre figura nocional e forma esquemática, este último conceito relacionado à identidade semântica da unidade verbal; e c) mostrar como, por meio da figura nocional, se constroem diferentes deformações que estão no cerne das ocorrências enunciativas, o que, dada a regularidade dessas deformações, pode ser visto como uma das operações de linguagem que se encontram no fundamento da variação semântica verbal.

A figura nocional retrata o movimento – o *gesto* – que se encontra no cerne de um conjunto de lexemas que evocam a noção. Por exemplo, a figura nocional referente a <ser PART> fundamenta, certamente, os empregos de *partir, parte, partida*[93], *compartilhar, repartir, a partir de* etc. O que vimos é que a instanciação da noção se faz em função de sua dimensão quantitativa constitutiva, de modo que, conforme a integração do quantitativo ao qualitativo da noção (se há forma interna ou externa, ou se não há forma), tem-se a deformabilidade de uma figura nocional intrinsecamente plástica.

É essa natureza deformável que as figurativizações propostas, sem dúvida com muitas perdas, buscaram evidenciar. Se, com a figura nocional, tem-se uma representação do que é dotado de um perpétuo movimento, de uma plasticidade ininterrupta, dado o modo de ela integrar QLT-QNT, o que se vê, nos usos, são os traçados desse gesto, como se o movimento se visse direcionado por uma coreografia não qualquer que os três grupos descrevem[94].

A forma esquemática, por sua vez, seria uma faceta desta figura, uma vez que permite à figura se enunciar por meio de um determinado lexema. Assim, tomando ainda como exemplo <ser PART>, *partir* e *compartilhar* dão corpo à figura da UNIDADE DESUNIDA por meio de esquemas invariantes que não são os mesmos.

A forma esquemática mobiliza, finalmente, parâmetros que descrevem a integração da figura ao nível linguístico, aos enunciados, e isso, como dissemos, segundo operações referenciais que mobilizam o jogo entre QLT

---

93. É interessante observar que tanto *a partida de alguém* quanto *a partida de futebol* evocam trajetos, sendo este o de alguém que parte ou da bola que é posta em movimento. No caso do jogo, *partida* refere-se a conferir um movimento a algo (à bola, à carta do baralho), de modo a fazer que esse algo mude constantemente de localizador. Daí não se falar em *partida*, p. ex., para uma competição à vela, uma vez que o veleiro, ainda que em movimento, não muda de localizador (por um lado, os participantes da competição são os que velejam e se encontram no próprio veleiro; por outro, o veleiro é sempre localizado pelo mar, lagoa etc.). Cf. Romero (2017a).

94. O termo *figura*, em outras especialidades, como a dança ou a patinação, remete a evoluções segundo um dado esquema. No nosso caso, o "esquema de base" (a figura) que sustenta as evoluções (nas línguas) é intrinsecamente variável e plástico, dando origem, por si só, a uma multiplicidade de esquemas.

e QNT. Percebe-se, inclusive, com as análises feitas, que as construções sintáticas observadas em um grupo são, não determinadas, mas explicadas por essas mesmas operações[95]. Em outras palavras, se a sintaxe guarda sua autonomia em relação à forma esquemática pelo fato deste esquema invariante ser gerador de construções diversas, é possível entender porque há, em um grupo, um dado esquema argumental.

Em suma, o conceito de figura nocional não se resume ao de forma esquemática, embora este último não deixe de lhe fazer referência. E mais: são os traçados desse *gesto* em perpétuo movimento trazido pela figura nocional que nos faz compreender porque a língua, nessa perspectiva, é intrinsecamente criadora. Certos usos podem desaparecer por completo, mas muitos outros vão surgir, caso de *#Partiu*. Muitos usos, vistos como inusitados, receberão uma etiqueta, a gíria sendo apenas uma das maneiras de se tentar enquadrá-los. No entanto, vemos que há, sem dúvidas, o que os explique.

4 APROFUNDANDO NOÇÕES GERAIS: INTERSUBJETIVO E TRANSINDIVIDUAL

Finalizamos este capítulo com a apresentação de dois importantes conceitos que, neste referencial, estão no cerne do processo de produção e reconhecimento de formas: o *intersubjetivo* e o *transindividual*. Seu estudo, contudo, se vê perpassado por considerações que abarcam outros concei-

---

95. P. ex., o fato de o 2º grupo, funcionamento QNT da forma esquemática de *partir*, convocar um conjunto de sintagmas preposicionais que funcionam como argumento do verbo (*cf. Ele partiu de casa*). Para uma discussão mais ampla sobre o papel da preposição neste referencial, cf. Franckel e Paillard (2007), Romero (2013), Vilela (2016), Ashino, Franckel e Paillard (2017), Saunier (2017), Vilela e Rocha (2017), entre outros. Cf. tb. De Vogüé (2011), artigo fundamental sobre a sintaxe. Notemos, por fim, que falamos em *forma esquemática* para a identidade semântica do *verbo*, mas não para a *preposição*, caracterizada por uma identidade semântica de outra ordem. Essa diferença terminológica relaciona-se à distribuição própria a um e a outro e ao fato de, com o verbo, se mobilizar a figura nocional, o que não ocorre com a preposição, que interage com a figura nocional sem, no entanto, ser uma ocorrência de uma dada noção. Não trataremos dessa questão neste capítulo por demandar inúmeros outros desenvolvimentos teóricos.

tos igualmente fundamentais, dentre os quais destacamos o de *sistema de orientação*, em francês, *système de repérage*, que só têm como ser abordados após a discussão conduzida até aqui.

A linguagem, como visto inicialmente, consiste, não "em veicular sentido, mas em produzir e reconhecer formas enquanto traços de operações" (CULIOLI, 1990, p. 26) que são da ordem da representação, referenciação e regulação.

Sobre a representação, temos que o texto (o enunciado), agenciamento de marcadores constitutivo do nível linguístico (nível II), desencadeia, em que o produz e reconhece, operações de nível cognitivo (nível I) – logo, formas invariantes – sem que haja, nesse processo, um sentido codificado a ser decodificado. Culioli evidencia essa questão ao dizer que:

> [...] todo termo pode ser considerado (em produção) como o resultado material de uma cadeia complexa de operações mentais; em compreensão, ele será construído como um desencadeador de operações análogas naquele que recebe o texto. Eu insisto na margem de ajustamento que o adjetivo *análogas* indica. Estou assinalando, aqui, que não se trata de uma simples operação que inverte o fluxo, que decodifica sentido previamente codificado. Há sempre reconstrução, portanto, ajustamento, equivalência e risco de alteração (CULIOLI, 1999b, p. 102-103).

A atribuição de um valor referencial ao enunciado se dá no processo de produção e reconhecimento de formas graças ao fato de serem os marcadores representantes complexos, "munidos de valores de referência interpretáveis e de força de regulação intersujeitos" (CULIOLI, 1990, p. 91). Resulta daí ser a referência uma construção decorrente do processo enunciativo: o próprio conceito de *valor referencial* diz que, nesse referencial teórico, a referência, comumente entrevista como externa à língua, vincula-se a operações de referenciação que são o produto de princípios regulares específicos à atividade de linguagem. Como notam De Vogüé, Franckel e Paillard (2011, p. 12), trata-se do mundo que, ao entrar na ordem do dizer, tem nada mais além do que a forma que lhe confere este dizer.

Um princípio geral de variação relacionado à questão da referência é o modo como se articulam QNT e QLT, e que envolve operações de determinação das quais se originam três modalidades de valores referenciais: QNT-QLT, QNT e QLT[96].

Em outras palavras, com a instanciação da noção, passa-se a uma materialidade – a do texto, a do enunciado – ao mesmo tempo em que se institui um sistema de referenciação cujas operações mobilizadas põem em jogo, entre outras relações, uma relação de orientação ao domínio nocional. Como vimos, tem-se QNT-QLT quando a estabilidade da ocorrência toma por fundamento uma forma interna ao domínio nocional; tem-se QNT quando o domínio nocional, ao não apresentar forma interna à qual a ocorrência possa se identificar, é formatado de modo externo, circunstancial; tem-se QLT quando o domínio nocional não apresenta nem forma interna, nem é formatado de modo externo: ele é dotado de uma tal estabilidade que, sair da qualidade que o define, é cair no exterior, é passar a <ser não-P>.

Isso nos permite abordar o que se conhece por *sistema de orientação* (em francês, *système de repérage*), construto estabelecido sobre o seguinte princípio: um objeto só adquire um valor determinado graças a um sistema que, ao apreendê-lo necessariamente em uma relação, faz dele um *termo orientado* por um *termo orientador*.

> Todo objeto (no sentido de objeto metalinguístico, é ora primitivo, ora construído a partir de um objeto primitivo. Todo objeto (que ele seja primitivo ou construído) é sempre tomado em uma *relação*: não há objeto isolado. É precisamente o que quer dizer *orientado* (CULIOLI, 1990, p. 116, grifos do autor).

---

96. Os modos de construção do valor referencial são abordados, em muitos trabalhos, como "referência discreta" (QNT-QLT), "referência densa" (QNT) e "referência compacta". Sobre essa questão, remetemos aos artigos primordiais de De Vogüé (1989, 1999) e tese de Romero-Lopes (2000, p. 74-100). Cf. a apresentação de Camus e De Vogüé (2004) para a revista *Linx*, 50, na qual são mencionadas as modalidades de construção da referência dos enunciados e os conceitos de quantidade (QNT) e qualidade (QLT) como definidores de três espécies de referência: discreta, densa e compacta. (CAMUS & DE VOGÜÉ, 2004, p. 8-9). Esse princípio geral de variação volta a entrar na pauta das discussões em artigo recente de De Vogüé (2016), que mostra como ele atua em diferentes planos de estruturação do sentido, e em artigo de Romero (2018). Preferimos, aqui, falar apenas em QNT-QLT, QNT e QLT, para assinalar, justamente, que se trata de diferentes articulações das quais se originam as ocorrências nocionais.

Ou, ainda, "todo termo (no sentido mais amplo: sequência, frase, unidade lexical etc.) é tomado em relação a um outro termo, previamente dado, que tem, consequentemente, nessa relação sempre assimétrica, o estatuto de termo orientador [*repère*]" (FRANCKEL & PAILLARD, apud DE VOGÜÉ; FRANCKEL & PAILLARD, 2011, p. 91).

Na apresentação inicial das noções gerais e operacionais, vimos, portanto, como a noção (o domínio nocional) funciona como *orientador* na construção das ocorrências, sem que esta seja a única operação de orientação a partir da qual os enunciados se estruturam, mas apenas a que nos foi possível discutir aqui. Isso faz compreender o porquê de ser este referencial teórico comumente abordado sob três de seus aspectos principais: o da *invariância*, o da *enunciação* e o da *relação de orientação*.

Sobre a enunciação, também ressaltamos o fato de esta não ser entendida como um simples ato de proferir. O enunciado, observam Franckel e Paillard:

> [...] não é considerado como o resultado de um ato de linguagem individual, ancorado em um *hic et nunc* qualquer, por um enunciador qualquer. Deve ser entendido como uma organização de formas a partir das quais os mecanismos enunciativos, que o constituem como tal, podem ser analisados [...] (apud DE VOGÜÉ; FRANCKEL & PAILLARD, 2011, p. 88).

E, acrescentam os autores:

> [...] Os mecanismos enunciativos que estabelecem o objeto de análise não são, portanto, externos à língua e devem ser distinguidos das condições efetivas que regem a produção do enunciado no *hic et nunc* de uma enunciação singular. Desse ponto de vista, a teoria da enunciação de Culioli não é de maneira alguma uma teoria pragmática[97]. Toda organização de formas é da ordem do enunciativo. (apud DE VOGÜÉ; FRANCKEL & PAILLARD, 2011, p. 88).

Podemos recuperar, a partir dessa retomada com vistas a um aprofundamento teórico, o que vem a ser o *sujeito* para Culioli, um sujeito que convoca, para ser compreendido, os conceitos de *intersubjetivo* e *transindividual*.

O intersubjetivo diz respeito ao jogo observado entre o nível I e o nível II, posto que a produção e o reconhecimento de formas constitutivos do

---

97. Para maiores aprofundamentos, cf. neste manual, a seção destinada à "Pragmática".

nível linguístico (nível II) se dá a partir de uma relação ao nível cognitivo (nível I) que não é jamais capaz de apreendê-lo por completo. Decorrem daí variações entre I e II que incitam a diferentes ajustamentos, e isso por existir, de saída, uma discordância irredutível no seio mesmo do que é produzido ou reconhecido.

Pode-se perceber facilmente esse fenômeno quando apresentamos o nível I como o da figura nocional, em que se tem, para <ser PART>, a UNIDADE DESUNIDA, e o nível II como um dado enunciado no qual essa figura se vê configurada segundo determinadas operações de referenciação – o que lhe traz uma espécie de fechamento, nas palavras de Culioli, uma *fragmentação* (1999a, p. 82-83). A questão é que essa fragmentação própria ao enunciado – e que aparentemente se relaciona ao processo de estabilização de sentido – não impede ao enunciado de recuperar um conjunto de outros enunciados que se encontram virtualmente por trás daquele produzido, e isso pelo simples fato de, qualquer que seja a forma da qual o enunciado produzido seja traço, esta é, necessariamente, deformável.

Ao aprendermos uma língua, apropriamo-nos, portanto, de formas invariantes, de formas deformáveis próprias à natureza da linguagem. Há, consequentemente, proliferação decorrente das formas às quais os enunciados remetem: a "relação entre produção e reconhecimento supõe a capacidade de ajustamento entre os sujeitos. Essa capacidade só raramente permite um ajustamento estrito. É porque há um jogo intersujeitos que há jogo no ajustamento" (CULIOLI, 1990, p. 26). Em suma, "a cadeia semiótica não para" (CULIOLI & NORMAND, 2005, p. 50). Ao falar de sujeito, aborda-se, nesse caso, a relação entre o nível II, próprio a uma língua, e o nível I, específico à atividade de linguagem.

Na troca comunicativa, em que se busca mutuamente (re)construir o enunciado por ajustamentos, surge, então, o *transindividual*, parte coletiva da própria comunicação, na qual é feita referência ao indivíduo produtor--reconhecedor de enunciados. Nas palavras de Culioli, "se tivéssemos apenas o transindividual, suprimiríamos variações e ajustamentos; se tivéssemos apenas o intersubjetivo, sem ter ao mesmo tempo uma estabilidade transindividual, a comunicação seria impossível" (1999a, p. 12).

Compreende-se o porquê de a linguagem encontrar-se, nesse referencial teórico, em uma relação de exterioridade-interioridade ao sujeito, posto que há, de um lado, variações e ajustamentos entre o nível I, cognitivo, e o nível II, linguístico, de outro, um fator que tende a homogeneizar o que é heterogêneo, variável. Finalmente, como não se sentir *maravilhado* (palavras do autor que fazemos nossas) diante da:

> [...] racionalidade silenciosa em ação, em um trabalho interno e intersubjetivo (tanto quanto transindividual), trabalho que não se funda em um raciocínio explícito, ou em um contrato, em suma, cujas coerência e eficácia escapam às palavras públicas. Constatamos que lidamos com uma atividade que fornece possíveis, sem deixar de manter a coesão quando da troca verbal, de uma ordem linear não absoluta que permite os ajustamentos, os deslizes e as adaptações (CULIOLI, 2005, p. 10).

O *intersubjetivo* e o *transindividual* propõem-se a conceitualizar a complexidade que sustenta a produção e o reconhecimento de formas, processo sempre permeado por ajustamentos e regulações[98] que instauram relações de alteridade longe de serem simples. Justamente por isso:

> Não se pode ter conclusão que não em suspenso, por serem sempre inesgotáveis as relações entre a linguagem e as línguas, pela simples, e profunda, razão de que somos enredados em um jogo complexo de espelhos e práticas. Não há origem absoluta, mas invariância. Não há práticas uniformes, mas, quaisquer que elas sejam (troca utilitária, discurso técnico, criação literária, tradução etc.), elas nos conduzem sempre a nosso horizonte de referência, que organiza nossa atividade

---

98. Restou discutir o fato de ser a linguagem uma atividade de regulação igualmente vinculada a relações interenunciativas, "ou, mais precisamente, [a] pontos de vista, que são *posições enunciativas*, [...] não posições de *indivíduos falantes* em sua singularidade de indivíduos, mas posições estabelecidas e marcadas de modo organizado, estruturado, pelos arranjos de formas na língua" (DE VOGÜÉ; FRANCKEL & PAILLARD, 2011, p. 12). Não sendo possível, por ora, fazê-lo pelo fato de isso demandar outros desenvolvimentos teóricos, remetemos os interessados à leitura do artigo *Modos de presença do outro*, de De Vogüé e Paillard (In: DE VOGÜÉ; FRANCKEL & PAILLARD, 2011). Remetemos, ainda, ao tomo IV de *Pour une linguistique de l'énonciation*: tours et détours, publicado em 2018, ano em que o Prof. Antoine Culioli nos deixou.

de representação. Podemos, segundo nosso humor, escolher uma resposta negativa, ou, com reticências, uma resposta positiva, desde que se saiba que tais respostas têm, provavelmente, por fundamento um mal-entendido. Há sempre alteridade, há sempre equivalência (CULIOLI, 1999a, p. 178).

5 EXERCÍCIOS

1) Considerando a *forma esquemática* proposta como formalização para o funcionamento enunciativo do verbo QUEBRAR em português brasileiro, que faz referência, de um lado, *ao que é dotado de solidariedade, coeso*, e de outro, *aos constituintes interdependentes que formam a solidariedade*, reflita de que modo tais parâmetros são mobilizados nos enunciados abaixo. Essa reflexão deve se apoiar no modo como os grupos nominais assinalados respondem a tais parâmetros:

• Um balão gigante da Galinha Pintadinha quebrou **a monotonia diária do trânsito da marginal Tietê** na manhã de hoje[99].
• Chico quebrava agilmente **a direção**, pisando agilmente no acelerador[100].
• E não foi a única vez que o acaso favoreceu Herschel. Anos mais tarde, ele testava filtros para observar manchas solares e notou que quando usava filtros vermelhos muito calor era produzido. Ele então "quebrou" **a luz visível** com ajuda de um prisma para determinar a temperatura de cada cor e deixou um termômetro de controle da temperatura ambiente logo abaixo do vermelho. Para sua surpresa, este termômetro indicava uma temperatura mais alta do que a observada em todas as cores do espectro visível. Depois de mais experimentos, ele chegou à conclusão de que havia uma forma invisível de radiação, que ficou conhecida desde então como radiação infravermelha[101].

---

99. Exemplo extraído de https://goo.gl/qoWkfx [Acesso em 13/12/2017].
100. Exemplo extraído de BORBA, F.S. et. al. *Dicionário gramatical de verbos do português contemporâneo do Brasil*. São Paulo: Fundação Editora da Unesp, 1990.
101. Exemplo extraído de https://goo.gl/shGWNu [Acesso em 13/12/2017].

2) Em relação ao exemplo *Ele está quebrado*, quais seriam alguns dos possíveis referentes para o pronome *ele*?

3) De que modo tais referentes respondem ao funcionamento enunciativo do verbo?

4) Como o posicionamento adotado pela Teoria das Operações Enunciativas em relação à construção da significação permite refletir sobre os conceitos de sentido *literal, denotativo, figurado* etc. Dê exemplos fundamentados na resolução dos exercícios anteriores.

5) Considere os grupos nominais nos pares de exemplos seguintes: *O cano quebrou* versus *O cano rompeu*; *O vaso quebrou* versus *O vaso rompeu*; *Ele quebrou o silêncio* versus *Ele rompeu o silêncio* e outros pares conforme interesse. De que maneira o modo como o verbo apreende tais grupos nominais dá a ver características que podem auxiliar na formalização de seu próprio funcionamento enunciativo? Para responder à questão, verifique quais contextualizações são abertas por esses exemplos por meio de pesquisas na internet.

6 SUGESTÕES DE LEITURA

Introdução à Teoria das Operações Enunciativas

DE VOGÜÉ, S. A língua entre cognição e discurso. In: *Calidoscópio*, vol. 11, n. 2, 2013, p. 214-221 [Trad. Márcia Romero].

DE VOGÜÉ, S.; FRANCKEL, J.-J. & PAILLARD, D. *Linguagem e enunciação*: representação, referenciação e regulação. São Paulo: Contexto, 2011 [Org. de textos e de trad. por Márcia Romero e Milenne Biasotto-Holmo].

DUCARD, D. *Enunciação e atividade de linguagem*. Uberlândia: Edufu, 2013 [Org. de textos e de trad. por Heloísa Monteiro Rosário, Marlene Teixeira e Valdir do Nascimento Flores].

REZENDE, L.M. Atividade epilinguística e o ensino de língua portuguesa. In: *Revista do GEL*, vol. 5, n. 1, 2008, p. 95-108. São José do Rio Preto.

_____. Diversidades experiencial e linguística e o trabalho do professor de Língua Portuguesa em sala de aula. In: REZENDE, L.M. & ONOFRE, M.B. *Linguagem e línguas naturais* – Diversidades experiencial e linguística. São Carlos: Pedro & João, 2006, p. 11-21.

ROMERO, M. Léxico, invariancia y actividad de lenguaje. In: GARCÍA-MOLINS, A.L. & JIMÉNEZ, D.J. (eds.). *Enacción y léxico*. Valencia: Tirant Humanidades, 2017a, p. 121-142.

_____. Um possível diálogo entre a Teoria das Operações Enunciativas e a aquisição: identidade semântica e produtividade discursiva. In: *Alfa*, vol. 2, n. 54, 2010, p. 475-503. São Paulo.

ROMERO, M. & FLORES, V.N. Entrevista com Denis Paillard. In: *Linguasagem*, vol. 27, n. 1, 2016. São Carlos.

ROMERO, M. & TRAUZZOLA, V.S.L. Identidade lexical, funcionamento enunciativo e variação semântica para a Teoria das Operações Enunciativas. In: *Calidoscópio*, vol. 12, n. 2, 2014, p. 239-248.

ROMERO, M. & VÓVIO, C. Da criatividade do falar do jovem às práticas pedagógicas criadoras. In: *Interacções*, n. 17, 2011, p. 72-95 [Escola Superior de Educação do Instituto Politécnico de Santarém, Portugal].

VILELA, T.R. & ROCHA, E.G.L. Um breve panorama: descrição e abordagem metodológica de preposições no português brasileiro. In: *Estudos* Linguísticos, vol. 46, n. 1, 2017, p. 296-310. São Paulo.

Trabalhos do autor e de estudiosos deste referencial

ASHINO, F. & DE PENANROS, H. La préfixation verbale – Dossier thématique. In: *Faits de Langues*. Berna: Peter Lang, 2016 [Varia, n. 48].

ASHINO, F.; FRANCKEL, J.-J. & PAILLARD, D. Prépositions et rection verbal – Étude des prépositions avec, contre, en, parmi, pour. In: *GRAMM-R Études de linguistique française*. Vol. 39. Bruxelas: Peter Lang, 2017.

BÉDOURET-LARRABURU, S. & COPY, C. *L'épilinguistique sous le voile littéraire* – Antoine Culioli et la TO(P)E. Pau: Puppa, 2018 [Collection Linguiste et littérature, III].

CAMUS, R. & DE VOGÜÉ, S. (dir.). Variation sémantique et syntaxique des unités lexicales: étude de six verbes français. In: *LINX*, n. 50, 2004. Université Paris X.

CULIOLI, A. *Pour une linguistique de l'énonciation*: tours et détours. Limoges: Lambert-Lucas, 2018.

_____. *Variations sur la linguistique* – Entretiens avec Frédéric Fau. Paris: Klincksieck, 2002.

_____. *Pour une linguistique de l'énonciation*: formalisation et opérations de repérage. Paris: Ophrys, 1999a.

_____. *Pour une linguistique de l'énonciation*: domaine notionnel. Paris: Ophrys, 1999b.

_____. A propos de la notion. In: RIVIERE, C. & GROUSSIER, M.-L. *La notion*. Paris: Ophrys, 1997, p. 9-24.

_____. *Pour une linguistique de l'énonciation*: opérations et représentations. Paris: Ophrys, 1990.

CULIOLI, A. & NORMAND, C. *Onze rencontres sur le langage et les langues*. Paris: Ophrys, 2005.

DE VOGÜÉ, S. Effets sémantiques, syntaxiques et énonciatifs du jeu entre quantité et qualité. In: CAMUS, R.; DE VOGÜÉ, S. & MÉLIS, G. (dir.). *Variations sémantiques et syntaxiques* – Aspects d'une théorie de l'invariance. Nanterre: Université Paris Ouest, 2014, p. 141-163, 2014 [Linx, vol. 70-71].

_____. Os princípios organizadores da variedade das construções verbais. In: *ReVEL*, vol. 9, n. 16, 2011, p. 276-315 [Trad. Márcia Romero e Helena Valentim].

_____. Invariance culiolienne. In: DUCARD, D. & NORMAND, C. (dir.). *Antoine Culioli* – Un homme dans le langage. Paris: Ophrys, 2006, p. 302-331.

_____. *Construction d'une valeur referentielle*: entités, qualités, figures. Presses Universitaires de Rennes, 1999, p. 77-106 [Travaux linguistiques du Cerlico, vol. 12].

_____. Discret, dense, compact: les enjeux énonciatifs d'une typologie lexicale. In: FRANCKEL, J.-J (dir.). *La notion de prédicat*. Paris: Univ. Paris 7, 1989, p. 1-37 [Collection Era, 642].

DUCARD, D. De l'énonciation à la "grammaire subjective" – Entretien avec Antoine Culioli. In: DUCARD, D. *Entre grammaire et sens:* études sémiologiques et linguistiques. Paris: Ophrys, 2004, p. 7-20.

DUCARD, D. & NORMAND, C. (dir.). *Antoine Culioli* – Un homme dans le langage. Paris: Ophrys, 2006.

FRANCKEL, J.-J. (dir.). Le lexique, entre identité et variation. In: *Langue Française*, n. 133, 2002. Paris: Larousse.

FRANCKEL, J.-J. & PAILLARD, D. *Grammaire des prépositions*. Paris: Ophrys, 2007.

FUCHS, C. Diversité des représentations linguistiques: quels enjeux pour la cognition? In: FUCHS, C. & ROBERT, S. *Diversité des langues et représentations cognitives*. Paris: Ophrys, 1997, p. 5-24.

LIMA, V.S. *A prática de reformulação de enunciados como fundamento para o trabalho com a significação nas aulas de língua portuguesa*. São Paulo: Universidade Federal de São Paulo, 2013, 135 p. [Dissertação de mestrado].

PAILLARD, D. De la reconnaissance. In: DUCARD, D. & NORMAND, C. (dir.). *Antoine Culioli* – Un homme dans le langage. Paris: Ophrys, 2006, p. 169-183.

PAILLARD, D. & ROBERT, S. Langues diverses, langues singulières. In: ROBERT, S. (org.). *Langage et sciences humaines: propos croisés* – Actes du Colloque Langues et Langages. Paris: ENS, 1995, p. 117-143.

REZENDE, L.M. *Léxico e gramática*: aproximação de problemas linguísticos com educacionais. Universidade Estadual Paulista Júlio de Mesquita, 2000, 330 p. [Tese de livre-docência].

REZENDE, L.M. & ONOFRE, M.B. *Linguagem e línguas naturais* – Diversidades experiencial e linguística. São Carlos: Pedro & João, 2006.

ROMERO, M. À propos des modes de signifiance – Le littéral et le figuré revus par le jeu notionnel. In: BÉDOURET-LARRABURU, S. & COPY, C. *L'épilinguistique sous le voile littéraire* – Antoine Culioli et la TO(P)E. Pau: Puppa, 2018, p. 289-318 [Collection Linguiste et littérature, III].

_____. Variation et conservation linguistiques en portugais: identité sémantique des unités verbales et invariance langagière. In: *Signifiances (Signifying)*, vol. 1, n. 3, 2017b, p. 183-198.

_____. Léxico e enunciação: sistematização do funcionamento verbal. In: *Relatório Científico ano II*. São Paulo: Fapesp, 2015-2016.

_____. Processos enunciativos e identidade semântica da preposição POR. In: *Cadernos do IL*, n. 46, 2012, p. 149-170. Porto Alegre.

ROMERO, M. & TRAUZZOLA, V.S.L. *Consumir et comer en portugais brésilien* – Contribution à l'étude du préfixe co-: faits de langues. Berna: Peter Lang, 2016, p. 79-92 [Varia, n. 48].

ROMERO-LOPES, M.C. *Processos enunciativos de variação semântica e identidade lexical: a polissemia redimensionada* – Estudo dos verbos *jouer* e *changer*. São Paulo: USP, 2000, 333 p. [Tese de doutorado].

SAUNIER, E. Contribution à une étude des oppositions entre les prépositions *à, de* et *en*: faits de langues. Berna: Peter Lang, 2016, p. 117-148 [Varia, n. 48].

VILELA, T.R. Educação léxico-gramatical: um estudo semântico-enunciativo da preposição COM. São Paulo: Universidade Federal de São Paulo. 2016, 190 p. [Dissertação de mestrado].

Referências

AMARAL, L. Verbos de modo de movimento no PB: aspecto lexical e decomposição em predicados primitivos. In: *Estudos Linguísticos*, 41 (1): 2012, p. 326-339. São Paulo.

ARESI, F. Os índices específicos e os procedimentos acessórios da enunciação. In: *Revista Virtual de Estudos da Linguagem*, vol. 9, n. 16, 2011.

ASHINO, F. & DE PENANROS, H. La préfixation verbale – Dossier thématique. In: *Faits de Langues*. Berna: Peter Lang, 2016 [Varia, n. 48].

ASHINO, F.; FRANCKEL, J.-J. & PAILLARD, D. Prépositions et rection verbal – Étude des prépositions avec, contre, en, parmi, pour. In: *GRAMM-R Études de linguistique française*. Vol. 39. Bruxelas: Peter Lang, 2017.

BEAVERS, J. On affectedness. In: *Natural language and Linguistic Theory*, 29, 2011, p. 335-370.

_____. The structure of lexical meaning: Why semantics really matters. In: *Language*, 86, 2010, p. 821-864.

BEAVERS, J. & KOONTZ-GARBODEN, A. Manner and result in the roots of verbal meaning. In: *Linguistic Inquiry*, 43 (3), 2012, p. 331-369.

BÉDOURET-LARRABURU, S. & COPY, C. *L'épilinguistique sous le voile littéraire* – Antoine Culioli et la TO(P)E. Pau: Puppa, 2018 [Collection Linguiste et littérature, III].

BENVENISTE, É. *Últimas aulas no Collège de France 1968 e 1969*. São Paulo: Unesp, 2014 [Trad. de Daniel Costa da Silva et al.].

_____. *O vocabulário das instituições indo-europeias* – Vol. I – Economia, parentesco, sociedade. Campinas: Unicamp, 1995 [Trad. Denise Bottmann].

_____. *O vocabulário das instituições indo-europeias* – Vol. II: Poder, direito, religião. Campinas: Unicamp, 1995 [Trad. Denise Bottmann].

_____. *Problemas de linguística geral II*. Campinas: Pontes, 1989 [Trad. Eduardo Guimarães et al.].

_____. *Problemas de linguística geral I*. Campinas: Pontes, 1988 [Trad. Maria da Glória Novak e Maria Luiza Neri].

BRAIT, B. (org.). *Estudos enunciativos no Brasil*: histórias e perspectivas. Campinas/São Paulo: Pontes/Fapesp, 2001.

BRESNAN, J. & KANERVA, J. Locative Inversion in Chichewa: A Case Study of Factorization in Grammar. In: *Linguistic Inquiry*, 20, 1989, p. 1-50.

CAMUS, R. & DE VOGÜÉ, S. (dir.). Variation sémantique et syntaxique des unités lexicales: étude de six verbes français. In: *LINX*, n. 50, 2004. Université Paris X.

CANÇADO, M. Verbal alternations in Brazilian Portuguese: a lexical semantic approach. In: *Studies in Hispanic and Lusophone Linguistics*, vol. 3, n. 1, 2010, p. 77-111.

CANÇADO, M. & AMARAL, L. *Introdução à Semântica Lexical*: papéis temáticos, aspecto lexical e decomposição de predicados. Petrópolis: Vozes, 2016.

CANÇADO, M. & GODOY, L. Representação lexical de classes verbais do PB. In: *ALFA*, vol. 56, n. 1, 2012, p. 109-135.

CANÇADO, M.; GODOY, L. & AMARAL, L. *Catálogo de verbos do português brasileiro: classificação verbal segundo a decomposição de predicados* – Vol. 1: Verbos de mudança. Belo Horizonte: UFMG, 2013.

CARSTON, R. Linguistic communication and the semantics/pragmatics distinction. In: *Synthese*, 165, 2008, p. 321-345.

_____. *Thoughts and utterances*: the pragmatics of explicit communication. Oxford: Blackwell, 2002.

CHIERCHIA, G. *Semântica*. Campinas/Londrina: Unicamp/Eduel, 2003.

CROFT, W. Event structure in argument linking. In: BUTT, M. & GEUDER, W. (eds.). *The Projection of Arguments*: Lexical and Compositional Factors. Stanford: CSLI, 1998, p. 21-63.

_____. *Syntactic Categories and Grammatical Relations*. Chicago, IL: University of Chicago Press, 1991.

CULICOVER, P. & JACKENDOFF, R. *Simpler Syntax*. Oxford: Oxford University Press. 2005.

CULIOLI, A. *Variations sur la linguistique* – Entretiens avec Frédéric Fau. Paris: Klincksieck, 2002.

_____. *Pour une linguistique de l'énonciation*: formalisation et opérations de repérage. Paris: Ophrys, 1999a.

_____. *Pour une linguistique de l'énonciation*: domaine notionnel. Paris: Ophrys, 1999b.

_____. A propos de la notion. In: RIVIERE, C. & GROUSSIER, M.-L. *La notion*. Paris: Ophrys, 1997, p. 9-24.

_____. *Pour une linguistique de l'énonciation*: opérations et représentations. Paris: Ophrys, 1990.

CULIOLI, A. & NORMAND, C. *Onze rencontres sur le langage et les langues*. Paris: Ophrys, 2005.

DE VOGÜÉ, S. Effets sémantiques, syntaxiques et énonciatifs du jeu entre quantité et qualité. In: CAMUS, R.; DE VOGÜÉ, S. & MÉLIS, G. (dir.). *Variations sémantiques et syntaxiques* – Aspects d'une théorie de l'invariance. Nanterre: Université Paris Ouest, 2014, p. 141-163, 2014 [Linx, vol. 70-71].

_____. A língua entre cognição e discurso. In: *Calidoscópio*, vol. 11, n. 2, 2013, p. 214-221 [Trad. Márcia Romero].

_____. Os princípios organizadores da variedade das construções verbais. In: *ReVEL*, vol. 9, n. 16, 2011, p. 276-315 [Trad. Márcia Romero e Helena Valentim].

_____. Invariance culiolienne. In: DUCARD, D. & NORMAND, C. (dir.). *Antoine Culioli* – Un homme dans le langage. Paris: Ophrys, 2006, p. 302-331.

_____. *Construction d'une valeur referentielle*: entités, qualités, figures. Presses Universitaires de Rennes, 1999, p. 77-106 [Travaux linguistiques du Cerlico, vol. 12].

_____. Discret, dense, compact: les enjeux énonciatifs d'une typologie lexicale. In: FRANCKEL, J.-J. (dir.). *La notion de prédicat*. Paris: Univ. Paris 7, 1989, p. 1-37 [Collection Era, 642].

DE VOGÜÉ, S.; FRANCKEL, J.-J. & PAILLARD, D. *Linguagem e enunciação*: representação, referenciação e regulação. São Paulo: Contexto, 2011 [Org. de textos e de trad. por Márcia Romero e Milenne Biasotto-Holmo].

DOWTY, D. *Word meaning and Montague Grammar*. Dordrecht: D. Reidel, 1979.

DUCARD, D. *Enunciação e atividade de linguagem*. Uberlândia: Edufu, 2013 [Org. de textos e de trad. por Heloísa Monteiro Rosário, Marlene Teixeira e Valdir do Nascimento Flores].

_____. De l'énonciation à la "grammaire subjective" – Entretien avec Antoine Culioli. In: DUCARD, D. *Entre grammaire et sens*: études sémiologiques et linguistiques. Paris: Ophrys, 2004, p. 7-20.

DUCARD, D. & NORMAND, C. (dir.). *Antoine Culioli* – Un homme dans le langage. Paris: Ophrys, 2006.

FILLMORE, C. Semântica de frames. In: *Cadernos de Tradução*, 25, 2009, p. 25-54

_____. The grammar of hitting and breaking. In: JACOBS, R. & ROSENBAUM. P. *Readings in English Transformational Grammar.* Waltham: Ginn, 1970.

_____. The Case for Case. In: BACH, E. & HARMS, R. (eds.). *Universals in Linguistic Theory.* Nova York: Holt, Rinnehart and Winston, 1968, p. 1-88.

FLORES, V.N. As teorias enunciativas e a linguística no Brasil: o lugar de Émile Benveniste. In: *Antares*: Letras e Humanidades, vol. 8, 2016, p. 2-14.

_____. *Introdução à Teoria Enunciativa de Benveniste.* São Paulo: Parábola, 2013a

_____. Semântica da enunciação. In: FERRAREZI JUNIOR, C. & BASSO, R (orgs.). *Semântica, semânticas*: uma introdução. São Paulo: Contexto, 2013a p. 89-104.

FLORES, V.N. & TEIXEIRA, M. As perspectivas para o estudo das formas complexas do discurso: atualidades de Émile Benveniste. In: *Revista Virtual de Estudos da Linguagem*, vol. 11, 2013, p. 1-14.

_____. Linguística da enunciação: uma entrevista com Marlene Teixeira e Valdir Flores. In: *Revista Virtual de Estudos da Linguagem*, vol. 9, 2011, p. 406-425.

_____. *Introdução à Linguística da Enunciação.* São Paulo: Contexto, 2005.

FLORES, V.N. et al. *Dicionário de Linguística da Enunciação.* São Paulo: Contexto, 2009.

_____. *Enunciação e gramática.* São Paulo: Contexto, 2008.

FOLEY, W. & VAN VALIN, R. *Functional Syntax and Universal Grammar.* Cambridge: Cambridge University Press, 1984.

FRANCKEL, J.-J. (dir.). Le lexique, entre identité et variation. In: *Langue Française*, n. 133, 2002. Paris: Larousse.

FRANCKEL, J.-J. & PAILLARD, D. *Grammaire des prépositions.* Paris: Ophrys, 2007.

FREGE, G. *Lógica e filosofia da linguagem.* São Paulo: Cultrix/Edusp, 1978.

FUCHS, C. Diversité des représentations linguistiques: quels enjeux pour la cognition? In: FUCHS, C. & ROBERT, S. *Diversité des langues et représentations cognitives.* Paris: Ophrys, 1997, p. 5-24.

_____. As problemáticas enunciativas: esboço de uma apresentação histórica e crítica. *Alfa*. São Paulo: Unesp, 1985, p. 111-129.

GOLDNADEL, M. Pragmática Formal. In: PERNA, C.B.L.; GOLDNADEL, M. & MOLSING, K.V. *Pragmáticas*: vertentes contemporâneas. Porto Alegre: EDIPURS, 2016.

_____. *Pressuposição e implicatura de relevância*: uma proposta de resolução do problema da projeção. Porto Alegre: Universidade Federal do Rio Grande do Sul, 1999, 161 p. [Dissertação de mestrado].

GRICE, H.P. *Studies in the ways of words*. Cambridge: Harvard University Press, 1991.

_____. Logic and conversation. In: COLE et al. *Sintax and Semantics 3*: Speech acts. Nova York: Academic Press, 1975.

_____. Meaning. In: *The Philosophical Review*, vol. 66, n. 3, 1957, p. 377-388.

GRIMSHAW, J. *Argument Structure*. Cambridge, MA: MIT Press, 1990.

GUIMARÃES, E. *Os limites do sentido*: um estudo histórico e enunciativo da linguagem. Campinas: Pontes, 1995.

HORN, L. *A natural history of negation*. Chicago: Chicago University Press, 2001.

_____. Towards a new taxonomy for pragmatic inference: Q-based and R-based implicature. In. SCHIFFRIN, D. *Meaning, form and use in context*: Linguistic applications. Washington: Georgetown University Press, 1984.

JACKENDOFF, R. Conceptual Semantics. In: MAIENBORN, C.; VON HEUSINGER, K. & PORTNER, P. (eds.). *Semantics*: An International Handbook of Natural Language Meaning. Vol. 1. DeGruyter Mouton, 2011, p. 688-709.

_____. *Meaning and the Lexicon:* The Parallel Architecture 1975-2010. Oxford: Oxford University Press, 2010.

_____. Parts and Boundaries. In: *Cognition*, 41, 1991, p. 9-45, 1991 [Versão revisada publicada em *Meaning and the Lexicon*: The Parallel Architecture 1975-2010. Oxford: Oxford University Press, 2010, p. 138-173].

_____. *Language, Consciousness, Culture*: Essays on Mental Structure. Cambridge, MA: MIT Press, 2007.

_____. *Foundations of Language*: Brain, Meaning, Grammar, Evolution. Oxford: Oxford University Press, 2002.

_____. *The Architecture of the Language Faculty*. Cambridge, MA: MIT Press, 1997.

_____. The proper treatment of measuring out, telicity, and perhaps even quantification in English. In: *Natural Language and Linguistic Theory*, 14, 1996, p. 305-354.

_____. *Semantic Structures*. Cambridge, MA: MIT Press, 1990.

_____. *Semantics and Cognition*. Cambridge, MA: MIT Press, 1983.

_____. Morphological and semantic regularities in the lexicon. In: *Language*, 51, 1975, p. 639-671.

_____. *Semantic Interpretation in Generative Grammar*. Cambridge, MA: MIT Press, 1972.

JAKOBSON, R. Linguística e Poética. In: JAKOBSON, R. *Linguística e comunicação*. São Paulo: Cultrix, 1976.

LAHUD, M. *A propósito da noção de dêixis*. São Paulo: Ática, 1979.

LEVIN, B. *English verb classes and alternations*. Chicago: University of Chicago Press, 1993.

LEVIN, B. & RAPPAPORT HOVAV, M. *Argument Realization*. Cambridge: Cambridge University Press, 2005.

_____. *Unaccusativity*: At the Syntax-Lexical Semantics Interface. Cambridge, MA: MIT Press, 1995.

_____. The Lexical Semantics of Verbs of Motion: The Perspective from Unaccusativity. In: ROCA, I. (ed.). *Thematic Structure*: Its Role in Grammar. Berlim: Foris, 1992, p. 247-269.

LEVIN, B.; SONG, G. & ATKINS, B. Making Sense of Corpus Data: A Case Study of Verbs of Sound. In: *International Journal of Corpus Linguistics*, 2, 1997, p. 23-64.

LEVINSON, S. *Presumptive meanings*. Cambridge: MIT Press, 2000.

LIMA, V.S. *A prática de reformulação de enunciados como fundamento para o trabalho com a significação nas aulas de língua portuguesa*. São Paulo: Universidade Federal de São Paulo, 2013, 135 p. [Dissertação de mestrado].

MENUZZI, S. & RIBEIRO, P. A representação léxico-semântica de alguns tipos de verbos monoargumentais. *Cadernos do IL*, vol. 41, 2011, p. 23-45.

NORMAND, C. *Convite à linguística*. São Paulo: Contexto, 2009 [Trad. Cristina Birk et al.].

_____. Os termos da enunciação em Benveniste. In: OLIVEIRA, S. et al. *O falar da linguagem*. São Paulo: Lovise, 1996 [Trad. Eduardo Guimarães].

ONO, A. *La notion d'énonciation chez Émile Benveniste*. Limoges: Lambert-Lucas, 2007.

PAILLARD, D. De la reconnaissance. In: DUCARD, D. & NORMAND, C. (dir.). *Antoine Culioli* – Un homme dans le langage. Paris: Ophrys, 2006, p. 169-183.

PAILLARD, D. & ROBERT, S. Langues diverses, langues singulières. In: ROBERT, S. (org.). *Langage et sciences humaines: propos croisés* – Actes du Colloque Langues et Langages. Paris: ENS, 1995, p. 117-143.

PARSONS, T. *Events in the Semantics of English*. Cambridge: MIT Press, 1990.

PINKER, S. *Learnability and cognition*. Cambridge, MA: MIT Press, 1989.

PIRES DE OLIVEIRA, R. & BASSO, R. *Arquitetura da conversação*: teoria das implicaturas. São Paulo: Parábola, 2014.

RAPPAPORT HOVAV, M. & LEVIN, B. Reflections on Manner/Result Complementarity. In: DORON, E.; RAPPAPORT HOVAV, M. & SICHEL, I. (eds.). *Syntax, Lexical Semantics, and Event Structure*. Oxford: Oxford University Press, 2010, p. 21-38.

_____. An event structure account of English resultatives. In: *Language* 77, 2001, p. 766-797.

_____. Building Verb Meanings. In: BUTT, M. & GEUDER, W. (eds.). *The Projection of Arguments*: Lexical and Compositional Factors. Stanford: CSLI, 1998, p. 97-134.

_____. What to do with theta-roles. In: WILKINS, W. (ed.). *Thematic relations*. Nova York: Academic Press, 1988.

RECANATI, F. *Literal Meaning*. Nova York: Cambridge University Press, 2004.

REDDY, M. A metáfora do conduto: um caso de conflito de enquadramento na nossa linguagem sobre a linguagem. In: *Cadernos de Tradução*, n. 9, jan.-mar./2000, p. 5-47. Porto Alegre: UFRGS.

REZENDE, L.M. Atividade epilinguística e o ensino de língua portuguesa. In: *Revista do GEL*, vol. 5, n. 1, 2008, p. 95-108. São José do Rio Preto.

_____. Diversidades experiencial e linguística e o trabalho do professor de Língua Portuguesa em sala de aula. In: REZENDE, L.M. & ONOFRE, M.B. *Linguagem e línguas naturais* – Diversidades experiencial e linguística. São Carlos: Pedro & João, 2006, p. 11-21.

_____. *Léxico e gramática*: aproximação de problemas linguísticos com educacionais. Universidade Estadual Paulista Júlio de Mesquita, 2000, 330 p. [Tese de livre-docência].

REZENDE, L.M. & ONOFRE, M.B. *Linguagem e línguas naturais* – Diversidades experiencial e linguística. São Carlos: Pedro & João, 2006.

RIBEIRO, P. *Revisitando a semântica conceitual de Jackendoff*: um estudo sobre a semântica verbal no PB sob a perspectiva da hipótese locacional. Porto Alegre: UFRGS, 2014 [Tese de doutorado].

_____. *A alternância causativa no português do Brasil*: a distribuição do clítico *se*. Porto Alegre: UFRGS, 2010 [Dissertação de mestrado].

ROMERO, M. À propos des modes de signifiance – Le littéral et le figuré revus par le jeu notionnel. In: BÉDOURET-LARRABURU, S. & COPY, C. *L'épilinguistique sous le voile littéraire* – Antoine Culioli et la TO(P)E. Pau: Puppa, 2018, p. 289-318 [Collection Linguiste et littérature, III].

_____. Léxico, invariancia y actividad de lenguaje. In: GARCÍA-MOLINS, A.L. & JIMÉNEZ, D.J. (eds.). *Enacción y léxico*. Valencia: Tirant Humanidades, 2017a, p. 121-142.

_____. Variation et conservation linguistiques en portugais: identité sémantique des unités verbales et invariance langagière. In: *Signifiances (Signifying)*, vol. 1, n. 3, 2017b, p. 183-198.

_____. Léxico e enunciação: sistematização do funcionamento verbal. In: *Relatório Científico ano II*. São Paulo: Fapesp, 2015-2016.

_____. Processos enunciativos e identidade semântica da preposição POR. In: *Cadernos do IL*, n. 46, 2012, p. 149-170. Porto Alegre.

_____. Um possível diálogo entre a Teoria das Operações Enunciativas e a aquisição: identidade semântica e produtividade discursiva. In: *Alfa*, vol. 2, n. 54, 2010, p. 475-503. São Paulo.

ROMERO, M. & FLORES, V.N. Entrevista com Denis Paillard. In: *Linguasagem*, vol. 27, n. 1, 2016. São Carlos.

ROMERO, M. & TRAUZZOLA, V.S.L. *Consumir et comer en portugais brésilien* – Contribution à l'étude du préfixe co-: faits de langues. Berna: Peter Lang, 2016, p. 79-92 [Varia, n. 48].

_____. Identidade lexical, funcionamento enunciativo e variação semântica para a Teoria das Operações Enunciativas. In: *Calidoscópio*, vol. 12, n. 2, 2014, p. 239-248.

ROMERO, M. & VÓVIO, C. Da criatividade do falar do jovem às práticas pedagógicas criadoras. In: *Interacções*, n. 17, 2011, p. 72-95 [Escola Superior de Educação do Instituto Politécnico de Santarém, Portugal].

ROMERO-LOPES, M.C. *Processos enunciativos de variação semântica e identidade lexical: a polissemia redimensionada* – Estudo dos verbos *jouer* e *changer*. São Paulo: USP, 2000, 333 p. [Tese de doutorado].

ROSÁRIO, H.M. *Um périplo benvenistiano*: o semiólogo e a semiologia da língua. Porto Alegre: Programa de Pós-Graduação em Letras, Instituto de Letras/Universidade Federal do Rio Grande do Sul, 2018 [Tese de doutorado em Letras].

SAUNIER, E. Contribution à une étude des oppositions entre les prépositions *à, de* et *en*: faits de langues. Berna: Peter Lang, 2016, p. 117-148 [Varia, n. 48].

SPERBER, D. & WILSON, D. *Relevance*: communication and cognition. Oxford: Blackwell, 1995.

SCHWINDT, L.C. (orgs.). *Manual de linguística*: fonologia, morfologia e sintaxe. Petrópolis: Vozes, 2014.

TALMY, L. Force dynamics in language and cognition. In: *Cognitive Science:* A Multidisciplinary Journal, 12 (1), p. 49-100 [Versão revisada e expandida publicada em TALMY, L. (ed.). *Toward a cognitive semantics* – Vol I: Concept structuring systems. Cambridge, MA: MIT Press, 1988/2000, p. 409-470.

TOMASELLO, M.; CARPENTER, M.; CALL, J.; BEHNE, T. & MOLL, H. Understanding and sharing intentions: The origins of cultural cognition. In : *Behavioral and Brain Sciences*, 28, 2005, p. 1-16.

VARASCHIN, G.F.C. *Uma análise cognitiva da conjunção proposicional:* revisando o paradigma griceano. Florianópolis: Universidade Federal de Santa Catarina, 2016, 153 p. [Dissertação de mestrado].

VENDLER, Z. *Linguistics in philosophy.* Ithaca, NY: Cornell University Press, 1967.

VILELA, T.R. Educação léxico-gramatical: um estudo semântico-enunciativo da preposição COM. São Paulo: Universidade Federal de São Paulo. 2016, 190 p. [Dissertação de mestrado].

VILELA, T.R. & ROCHA, E.G.L. Um breve panorama: descrição e abordagem metodológica de preposições no português brasileiro. In: *Estudos* Linguísticos, vol. 46, n. 1, 2017, p. 296-310. São Paulo.

Os autores

Márcia Romero é doutora em Letras (USP). Realizou parte de sua formação doutoral (CNPq) na Universidade Paris Nanterre (Paris X) e na Universidade Paris Diderot (Paris VII). Possui pós-doutorado pela Universidade Federal do Rio Grande do Sul (UFRGS). É professora-associada da Universidade Federal de São Paulo (Departamento de Educação). Atua nas áreas de Linguística e Língua Portuguesa, dedicando-se a pesquisas nos campos da Linguística da Enunciação (Teoria das Operações Enunciativas), Aquisição de Linguagem e Ensino-Aprendizagem de Línguas. Com financiamento da Fapesp e de acordos de cooperação Brasil-França, tem integrado projetos, nestes campos, junto a diferentes universidades brasileiras e francesas.

Marcos Goldnadel é doutor em Linguística (PUCRS). Atualmente, é professor-associado de Linguística e Língua Portuguesa dos cursos de graduação em Letras da Universidade Federal do Rio Grande do Sul (UFRGS) e professor e orientador do Programa de Pós-graduação em Letras da mesma universidade. Sua ênfase de pesquisa é a área da Pragmática Formal, com especial atenção para o estudo de pressuposições e implicaturas conversacionais.

Pablo Nunes Ribeiro é doutor em Letras (UFRGS). Realizou parte de sua formação doutoral (Capes) na Université Paris Diderot (Paris VII). Atualmente, é professor-adjunto de Linguística e Língua Portuguesa na Universidade Federal de Santa Maria (UFSM). Atua como pesquisador na área de Interface entre Sintaxe e Semântica Lexical, com ênfase em processos envolvendo a estrutura argumental dos verbos e na definição de classes verbais do português brasileiro.

Valdir do Nascimento Flores é doutor em Linguística (PUCRS). Realizou estudos de pós-doutorado (CNPq) na Université de Paris XII-Val-de-Marne e na Université Paris Nanterre (Capes). Atualmente, é professor titular de Linguística e Língua Portuguesa dos cursos de graduação em Letras da Universidade Federal do Rio Grande do Sul (UFRGS) e professor e orientador do Programa de Pós-graduação em Letras da mesma Universidade. É pesquisador PQ-CNPq.

Índice

Sumário, 7

Apresentação, 9

Parte I – Semântica, 13

Capítulo 1 Semântica Conceitual, 15
> Pablo Nunes Ribeiro

1 Introdução, 15
2 Noções gerais, 15
   2.1 O *framework* da Semântica Conceitual, 15
   2.2 A natureza do significado na Semântica Conceitual, 17
   2.3 O léxico na Arquitetura Paralela, 18
   2.4 As regras de formação da estrutura conceitual, 19
   2.5 A Hipótese das Relações Temáticas como princípio organizacional da teoria, 23
   2.6 Estendendo a Hipótese Locacional para diferentes campos semânticos, 24
   2.7 O poder explanatório da Hipótese Locacional, 26
3 Noções operacionais, 27
   3.1 A noção de Papel Temático na Semântica Conceitual, 27
   3.2 O tratamento dos verbos de modo de movimento, 34
   3.3 A análise das noções de incoação e mudança de estado, 39
   3.4 A teoria de *linking* de Jackendoff, 47

4 Conclusão, 59
5 Exercícios, 61
6 Sugestões de leitura, 62

Parte II – Pragmática, 65
Capítulo 2 Pragmática, 67
    Marcos Goldnadel
1 Introdução, 67
2 Sobre a insuficiência do modelo de códigos, 68
3 Processos de produção de sentido pragmático de grande regularidade, 80
    3.1 Sentença, enunciado e proposição, 80
    3.2 Enriquecimento de conteúdo sentencial subproposicional, 89
    3.3 Enriquecimento de conteúdo sentencial proposicional pouco informativo, 95
4 Reconhecimento de intenções, 98
5 O modelo de análise griceano, 109
6 *Common Ground*, implicaturas generalizadas e implicaturas particularizadas, 127
7 Conclusão, 134
8 Exercícios, 136
9 Sugestões de leitura, 138

Parte III – Enunciação, 143
Capítulo 3 Teoria da Enunciação, 145
    Valdir do Nascimento Flores
1 Introdução, 145
2 Noções gerais, 146
    2.1 Um percurso de leitura da Teoria Enunciativa, de Émile Benveniste, 146
    2.2 O tratamento do sentido, 149

3 Noções operacionais, 151
   3.1 O aparelho formal da enunciação, 151
      3.1.1 Emprego das formas X emprego da língua, 152
      3.1.2 A enunciação, 153
      3.1.3 Os aspectos da enunciação, 153
      3.1.4 O quadro formal de realização da enunciação, 156
   3.2 Análises da enunciação, 161
4 Conclusão, 166
5 Exercícios, 167
6 Sugestões de leitura, 171

Capítulo 4 Teoria das Operações Enunciativas, 175
   Márcia Romero

1 Introdução, 175
2 Noções gerais, 177
   2.1 Níveis de representação, 177
   2.2 Invariância, 181
   2.3 Enunciado e enunciação, 185
   2.4 Noção e ocorrência, 187
   2.5 Atividade epilinguística, 192
3 Noções operacionais, 195
   3.1 A glosa ou prática de reformulação controlada, 195
   3.2 Forma esquemática e figura nocional, 197
      3.2.1 Forma esquemática e parâmetros de integração à proposição, 198
      3.2.2 Figura nocional e operações de determinação QNT e QLT, 210
4 Aprofundando noções gerais: intersubjetivo e transindividual, 218
5 Exercícios, 224
6 Sugestões de leitura, 225

Referências, 229

Os autores, 239

Coleção de Linguística

- *História concisa da língua portuguesa*
Renato Miguel Basso e Rodrigo Tadeu Gonçalves
- *Manual de linguística – Fonologia, morfologia e sintaxe*
Luiz Carlos Schwindt (org.)
- *Introdução ao estudo do léxico*
Alina Villalva e João Paulo Silvestre
- *Estruturas sintáticas*
Noam Chomsky
- *Gramáticas na escola*
Roberta Pires de Oliveira e Sandra Quarezemin
- *Introdução à Semântica Lexical*
Márcia Cançado e Luana Amaral
- *Gramática descritiva do português brasileiro*
Mário A. Perini
- *Os fundamentos da teoria linguística de Chomsky*
Maximiliano Guimarães
- *Uma breve história da linguística*
Heronides Moura e Morgana Cambrussi
- *Estrutura da língua portuguesa – Edição crítica*
Joaquim Mattoso Câmara Jr.
- *Manual de linguística – Semântica, Pragmática e Enunciação*
Márcia Romero, Marcos Goldnadel, Pablo Nunes Ribeiro e Valdir do Nascimento Flores

CULTURAL
Administração
Antropologia
Biografias
Comunicação
Dinâmicas e Jogos
Ecologia e Meio Ambiente
Educação e Pedagogia
Filosofia
História
Letras e Literatura
Obras de referência
Política
Psicologia
Saúde e Nutrição
Serviço Social e Trabalho
Sociologia

CATEQUÉTICO PASTORAL
Catequese
Geral
Crisma
Primeira Eucaristia

Pastoral
Geral
Sacramental
Familiar
Social
Ensino Religioso Escolar

TEOLÓGICO ESPIRITUAL
Biografias
Devocionários
Espiritualidade e Mística
Espiritualidade Mariana
Franciscanismo
Autoconhecimento
Liturgia
Obras de referência
Sagrada Escritura e Livros Apócrifos

Teologia
Bíblica
Histórica
Prática
Sistemática

REVISTAS
Concilium
Estudos Bíblicos
Grande Sinal
REB (Revista Eclesiástica Brasileira)

VOZES NOBILIS
Uma linha editorial especial, com importantes autores, alto valor agregado e qualidade superior.

VOZES DE BOLSO
Obras clássicas de Ciências Humanas em formato de bolso.

PRODUTOS SAZONAIS
Folhinha do Sagrado Coração de Jesus
Calendário de mesa do Sagrado Coração de Jesus
Agenda do Sagrado Coração de Jesus
Almanaque Santo Antônio
Agendinha
Diário Vozes
Meditações para o dia a dia
Encontro diário com Deus
Guia Litúrgico

CADASTRE-SE
www.vozes.com.br

EDITORA VOZES LTDA.
Rua Frei Luís, 100 – Centro – Cep 25689-900 – Petrópolis, RJ
Tel.: (24) 2233-9000 – Fax: (24) 2231-4676 – E-mail: vendas@vozes.com.br

UNIDADES NO BRASIL: Belo Horizonte, MG – Brasília, DF – Campinas, SP – Cuiabá, MT
Curitiba, PR – Fortaleza, CE – Goiânia, GO – Juiz de Fora, MG
Manaus, AM – Petrópolis, RJ – Porto Alegre, RS – Recife, PE – Rio de Janeiro, RJ
Salvador, BA – São Paulo, SP